Donna Williams

WENN DU MICH LIEBST, BLEIBST DU MIR FERN

Eine Autistin überwindet ihre Angst vor anderen Menschen

Aus dem Englischen
von Sabine Schulte

Hoffmann und Campe

Die Originalausgabe erschien unter dem Titel
Somebody Somewhere bei Doubleday, London

Die Deutsche Bibliothek - CIP-Einheitsaufnahme

Williams, Donna:
Wenn du mich liebst, bleibst du mir fern : eine Autistin
überwindet ihre Angst vor anderen Menschen / Donna Williams.
Aus dem Engl. von Sabine Schulte.
- 1. Aufl. - Hamburg: Hoffmann und Campe, 1994
Einheitssacht.: Somebody somewhere ‹dt.›
ISBN 3-455-08601-2

Schutzumschlaggestaltung: Lo Breier/Kai Eichenauer
unter Verwendung einer Zeichnung von Lane Smith
Satz: H & G, Hamburg
Druck und Bindung: Mohndruck, Gütersloh
Printed in Germany

Für meinen jüngeren Bruder und alle Gadoodleborger, die die Kunst, »einfach zu sein«, nie verlernt haben, und für alle anderen, die sie zwar vergessen haben, die aber eines Tages vielleicht das Wenige wiederentdecken werden, das ihnen von Natur aus zur Verfügung steht.

Ich stehe hier und frage mich, was hab' ich zu verlieren.
In den tiefsten Tiefen habe ich gelebt,
Und das Werkzeug ergriffen, um hinauszuklettern,
Und der Welt laut zuzuschreien,
Daß ich alles war, was ich war, früher nie genug,
Daß es bei allem, was ich war, einfach nicht gerecht war,
Daß ich da unten bleiben sollte; ein Niemand nirgendwo.

Anmerkung der Autorin

Dies ist die Geschichte davon, wie man nach einem Krieg die Trümmer aufsammelt. Es ist eine Geschichte von Abrüstungen, Friedensverträgen und Versöhnungen; eine Geschichte darüber, wie man lernt, ein Irgendwo aus einem Nirgendwo und einen Jemand aus einem Niemand zu schaffen. Es ist der Bericht von einer Reise, die unternommen wurde, um herauszufinden, wie man Luftschlösser baut und sie Wirklichkeit werden läßt, wie man Brücken schlägt zwischen dem Traum vom Fliegen und der Fähigkeit dazu. Es ist die Geschichte von Jemand irgendwo.

In jedem von uns lauert in den Schatten des eigenen Unterbewußtseins ein Fremder (oder mehrere Fremde). Sie wissen von uns, aber sie kennen uns nicht. Und das einzige, was sie weiterhin »da unten« hält, ist ein Ichgefühl (das Gefühl, sich selbst zu besitzen). Wir werden nicht alle mit dem Bewußtsein geboren, daß wir dies Gefühl haben.

Ein Exemplar des Manuskripts lag auf dem Fußboden, während ich die Teekiste packte. *Ich könnte verschwinden, wenn du mich berührst*, die Geschichte meines Lebens und der Leben meines Lebens, war so etwas wie eine Grabinschrift. Es markierte das Ende einer Epoche und den Beginn eines Lebens, das ich jetzt frei in Besitz nehmen konnte.

Das Manuskript, diese Papierbögen, war mein bester Freund und mein schlimmster Feind gewesen. Es hatte mich gerettet und zerstört. Ein Exemplar befand sich in den Händen eines möglichen Verlegers. Ein weiteres Exemplar würde mit mir nach Australien zurückkehren, an den Ort seiner Wurzeln. Das dritte Exemplar des Manuskriptes würde in meiner Teekiste hier in London bleiben. Mein Magen verkrampfte sich, als ich es in einen großen braunen Umschlag steckte, ihn versiegelte, in die Teekiste legte und fast ein ganzes Paket Nägel verbrauchte, um sie zu verschließen. Das Manuskript sollte in Kürze veröffentlicht und der ganzen Welt zugänglich gemacht werden, und ich hatte immer noch panische Angst davor, daß jemand es ansehen könnte.

Es jemanden lesen zu lassen war ein verzweifelter Schritt gewesen. Einmal dem Feind enthüllt würde das, was ich als »meine Welt« gekannt hatte, immer die Spuren der Verseuchung durch diese Enthüllung tragen.

»Meine Welt« war ein geistiges Gebilde. Sie war mein Zuhause, mein Ich, mein Leben gewesen, mein gesamtes System, mit dessen Hilfe ich mir diesen widerlichen Ort namens »die Welt« erklärte. Ich hatte mich gezwungen gefühlt, jeden Teil »meiner Welt«, der von »der Welt« enthüllt oder berührt wurde, zu verleugnen oder abzulehnen. Das war mein Gesetz, eine Art Entseuchungsmaßnahme oder ein Sicherheitsventil zur Aufrechterhaltung geistiger Gesundheit im Gefängnis eines ausbruchssicheren Käfigs. Wenn ich einen Halbedelstein oder anderen Schnickschnack hatte, den ich als Teil »meiner Welt« betrachtete, weil ich von mir aus beschlossen hatte, daß er mir gefiel, und wenn etwas aus »der Welt« diesen Gegenstand dann sah oder berührte, gehörte er mir nicht mehr. Dieses Gesetz galt sogar für jedes einzelne Lächeln und jeden meiner Blicke, für meine Aussprache und meinen Akzent, für meinen Geschmack, meine Art, mich zu bewegen, zu denken, zu wünschen und für meine gesamte Auffassung davon, wer Donna war. Wenn eine derartige Selbstäußerung einmal von »der Welt« gesehen oder berührt worden war, wurde sie sofort verleugnet. Was an ihrer Stelle zurückblieb, war das Nichts der Verleugnung oder wieder ein weiteres Stück zur Ergänzung des unendlichen Repertoires an »die Welt«-Fassaden. Ich konnte nur so lange etwas mitteilen, wie nichts von dem Mitgeteilten und nichts an der Art, wie ich es mitteilte, »ich« war.

Doch mittlerweile hatte ich erkannt, daß ich das Leben in meinem goldenen Käfig, in meiner Zwangsjacke aus Verknotungen nicht mehr ertragen konnte.

Ich hatte meine Ängste eine nach der anderen gestellt und den Wölfen vorgeworfen, weil ich beweisen wollte, daß ich größer war als diese Ängste, die mich unter Zwang setzten. Die größte Kühnheit jeglicher Angst gegenüber würde es sein, »meine Welt« »der Welt« in den Rachen zu werfen.

»Meine Welt« war in den Seiten dieses Manuskriptes enthalten, und wenn die Enthüllung auch eine Art selbstauferlegter Seelenvergewaltigung sein würde, wußte ich doch, daß ich nach der Veröffentlichung gezwungen wäre, nicht nur einen Teil »meiner Welt« zu verleugnen, sondern »meine Welt« insgesamt. Ich wußte, daß ich »die Welt« erst ohne Mauern würde akzeptieren können, wenn ich meine Waffen abgelegt hatte. Daß ich in bezug auf »meine Welt« besitzergreifend und verschwiegen war, waren meine stärksten Waffen, so stark, daß »meine Welt« sich, wenn ich sie zu enthüllen drohte, dem Zugriff meiner bewußten Wahrnehmung und der Beschreibung entzog. »Meine Welt« abzulehnen war, als würde ich mir selbst die Glieder amputieren, eins nach dem anderen und ohne Narkose, aber es war unumgänglich.

Nachdem ich mich fünfundzwanzig Jahre lang gefragt hatte, welcher Art meine Dummheit, Verrücktheit oder Störung war, war ich auf ein Wort gestoßen, das mir geholfen hatte, »meine Welt« zu erklären. Dieses Wort lautete »Autismus«.

Alles was ich von dem Wort gewußt hatte, war die Lexikondefinition »Kontaktunfähigkeit«. Na und, hatte ich gedacht, denn ich wußte ja, daß ich einen großen Teil meines Lebens kontaktunfähig und verschlossen gewesen war.

In Büchern aus der Bibliothek hatte ich eine Handvoll gegensätzlicher Theorien gefunden. Im Laufe der Zeit hatte man nach und nach einfach alles für die Ursache des Autismus gehalten, vom Besessensein von feenhaften Geistern bis hin zu Fehlern in der Erziehung, von Psychosen bis hin zu emotionalen Störungen, von Retardierung bis hin zu Schlafstörungen, und ganz kürzlich eine Entwicklungsstörung, die entweder vor oder kurz nach der Geburt auftritt und sich darauf auswirkt, wie das Gehirn Informationen von außen verarbeitet.

In den meisten Theorien steckt ein Körnchen Wahrheit, aber die ganze Wahrheit ist wahrscheinlich in keiner zu finden. Theorien waren für mich ohne Belang. Mir kam es darauf an, wie die Schwierigkeiten das Ich in mir lähmten und fesselten.

Soweit meine Erinnerung zurückreichte, hatte der Autismus mich in seinem Käfig festgehalten. Der Autismus war vor dem Denken dagewesen, so daß meine ersten Gedanken nichts weiter als automatische, gespiegelte Wiederholungen der Gedanken anderer gewesen waren. Der Autismus war vor Geräuschen dagewesen, so daß meine ersten Wörter das bedeutungslose

Echo der Unterhaltungen von Menschen um mich herum gewesen waren. Der Autismus war vor den Worten dagewesen, so daß neunundneunzig Prozent meines sprachlichen Repertoires eine gespeicherte Ansammlung wörtlicher Lexikondefinitionen und gängiger Sätze gewesen waren. Der Autismus war dagewesen, bevor ich jemals ein eigenes Bedürfnis gespürt hatte, so daß meine ersten »Wünsche« Abbilder derjenigen gewesen waren, die ich bei anderen gesehen hatte (viele davon stammten aus dem Fernsehen). Der Autismus war dagewesen, bevor ich gelernt hatte, meine eigenen Muskeln zu benutzen, so daß jeder Gesichtsausdruck und jede Körperhaltung eine cartoonähnliche Spiegelung der Menschen um mich herum war. Nichts war mit dem Ich verbunden. Ohne die geringsten Grundlagen eines Ich war ich, wie eine Versuchsperson unter Hypnose, für jede Programmierung und Umprogrammierung empfänglich, ohne je etwas zu hinterfragen oder mich persönlich mit etwas zu identifizieren. Ich befand mich in einem Zustand völliger Entfremdung. Das war Autismus für mich.

Vermutlich hatte ich relativ viel Glück gehabt. Bei mir waren sowohl Echolalie als auch Echopraxie aufgetreten, ich war also fähig gewesen, Geräusche und Bewegungen nachzuahmen, ohne allerdings auch nur im geringsten darüber nachzudenken, was ich hörte oder sah. Ich imitierte die Geräusche und Bewegungen anderer, als würde ich schlafwandeln und im Schlaf sprechen – eine unfreiwillige, zwanghafte Imitatorin. Das bedeutete, daß ich als bunt zusammengewürfelte Fassade weitermachen konnte, verurteilt zu einem Leben als Karikatur »der Welt«. Andere, die als »autistisch« bezeichnet wurden und bei denen weder Echolalie noch Echopraxie auftraten, bezahlten manchmal damit, daß sie überhaupt keine Geräusche oder Handlungen hervorbringen konnten. Sie bewahrten sich wahrscheinlich zumindest ein Ichgefühl. Ironischerweise wurden sie – und nicht Menschen wie ich – als »hochgradig autistisch« eingestuft.

Die »postoperativen« Trümmer lagen jetzt zu meinen Füßen. Der Nachhall des Lebens, das ich in Gestalt der beiden Figuren geführt hatte, die ich Carol und Willie nannte (meine »die Welt«-Fassaden) erinnerte mich schmerzlich daran, wie teuer die billige Anerkennung in »der Welt« gewesen war. Hinter diesen Fassaden begraben, in einem selbsterrichteten Gedankenhaus, das von mehreren Abwehrwällen umgeben war, wäre ich fast erstickt. Das war »meine Welt unter Glas«, ein Gebäude mit verstärkten, unsichtbaren Glasfenstern, eine Gebärmutter, von mir selbst gemacht, die jene Gebärmutter ersetzen sollte, der ich jetzt entwachsen war und von der aus ich »die Welt« hatte betrachten können, indem ich mich zurücklehnte und die Vorführung genoß. Doch die Fenster »meiner Welt« waren zerbrochen, und ich war schutzlos dem Feind preisgegeben. In meiner Verletzlichkeit hatte ich meine letzte Abwehrstrategie angewandt. Ich hatte mich ihm nackt zu Füßen gelegt. Damit hatte ich die Undurchdringlichkeit der Figuren zerschlagen, eine Undurchdringlichkeit, die auf der Selbsttäuschung beruht hatte, daß ich, abgesehen von diesem gespeicherten Repertoire kein Ich besäße. Ich zerschlug dieses Bild von mir und warf damit alle Waffen fort, die mich fünfundzwanzig Jahre lang geschützt hatten. Der kalte Wind des Unbekannten blies schneidend durch die Löcher in meinen gläsernen Mauern.

Meine Erfahrungen von Nähe beschränkten sich auf ein Klopfen an Glas, an das Glas meiner eigenen, steinharten, unsichtbaren Wände. Ich hatte unter dem Zwang gestanden, vor Emotionen fortzulaufen. Dieser Zwang hatte zu einer Lebensweise geführt, bei der meine beste Freundin mein Spiegelbild war, der einzige Mensch, mit dem zusammen ich mein wirkliches Ich sein konnte.

Ich hatte mir auch gedanklich eine »die Welt«-Familie geschaffen, eine Sammlung von ausgewählten Erinnerungen, die meine Familie wie die Bradys erscheinen ließ. Diese »Familie« verbarg den Horror der »wirklichen Wirklichkeit« und gestattete, daß Carols Repertoire auch die Rolle des süßen Töchterchens enthielt.

Rosen hingen über die Zäune an der langen Straße in London, die ich gerade entlangging, unterwegs zu dem Haus, in dem meine Teekiste stand. Während ich auf das Geräusch meiner Füße horchte, streckte ich die Hand aus, pflückte ein Blütenblatt ab und zerrupfte es. Die nasse Erdbeerfarbe bedeckte meine Finger, während ich das Blütenblatt auseinanderzupfte, die Fetzen zusammenrollte und in meiner Handfläche sammelte. Meine Nase fuhr dicht heran, wie eine Kamera, die eine Nahaufnahme macht, und ich holte tief Atem. Ich ging in dem Rosenduft auf, wurde Teil der Rose, von der er stammte.

Die Welt um mich herum war mir jetzt nur allzu bewußt, und ich war weit entfernt davon, sie nicht wahrzunehmen. Doch das hemmte mich jetzt, ich war zu gehemmt, um die kleinen Fetzen in die Luft zu werfen und auf mich herabschneien zu lassen. Im Weitergehen ließ ich sie aus meiner seitlich herabhängenden Hand auf den Boden rieseln. Sie würden einen Pfad für andere Menschen wie mich bilden, damit sie erkennen konnten, daß hier jemand wie sie entlanggegangen war.

Ich hatte jetzt Angst, allein spazierenzugehen. Als Willie noch dagewesen war, war das anders gewesen. Ich hatte immer gewußt, daß Willie die Sache in die Hand nehmen würde, falls ich nicht damit fertig würde.

Carol und Willie waren meine »wirklichere« innere Familie, jene Figuren, die ich geschaffen und mit deren Hilfe ich zwei Drittel meiner vergangenen fünfundzwanzig Jahre gelebt hatte.

Willie war ein wandelndes Lehrbuch, ein Faktensammler in einer Welt der Fakten. Er war das erste Mitglied meiner autarken, unberührbaren Familie, die ich immer bei mir hatte. Willie spielte den Gefängniswärter für den unsichtbaren Käfig, in den ich sicher eingeschlossen war. Manchmal wurde ich wegen guter Führung herausgelassen, aber immer unter den Bedingungen meines Aufsehers. Willie war erstaunlich stark und hatte vor nichts Angst. Obwohl ich nur ein Meter fünfundfünfzig groß war und wenig mehr als hundert Pfund wog, hatte Willie mein Gerippe von einem Körper dazu verwendet, allein Kleiderschränke und Kühlschränke zu heben und sie mit der Geschicklichkeit eines professionellen Möbelpackers auf Dachgepäckträger hinauf- und wieder herunterzuwuchten. Er war Schmerzen gegenüber unempfindlich, ob sie nun physischer, geistiger oder emotionaler Natur waren. Er hatte stets alles im Griff. Ich konnte mich immer in mein Gefängnis zurückziehen und es ihm überlassen, mit eingeschaltetem Autopiloten zu funktionieren. Er las stapelweise Bücher im Schnelleseverfahren, lernte listenweise Fakten auswendig und imponierte den Leuten mit gespeichertem Tatsachengewäsch, so lange, bis es sicher genug für mich war, wieder herauszukommen.

Willie begann sein Leben in Gestalt eines grünen Augenpaares unter meinem Bett, als ich zwei Jahre alt war. Ich hatte Angst vor ihm, aber noch mehr Angst und noch mehr Konfusion wurden durch das hervorgerufen, was bei mir zu Hause vor sich ging.

Tag für Tag wurde ein Kissen auf mein Gesicht gedrückt. Man wußte nie, wann es zuschlagen würde. Man mußte Kiefer und Unterlippe zusammenziehen, um dem Druck auf den Mund zuvorzukommen. »Beruhige dich, nur nicht atmen müssen.« Das Gefühl von Stoff, der in den Mund gepreßt wurde, löste Brechreiz aus. Aber brechen war nicht erlaubt, ebensowenig wie Angst. Zu Hause war der Ort, wo Spastiker und Zurückgebliebene »den Tod verdienten«. Und ich? Ich spielte »normal«, selbst wenn ich mich nicht so fühlte.

Der Gestank nach Rauch und Alkohol, Schreie und Flüche und das Splittern von zerschlagenen Gegenständen waren übliche Begleitgeräusche des häuslichen Alltags. Die rhythmischen Bewegungen von Körpern vor Augen, die zu jung waren, um zu verstehen, waren Vorgeschmack auf eine zukünftige Erziehung.

Es war eine »anregende« Umgebung. Man hatte das Bedürfnis zwar nicht, aber man lernte, es vorzutäuschen.

Dampf stieg aus einer Wanne mit kochendheißem Wasser auf. Das Geräusch der Angst in den eigenen Ohren, ein stummes Schreien. Keine Wörter. Kein »nein«. Wer wußte denn, wozu Wörter gut waren? Angst kämpfte um die Oberherrschaft. »Verschwinden« zu lernen hatte seine Vorteile. Zigaretten versengten Fleisch, und die Gürtelschnalle schlug immer wieder auf etwas. »Wehe du heulst, dann bring ich dich um.« Daran erinnert zu werden, daß auf Weinen der Tod stand, machte Angst belanglos. Die Angst war mein größter Feind.

Ich fühlte mich in »meiner Welt« sicher und haßte alles, was versuchte, mich herauszurufen. Ich brauchte nicht aus dem Himmel des lebendigen Todes gerettet zu werden. Ohne »Motivation« wäre ich dort geblieben. Menschen, auch wenn sie noch so gut und freundlich waren, konnten da nicht mithalten. Mein Spiegelbild, mit seiner absoluten Berechenbarkeit und Vertrautheit, war der einzige Mensch, der mir nahekam. Ich sah ihr in die Augen. Ich versuchte, ihr Haar zu berühren. Später sprach ich mit ihr. Aber sie saß für immer auf der anderen Seite des Glases fest, und ich konnte nicht hinein.

Schlaf war kein sicherer Ort. Schlaf war ein Ort, an dem die Dunkelheit einen lebendig auffraß. Schlaf war ein Ort ohne Farbe und Licht. In der Dunkelheit konnte man sein Spiegelbild nicht sehen. Im Schlaf konnte man sich nicht »verlieren«. Der Schlaf kam einfach und brachte mich in ein Reich, in dem ich keine Kontrolle mehr besaß. Alles was mir die absolute Kontrolle raubte, war mir gar nicht lieb.

»Die Welt« konnte Fügsamkeit erzwingen, selbst wenn sie einen nicht berühren konnte. Ein Verstand, der von sich aus noch nichts erfaßt hatte, wurde mit dem zwangsernährt, was andere »Leben« nannten. Das Unterbewußtsein begann, Bedeutungen zu speichern, die mein bewußter Verstand noch nicht zu erfassen gelernt hatte. Ich befand mich noch in einem

Zustand reiner Empfindung, ohne Gedanke oder Gefühl. Gefühle wurden ausgelöst, die noch nicht bewußt wahrgenommen worden waren. Es gab keine Worte für sie, nicht einmal ein Wissen darum, wo sie herkamen. Was hereinströmte, blieb einfach liegen. Die Gefühle waren noch nicht fertig.

Mitten durch meine Seele ging ein Riß. Selbstmißhandlung war das äußere Anzeichen für ein Erdbeben, das niemand sah. Ich war wie ein Elektrogerät unter zu hoher Spannung. Während die Sicherungen durchbrannten, rissen meine Hände mir die Haare aus und schlugen mir ins Gesicht. Sie zerrten an meiner Haut und zerkratzten sie. Meine Zähne bissen in mein Fleisch wie ein Tier mit den Zähnen an seinen Käfigstangen reißt. Ich erkannte nicht, daß der Käfig mein eigener Körper war. Meine Beine trugen meinen Körper in manischen Kreisen herum, als könnten sie irgendwie vor dem Körper, mit dem sie verwachsen waren, davonlaufen. Mein Kopf schlug gegen das, was ihm gerade am nächsten war, so als versuchte jemand, eine Nuß aufzuknacken, deren Kern zu groß für die Schale geworden war. Ein überwältigendes Gefühl von innerer Taubheit war da — eine Taubheit dem Ich gegenüber, die alles übrige in einem rasenden, unhörbaren Schreien verzehrte. Und irgendwo in diesem inneren Schreien wurde Willie zu meiner Zuflucht und meinem Ausweg, zu einer Methode, um die Überlastung abzubauen, ohne daß das Ich sich äußern mußte. Irgendwo da drinnen wurden Willie und ich untrennbar zwei.

Die Tatsache, daß wir beide denselben Körper bewohnten, erschien mir nie ungewöhnlich, obwohl mir vorgeworfen wurde, ich hätte ihn in Besitz. Ich hatte keinen Grund, zu glauben, daß wir nur eine Person seien. Wie hätte das sein können? Wir waren so verschieden.

Willie entwickelte oberflächliche Emotionen. Es war gut, fürsorglich zu sein, daher war Willie, trotz seiner Gleichgültigkeit, fürsorglich. Es war gut, interessiert zu sein, daher war Willie, trotz seiner mangelnden Wißbegierde, immer interessiert.

Es war gut, verantwortlich zu sein, daher war Willie, trotz seiner Distanziertheit, verantwortlich. Aber das einzige Gefühl, das bei Willie von Herzen kam, war Wut. Angeregt von seinem stets nüchternen, stets logischen Sinn für Gerechtigkeit und Gleichheit kanalisierte er diese Wut in wütende Entschlossenheit um.

Carol erschien anderthalb Jahre später als Willie. Sie nahm den Gegenstand, die lebende Leiche, die mein Körper war, in Besitz und teilte ihn mit »der Welt«, im Austausch für Anerkennung. Ursprünglich war Carol einem kleinen Mädchen nachgebildet, dem ich nur einmal im Park begegnet war, und nun war sie in meinem Spiegelbild zu sehen. Mein Gesicht hatte gestrahlt, als ich diese Freundin entdeckt hatte, bei der ich mich sicher und verstanden fühlen konnte. Wieder und wieder war ich in den Spiegel hineingegangen, in dem Versuch, in Carols Welt hineinzugelangen, aber Carol wollte das Geheimnis, wie sie es geschafft hatte, nicht preisgeben.

Im Gegensatz zu Willie war Carol alles gewesen, was man von ihr verlangt hatte: ein lächelnder, geselliger Schelm, der das Kind, das »man umbringen« oder »in eine Anstalt schicken sollte«, verstecken konnte. Führte Willie den Feldzug gegen »die Welt«, so betrachtete Carol sich als Teil »der Welt«. Da sie nicht wußte, was eine Rolle war, glaubte Carol, sie sei ein Ich. Mit einer Sprache, die Märchenschallplatten, Fernsehwerbung und gespeicherten Unterhaltungen nachgeahmt war, konnte Carol sich meinen Weg durchs Leben erkaufen, wenn auch leichtsinnig und ohne etwas wahrzunehmen. Sie spielte jede Rolle, von der Hausprostituierten bis hin zur Alleinunterhalterin. Sie war besessen davon, wie alle anderen behandelt zu werden, und spielte zwanghaft die Rolle des ewig adoptierbaren, kleinen Mädchens. Diese vergnügte Fassade in Menschengestalt brauchte mehr als zwanzig Jahre, um zu lernen, daß »funktionieren« nicht »erfahren« war und »scheinen« nicht »sein«.

In meinen ersten drei Lebensjahren hatte ich mich frei innerhalb »meiner Welt« bewegt. »Die Welt« hatte mich dabei verständnislos beobachtet. Dann war Donna in immer kleineren Momentaufnahmen zu sehen bis schließlich nichts Sichtbares mehr von ihr übrigblieb.

Als »die Welt« mir bewußt wurde, begann auch meine innere Integration. Ich brauchte Willie und Carol nicht mehr. Ich brauchte Donna. Ich verabschiedete mich von den Figuren, die mich so lange erhalten hatten, und begrüßte das Ich, das ich besser kennenlernen wollte.

Mein Pappkoffer war bis zum Bersten mit Secondhandkleidung vollgestopft. Er war schwer und fiel fast auseinander. Vor anderthalb Jahren hatte er Australien verlassen und seitdem war er zehntausend Meilen weit mit einem Ich gereist, das noch nicht Ich war. Er hatte eine weitere Reise vor sich. Ich verabschiedete mich von meiner Teekiste und ging zur Bushaltestelle, ganz schief, weil der Koffer so schwer war. Am Bahnhof stieg ich mit meinem Koffer und meiner Gitarre aus und nahm den Zug, der mich hoffentlich zum Flughafen Heathrow bringen würde. Das Flugzeug sollte um elf Uhr starten und würde nicht auf mich warten.

Meine Hand lag auf der glatten, kühlen Fläche des Zugfensters, und ich klopfte auf das Glas, während die Landschaft vorbeiflog. *Kling* sagte das Geräusch des Glases auf seine ganz besondere Weise. Ich lächelte in Gesellschaft vertrauter Freunde und in Gedanken an die dreißigstündige Reise nach Australien, das zehntausend Meilen weit von meinem Körper und meinem Geist entfernt war.

Es war Zeit, zurückzukehren. Es war einfach zu leicht, sich, von seiner Vergangenheit losgelöst, in einem fremden Land zu verstecken. Europa war meine Gegenwart gewesen und der Wendepunkt, der mich zu einer Zukunft als ich selbst befreit hatte, aber ich konnte mich nicht im Schoß der Anonymität verbergen. Ich mußte zurückkehren, um Vertrauen in meine

Stärke zu gewinnen. Solange ich nicht sah, daß ich, auch angesichts tiefverwurzelter Erwartungen, eine andere zu sein, an mir selbst festhalten konnte, konnte ich mir nicht völlig vertrauen. Wie ein Indianer, der in die Wildnis gegangen ist, um herauszufinden, wer er ist, und wer er sein wird, um seine eigene Ichstärke kennenzulernen, wollte ich zurückkehren und denen gegenübertreten, die versucht hatten, mich kennenzulernen, sowie auch denen, die die Figuren ausgenutzt hatten. Ich würde zurückkehren und mich der Nähe, vor der ich fortgelaufen war, der Wut, die ich nicht hatte akzeptieren können, der Angst, die ich hinter Lachen versteckt hatte, und der Traurigkeit, die ich mir aus Verletzlichkeit nicht hatte eingestehen können, stellen und sie anerkennen.

Die Gitarre und ich bestiegen das Flugzeug zusammen. Sie war eine gute Freundin gewesen, und gerade jetzt brauchte ich eine Freundin.

Das Flugzeug hob ab, und ich fragte mich, ob ich da sein würde, wenn Tim mich am anderen Ende dieser Reise empfing.

Es war vier Jahre her, daß Tim und ich aufeinandergestoßen waren. Er hatte während der vier Jahre, in denen er versucht hatte, das Ich auszugraben, von dem er nur Andeutungen zu sehen bekommen hatte, gegen harte Kritik angekämpft. Er hatte Carol und Willie nicht mit Namen gekannt – das hatte niemand –, aber er hatte sie bestimmt gesehen. Tim war ein Grenzgänger zwischen »meiner Welt« und »der Welt« gewesen, nicht ganz »einer von ihnen«, aber auch nicht ganz wie ich. Er wußte, was es bedeutete, als Spiegel zu leben, sich in jemand anderen zu verwandeln. Er hatte gewußt, daß es verschiedene »Donnas« gab, aber vor allem hatte er gewußt, daß es nur eine wirkliche Donna gab ... die, die er nicht festhalten konnte ... die, die er, wenn auch nur kurz, durch Musik hatte berühren können.

Was einen festen Wohnsitz anging, befand ich mich in einer Situation, die dem entsprach, was Arbeitslose manchmal als »unbezahlten Urlaub« bezeichnen. Ich hatte keinen bestimmten Ort, wo ich hingehen konnte. Ich war jetzt in mir selbst zu Hause, hatte aber immer noch keinen Ort in der Außenwelt, zu dem ich mich zugehörig fühlte.

Ich war erst seit zwei Monaten wieder in Australien, aber mein Buch und seine bevorstehende Veröffentlichung erschienen mir schon so weit fortgerückt wie Großbritannien selbst. Ich war zurückgekommen, weil ich weitergehen mußte, und bevor Angst und Zwanghaftigkeit mich gehen ließen, mußte ich die Trümmer meines fünfundzwanzigjährigen Krieges aufsammeln. Diese Trümmer waren überall verstreut, zu den Füßen sogenannter Freunde, in den Gesichtern sogenannter Familienangehöriger und in den Schlafzimmern sogenannter Geliebter. Ich besaß ein »die Welt«-Wörterbuch, in dem Kontrolle als Fürsorge, Begierde als Liebe, Nutzlosigkeit als barmherziges Märtyrertum und billige Unterhaltung als Anerkanntwerden getarnt waren. Mit diesen alten Definitionen konnte ich nicht weitergehen. Aber um neue zu entwickeln – *meine* Definitionen –, würde ich mich den alten stellen müssen, und es so sagen müssen, wie es war. Ich mußte die Legenden zerstören, die mich in Verknotungen gefesselt hatten, bis meine eigentliche Persönlichkeit sich in dieser geistigen, emotionalen, physischen und sozialen Zwangsjacke nicht mehr hatte rühren können.

Obdachlosigkeit war immer typisch für Carols Lebensweise gewesen. Carol war es gewesen, der es scheinbar nichts ausgemacht hatte, in dem schwarzen Dufflecoat zu hausen, dem sie den Spitznamen »mein Wohnwagen« gegeben hatte. Carol war es gewesen, die unbekümmert im Bahnhof gesessen und zugeguckt hatte, wie der letzte Zug abfuhr, um dann zu sagen: »Ach verdammt. Den letzten Zug verpaßt.« Und ich? Ich war nicht dagewesen. Ich war eine streunende Katze gewesen, die Carol hatte finden müssen. Streunende Katzen haben kein Zuhause, nach dem sie sich sehnen könnten.

Poch, poch *klopfte ein winziges Händchen an die Tür, als es dunkel wurde. Völlig durchnäßt stand sie da, nicht einmal neunzig Zentimeter groß, im strömenden Regen. Eine Hand lag auf dem Türgriff, um sie einzulassen. »Laß es draußen«, ertönte die Stimme. Das Kind war gemeint. »Es ist selbst rausgeganen. Jetzt kann es auch draußen bleiben.«* Poch, poch *klopfte es wieder an der Tür. Die Hand des Erwachsenen hatte den Türgriff losgelassen, weil er zu ängstlich war, um der Stimme zu trotzen und Es einzulassen. Es ging und setzte sich unter einen Baum in Gesellschaft der Katze, zu der es hinausgegangen war, weil es mit ihr hatte spielen wollen.*

Was sollte ich bloß mit diesem Gefühl anfangen? Ich wußte nicht einmal, wie es hieß. Ich brauchte etwas, konnte es aber nicht finden, weil ich nicht wußte, nach was ich suchen sollte. Wo war Carol jetzt, Carol, die Katzensammlerin?

»Hi, Don«, sagte Tim, als ich nach dem Flug durch die Sperre kam. Ich erkannte die Sanftheit in seinem Lächeln, lächelte schnell und sah dann zu Boden, denn ich fing an, mich aufzulösen. »Es ist in Ordnung«, sagte ich zu mir und konzentrierte mich auf den Takt meiner Füße. »Wenigstens bin ich hier.«

Früher, als ich meistens »tot« war, war es leichter gewesen, Tim anzusehen. Carol hätte ihn ansehen und lachen können. Willie hätte seinen neuesten Vorrat an interessanten Informationen weitergeben können. Doch jetzt war ich sehr lebendig. Es war soviel, daß ich es nicht mitteilen konnte, aber zumindest war ich da. Tim war kein wandelndes Stück Dreck. Er drängte nicht und versuchte nicht, mich zu umarmen. Guck mal, dachte ich, ich bin hier. Tim lächelte.

Es war gut, bei Tim auf dem Land zu wohnen. Alles um mich herum war vertraut: der Zaun, die geschwungene Linie der Felder, die Bäume, der Steingarten, die Fenster des Hauses, der riesige Spiegel im Flur, Tim und das Klavier – alles noch dasselbe. Tim saß am Klavier und begann zu spielen.

Ich erzählte Tim von Carol und Willie und vom Buch. Nach den vielen Jahren war er erleichtert, als er erfuhr, daß sein Gefühl richtig gewesen war. Der Versuch, in Gesellschaft meine Anwesenheit zu erhalten, hatte dem Versuch geglichen, eine Fee zu berühren. Beim ersten Zeichen von Bestätigung war ich immer »verschwunden«. Die Direktheit eines Kompliments, die leiseste Andeutung von ermutigenden Worten vernichteten mich jedesmal so zuverlässig, als wäre ich von einem Skorpion gestochen worden.

Tim und ich standen schweigend in der Küche, als ich ihm die Kopie des Manuskripts reichte. Er verschwand in sein Zimmer, um es zu lesen. Ich verschwand ins Gästezimmer und zeichnete das Muster der Patchworkdecke auf meinem Bett nach.

Ich ging in Tims Badezimmer und stellte mich vor den Spiegel. In dem Gesicht, das zurücksah, lag sanfte Verletzlichkeit und Ehrlichkeit. Carol konnte ich in diesen Augen nicht mehr sehen. Da war keine Leblosigkeit, kein manisches Lächeln, kein niedlich zur Seite gelegter Kopf, kein Fotogesicht eines »idealen Kindes«. Ich sah mich, und es bewegte mich.

Ich konnte meinen Herzschlag spüren und wollte dort hinein zu mir, wo ich sicher und in Gesellschaft sein würde. »Bring mich nach Hause. Bring mich nach Hause«, flüsterte ich im Geiste dem Gesicht zu, das ein Zugehörigkeitsgefühl zeigte, welches nur in derartig süchtig machender Vertrautheit zu finden ist. »Hier draußen ist es zu schwer. Hier draußen ist es einfach zu schwer«, sagte ich verzweifelt in der Stille meines Kopfes. Ich sah auf die Hände auf der vertraut kalten, ebenen, gespiegelten Fläche, die ich mit »berührenden Gefühlen« assoziierte.

»Donna, möchtest du was trinken?« hörte ich eine Stimme

aus dem Flur. »Schwarzen Tee, ohne Milch und Zucker«, kam die Antwort aus meinem Mund, während ich dort stand, in den Augen meines Spiegelbildes verloren. Es spielte nicht die geringste Rolle, ob ich Tee mochte oder nicht.

Tim und ich rannten über die Felder und sprangen über die Furchen. Wir rochen an den verschiedenen Pflanzen und umarmten Bäume und fielen in die belaubten Äste, die ihre Arme waren. Tim hatte fünf Jahre darauf gewartet, daß ich zu ihm in seine Welt kommen würde. Jetzt versuchte er, mir in meiner zu begegnen.

»Donna!« rief Tim aus der Küche. Wir hatten die bunten Einwickelfolien von einer ganzen Schachtel Pralinen gesammelt. Ich nahm ein paar, glättete sie und legte sie zu einem sich wiederholenden Muster aus. Ich verlor mich in den Farben, bis ich selbst die Farben war.

Tim begann, mit einer Schere ein Folienstückchen erst in winzige Streifen und dann in winzige Quadrate zu schneiden. Ich nahm meine Quadrate, eins nach dem anderen, knickte sie in der Mitte und faltete Schmetterlinge daraus. Mein Stapel wurde kleiner.

»Was machst du da?« fragte ich, als ich sah, wie diese glänzenden Folienerweiterungen meines Ich von Tim auseinandergeschnitten wurden.

Tim holte ein Schraubglas, kratzte das Etikett ab und brachte es mit zu der Bank, auf der die glitzernden Stückchen lagen. Mit seiner großen Hand fegte er die Bank leer, und seine glitzernden Folienstückchen und meine glitzernden Folienstückchen fielen zusammen ins Glas. Er schraubte den Deckel auf diese Welt unter Glas und schüttelte sie. Seine und meine Stückchen tanzten durcheinander und berührten sich.

Während meiner ersten drei Lebensjahre hatte ich mich frei in »meiner Welt« bewegt. »Die Welt« um mich herum hatte mich dabei verständnislos betrachtet. Nach und nach war Donna in immer kürzeren Momentaufnahmen zu sehen, bis keine Freiheit mehr da war, um in der Gewalt »der Welt« noch ein Ich zu sein. Als ich Teenager war, hatten die Mauern Risse bekommen, und ich war für ein paar stille »meine Welt«-Monate wieder dagewesen. Aber die Risse waren geflickt worden, nicht mit Verbandszeug, sondern mit Stahltüren und haltbarem Beton. Mit zweiundzwanzig hatte ich zum erstenmal in meinem Leben jemanden wie mich kennengelernt. Ohne Werkzeug, mit bloßen Händen, hatte ich begonnen, mir einen Weg nach draußen freizuschlagen, hatte aber aufgegeben. Mit fünfundzwanzig hatte ich einen weiteren Bewohner »meiner Welt« kennengelernt und das Werkzeug bekommen. Mit allem, was ich hatte, ging ich auf die Mauern los, die ich so stabil gebaut hatte.

Beim Schreiben meiner Kindheitserinnerungen begann uns dreien, Willie, Carol und mir, ganz bewußt zu werden, wer jeder von uns war und was jeder von uns gelebt hatte. Ein Ich muß eine Vergangenheit haben. Das Buch war zwar der einzige Ort, an dem diese Vergangenheit zu einem Ganzen verknüpft worden war, aber es war ein Anfang. Wir hatten Fundamente, auf denen wir aufbauen konnten.

In der einsamen Abgeschiedenheit einer Londoner Wohnung war die ganze Geschichte innerhalb von vier Wochen in einem Guß zu Papier gebracht worden. Nachdenken oder Planung hatte es dabei nicht gegeben, nur Besessenheit und den Zwang, das, was begonnen worden war, seinen Lauf nehmen zu lassen. Es war mehr als ein Buch, es war ein Exorzismus gewesen. Das Schreiben war wie ein Fieber vor dem Erwachen gewesen.

Wörter waren über die Seiten hergefallen, und meine Finger hatten die Tasten der Plastikschreibmaschine mit solcher Geschwindigkeit und Heftigkeit bearbeitet, daß sich die Manuskriptseiten anfühlten, als wären sie in Blindenschrift geschrieben. Mir war kaum bewußt, was da geschrieben wurde. Nichts wurde umgeschrieben, überdacht oder überarbeitet. Bewußt wahrgenommen wurden die Worte zum erstenmal, als sie Seite für Seite gelesen wurden. In vier quälenden Wochen waren Willie, Carol und ich einem gleichzeitigen Zusammenleben nähergekommen als in den fünfundzwanzig Jahren zuvor.

Als wir drei das fertige Manuskript lasen, lachten und weinten wir, wir fürchteten uns und schäumten vor Wut über Teile aus den Leben der anderen, auf die wir keinen Einfluß gehabt hatten.

Ich sah Tim an und fragte mich, ob er Teil einer neuen Zukunft werden würde oder ob wir gerade irgendwie auf die Vergangenheit anstießen. Ich war ein Vogel, der eben erst aus seinem Käfig befreit worden war. Ich hatte noch zuviel zu entdecken und brauchte nicht an das Leben vor der Freiheit erinnert zu werden – selbst wenn ich dann meine Möchtegern-Retter hinter mir zurückließ.

Wie der Rand der Erde erschien mir die Klippe, auf der ich hockte, allein, oben über einem vertrauten australischen Strand und der heranrollenden Flut. Die Nacht war tiefblau, und das Mondlicht tanzte glitzernd und funkelnd über die Wellen. Meine Finger glitten durch das Gras, während der Sommernachtswind seine Finger durch mein Haar gleiten ließ. Es nahm den freien Duft des Meeres auf und wehte im Seewind. Ich war ein Albatros auf dem Festland. Ich war allein, aber ganz.

Während ich in den Wind sah, erinnerten die fernen Lichter der Stadt mich höhnisch daran, daß ich jetzt zwar ein ganzes Ich besaß, daß aber immer noch etwas fehlte, das nach wie vor unerreichbar wirkte und »da drüben« zu sein schien, immer nur gerade um die Ecke.

Ich wandte mich wieder dem Meer zu, stellte die bloßen Füße auf den Klippenrand und blickte in die Dunkelheit hinaus. Meine Position hier oben schien für die Zukunft zu stehen: ein geheimnisvoller Ort und eine geheimnisvolle Zeit, ohne Lichter, die den Weg zeigten, und ohne Rollen, hinter denen ich mich verstecken konnte. Wieder brach eine Welle. Ein neues Jahr hatte begonnen.

Das Rauschen von Blättern im Wind verstärkte mein Gefühl noch. War das Einsamkeit? Carol hatte mich immer vor den unverständlichen und überwältigenden Erscheinungen, die ich »Flutwellen« nannte, gerettet. Carol konnte angesichts von Emotionen, die sie nicht erreichen konnten, lachen. Ich war Emotionen ausgeliefert, die ich nicht begriff. Sie waren immer noch überwältigend, aber wenigstens wußte ich jetzt, in welche Kategorie sie gehörten. Ich beschloß, mich aufzumachen und die echte Carol zu finden.

Ich ging in den Park am Ende der Sackgasse. Hier hatte ich mit drei Jahren gewohnt. Carol mußte damals etwa zehn gewesen sein. Ich konnte mich eigentlich nicht erinnern, wie sie ausgesehen hatte, denn ich hatte fast immer angenommen, mein Spiegelbild wäre sie. Ich erinnerte mich dunkel, daß die echte Carol kurzes, dunkles, möglicherweise rötliches Haar gehabt hatte.

Ich stand am Fuß meines Lieblingsbaumes und sah zu dem starken »Arm« meines Freundes auf, der hier im Park wohnte. Er war nicht mein Baum, weil er mir gehört hätte, sondern weil wir uns einander zugehörig fühlten. Ich war ebenso sein wie er mein war. Wir gehörten zueinander.

Vor vierundzwanzig Jahren hatte ich an diesem Ast geschaukelt. Ich fuhr mit der Hand über den Stamm und roch an den Blättern. Hi, alter Freund, sagte ich still.

Wenn ich an seinem Arm geschaukelt hatte, hatte ich eine

verkehrte Welt geschaffen, die mit mir vor- und zurückschwang. Es war ein schönes Gefühl gewesen, »die Welt« zu besitzen, in jenen magischen Jahren vor »dem Krieg«. Jetzt stand ich unter dem Ast, dort, wo Carol vor vielen Jahren gestanden und mir zugesehen hatte. Wie damals vor Jahren fragte ich mich jetzt, wie ich sie zurückholen könnte.

Ich hatte eine ungefähre Vorstellung davon, wohin sie mich mitgenommen hatte. Es war die Straße, deren rückwärtiger Zaun den Park begrenzte, aber ich konnte mich nicht erinnern, aus dem Park herausgegangen zu sein, um dorthin zu gelangen. Waren Carol und ich damals irgendwie durch den Zaun gegangen?

Während ich vor dem Zaun stand, schienen Pforten darin aufzutauchen. Mein Verstand schaltete um, und plötzlich bekamen das hölzerne, graue Band und seine Elemente einen Sinn. Jetzt wußte ich, warum ich gedacht hatte, ich könnte in Carols Welt hineingelangen, wenn ich in den Spiegel hineinging. Der hohe, rechteckige Spiegel hatte wie eine Tür zu dem Raum auf der anderen Seite gewirkt, genau wie die Pforten.

Ich dachte an den Spiegel in dem Haus, in dem ich als Kind gewohnt hatte. Es war ein hoher Spiegel. Man konnte nicht dahintergucken. Er wirkte wie eine Türöffnung, aber man konnte nicht hindurchgehen. Ich hatte gedacht, daß ich, wenn ich nur fest genug daran glaubte, durch den Spiegel in Carols Welt gehen könnte, genauso wie ich vor langer Zeit einmal durch eine der Pforten im Zaun gegangen war. Die Dinge veränderten sich. Ich fing an zu verstehen.

Wie Alice im Wunderland fragte ich mich, welche Pforte ich wählen sollte. Nach mehr als zwanzig Jahren konnte ich mich nicht erinnern, welche es gewesen war. Sie sahen alle genauso aus wie der Zaun selbst. Mir blieb nichts anderes übrig, als außen herumzugehen und an die Türen zu klopfen.

In dieser Gegend hatten immer eher ältere Leute gelebt, und die meisten, die damals dort gewohnt hatten, waren nicht mehr da. Selbst die jungen Leute, die hier aufgewachsen waren, waren größtenteils in andere Viertel gezogen. Niemand schien sich an ein Mädchen namens Carol zu erinnern.

»Rotes Haar, rotes Haar«, sagte eine alte Dame in den Siebzigern und griff sich nachdenklich ans Kinn. »Könnte die Älteste von den Jeffrey-Mädchen gewesen sein.« Die Jeffreys hatten in der Straße gewohnt, und ihre Hinterpforte war Teil des Zauns, der den Park begrenzte, nur knapp fünfzig Meter von meinem Baum entfernt. Sie waren vor etwa zehn Jahren fortgezogen, die meisten von ihnen aufs Land. Wohin, wußte niemand genau. Ich hatte jedes einzelne dieser wandelnden Geschichtsbücher, denen ich auf der Straße begegnete, ausgefragt, und es schien, als hätte es nur einen Menschen gegeben, der mir eine verläßliche Auskunft über ein Mädchen namens Carol hätte geben können.

Ein alter Mann, der jahrzehntelang auf die Kinder, die im Park spielten, aufgepaßt hatte, hatte sie alle mit Namen gekannt. Er hätte etwas über Carol gewußt. Aber er war ein paar Monate vor meiner Rückkehr nach Australien verstorben. Ironischerweise war das etwa zur gleichen Zeit gewesen, als ich nach zwei Jahrzehnten der Geheimhaltung endlich Carols Existenz aufgedeckt hatte.

Vielleicht war Carol nur kurz in der Gegend zu Besuch gewesen. Vielleicht hatte sie gar nicht Carol geheißen. Es war möglich, daß ich, wenn sie mir ihren Namen nicht gesagt hatte, ihr einfach einen gegeben hatte. Es war möglich, daß ich einen Namen aus dem Fernsehen oder aus einer meiner gespeicherten Unterhaltungen übernommen hatte. Nur eins wußte ich genau: Carol war nicht ich.

Ich kaufte etwas für Carol, um mich auf diese Weise von ihr zu verabschieden. Da Carol kein Ichgefühl gehabt hatte, das sie hätte hemmen können, hatte sie immer bevorzugt leuchtende Farben getragen. Ich liebte Farben, hatte aber kein Bedürfnis danach, sie zu tragen. Ich kaufte Carol einen bunten, paillettenbesetzten Hut, hängte ihn an die Mauer und sah ihn an, wie man vielleicht nach einem Begräbnis die verwelkenden Blumen betrachtet.

Manche Leute kaufen sich einen Papagei, und sie glauben, sie könnten ihn sprechen lehren. Trotz ihrer Versuche, ihm etwas beizubringen, lernt der Papagei etwas (vielleicht, weil er sich furchtbar langweilt oder weil er lernt, daß er für seine Leistung belohnt wird). Die Leute beeindruckt das, denn jetzt haben sie einen »klugen« Papagei. Ihr Papagei »kann etwas«. Nun kommt ein Fachmann daher und sagt, es sähe nur so aus, als spräche der Papagei. Der Fachmann erklärt, der Vogel beherrsche die Sprache gar nicht, er könne nur Wörter aussprechen. Aber der Papagei beherrscht die Sprache doch. Hinter allen billigen Kunststückchen hat der Papagei immer eine Sprache besessen. Er hatte schon immer seine eigene und wird sie immer haben.

Wie der Papagei sorgten Willie und Carol für das Überleben. Ich hatte in den Schatten gewartet, weil ich mich nicht mit der verlangten Fügsamkeit und dem Verhalten identifizieren konnte, das ich zeigen sollte, ohne es zu verstehen. Das, was im Namen der Jagd nach »Normalität« geschah, beruhte nie auf Interesse oder Verständnis. Sich den Anschein von »Normalität« zu geben, bedeutete zu überleben. Wenn man nicht »normal« ißt, atmet, schläft und scheißt, wird man wie weniger als Nichts behandelt und kann möglicherweise nicht einmal das bloße Überleben sichern.

Die Liste meiner Arbeitsstellen war beeindruckend, wenn es einem um Abwechslung und Vielfalt ging, aber als Nachweis für einen stetigen beruflichen Werdegang war sie völlig unbrauchbar. Alle Versuche der Kompensierung oder Kanalisierung von

Fähigkeiten hatten die Risse im Überzug meiner Persönlichkeit nicht verbergen können. Im Laufe der Zeit entdeckten die Leute immer einen Riß nach dem anderen und wiesen mich darauf hin. Ich bekam dann solche Angst davor, daß sie meine Fassade zerstören könnten, daß ich vor allem davonlief.

Ssss *machte die Nähmaschine unter Carols Händen, während sie die fünfzigste Hemdenmanschette unter dem Nähfuß durchlaufen ließ. Carol war siebzehn, und es war ihr zwanzigster Job in zwei Jahren, einer in einer langen Kette von Jobs als Näherin. Diesen hatte sie schon eine ganze Weile – fast zwei Monate.*

Plötzlich sah Donna auf die Hände vor sich, nicht fähig, sie als ihre eigenen zu identifizieren oder zu verstehen, warum sie da war. Der Stoff war vertraut, aber wozu er gut war, war ihr jetzt nicht klar. Sie sah zu den vielen Reihen heller Lichter an der Decke auf und blinzelte. Ein Gesicht schob sich plötzlich nah vor ihr eigenes. »Mach weiter, Donna. Fürs Nichtstun bezahlen wir dich nicht«, sagte das Gesicht. Die Wörter bedeuteten nichts. Carol war aus der Fabrik hinaus, die Treppe hinunter und draußen vor der Tür, bevor irgendjemand merkte, was sie getan hatte. Sie biß sich auf die Lippe. »Oh je«, dachte sie. Willie würde wieder mal zu einem Bewerbungsgespräch gehen müssen.

Ich bekam die Dinge in den Griff. Allmählich wurde ich fähig, mit länger andauernden Situationen so gut umzugehen, daß ich nicht wegdriften oder fortlaufen mußte. Ironischerweise nützten mir die Anwesenheit des Ich in den Worten, die ich benutzte, und der Verstand und die Emotionen, aus denen sie stammten, im Hinblick auf meine Gewandtheit gar nichts. Ich stand im vollen Licht meines Menschseins, und es erstickte meine Worte, verstopfte die Leitung zu meinen Ansichten und vermittelte den Anschein, als könne ich kaum die Verantwortung dafür übernehmen, eine Straße zu überqueren.

Ich bewarb mich für einen Job nach dem anderen. Sie nahmen mich nicht. Es waren wirtschaftlich schwere Zeiten in Australien, und nur die, die knallhart waren oder Eindruck machen konnten, kamen nach vorn. Willie und Carol lieferten mich rücksichtslos der Arbeitslosigkeit aus.

Ich überlegte, an die Universität zurückzugehen. Seminare zu besuchen war immer sicheres Terrain gewesen. Aber für wen? Willie war der Gelehrte. Carol war ein Repertoire an gespeicherten, »sozialen« Sketchen. Wer sollte ich bloß sein?

Ich überlegte, Lehrerin zu werden, und fing vorsichtig an, indem ich mich um Arbeit als Lehrerhelferin an Sonderschulen bemühte.

An sich wollte ich gar nicht unbedingt unterrichten, aber ich hatte gemerkt, daß Unterrichten etwas war, worin ich gut war. Im Laufe der Jahre hatte ich als Nachhilfelehrerin gearbeitet. Im Vergleich mit dem Sozialarbeiterimage, dem ich mit Anfang zwanzig nachgejagt war, war der Nachhilfeunterricht viel steriler gewesen. Ich hatte kein gespeichertes Repertoire an frommer Empathie, Befriedigung über gute Taten, märtyrerhaftem Verständnis oder hochfliegender, guterzogener Moral entwickeln müssen. Ich hatte niemanden davon zu überzeugen brauchen, daß ich sozial und fürsorglich war, indem ich Tapferkeitsorden für ehrenamtliche Arbeit schwenkte, die ich aus keineswegs selbstlosen Motiven übernommen hatte.

Mit Anfang zwanzig hatte ich versucht, die Knoten in mir zu lösen. Ich hatte Angst vor der Unberechenbarkeit von Alkoholikern, also hatte ich mich mit Alkoholikern umgeben. Ich hatte Angst vor der Hilflosigkeit, der Verletzlichkeit und der Respektlosigkeit, die mit Obdachlosigkeit einhergehen, daher hatte ich ehrenamtlich mit Obdachlosen gearbeitet. Ich hatte Angst vor der Echtheit von Kindern, ihrer Spontaneität und Ehrlichkeit und davor, wie diese Eigenschaften meine Mauern erschütterten, daher hatte ich ehrenamtlich mit Kindern gearbeitet. Ich hatte Angst, daß mir Verrücktheit drohen könnte und Angst vor dem Vorwurf, verrückt zu sein, daher hatte ich ehrenamtlich in einem psychiatrischen Krankenhaus gearbeitet. Ich hatte nur meiner Angst zeigen wollen, wer der Chef war, um eines Tages meinen Streitwagen selbst steuern zu können und nicht von ihm mitgeschleift zu werden. Statt dessen war ich als die Märtyrerin gepriesen worden, die ich nicht war. Meine Angst vor Selbstenthüllung hatte dafür gesorgt, daß nie jemand etwas von meinen wahren Beweggründen erfuhr. (Es war mir allerdings gelungen zu sagen, daß ich von Wohltätigkeit nichts hielt, weil die sogenannten Wohltäter immer etwas zurückbekommen.)

Für mich stand Unterrichten für reine Wissensvermittlung. Und dieses Wissen war unter dem in fünfundzwanzig Jahren aufgespeicherten, nicht selbst gewählten Mist auch fast das einzige, mit dem ich mich bereitwillig identifizierte. Aber auch wenn ich mir fünfundneunzig Prozent von dem Zeug, das ich mit eingeschaltetem Autopiloten angehäuft hatte, nicht selbst ausgesucht und es in einem schlafwandlerischen Zustand aufgenommen hatte, ohne es zu lernen, war und blieb es doch mein Gedächtnis, in dem es gespeichert worden war. Das gespeicherte geistige Wissen auszubeuten erschien mir weniger als ein Akt der Prostitution, als ein gespeichertes soziales, emotionales oder physisches Repertoire auszubeuten, so wie ich es früher getan hatte.

Für Kommunikation, Nähe oder Körperkontakt hatte ich beim Unterrichten nie einen Anlaß gesehen. Ich dachte mir einfach, ich würde manchmal an der richtigen Stelle lächeln, würde wissen, was ich unterrichten sollte und die Strategien studieren, wie man die Aufmerksamkeit der Kinder fesselt.

Ich griff mir die gelben Seiten und ergatterte zwei Jobs. Ich erzählte den Arbeitgebern nichts von meinem Autismus. Ich wollte einen Job und nicht versuchen müssen, zu begründen, warum ich mich arbeitsfähig fühlte. Es war nur vorübergehende Arbeit, hier und da ein paar Tage. Es würde ihnen nicht schaden, sich die Köpfe zu kratzen und sich zu fragen, von welchem Planeten ich wohl gekommen war.

Ich wurde einer Lehrerin zugeteilt und betrat ein Klassenzimmer voller Kinder mit speziellen Bedürfnissen. »Wir machen hier nicht viel mehr als Babysitten«, sagte die Frau, die für die »Klasse« verantwortlich war. »Erwartung« schien hier kleingeschrieben zu sein. Das »Un« in »Unfähigkeit« hingegen schien in meterhohen Buchstaben da zu stehen. Es warf einen Schatten auf die Tatsache, daß in diesem Wort überhaupt Fähigkeit vorkam.

Wenn Leute an Hirnschaden denken, denken sie normalerweise an das ganze Gehirn. Wenn wir von einer Beinverletzung sprechen, fragen wir, welcher Teil des Beins betroffen ist. Viele Fähigkeiten können mit dem vielsagenden »behindert, ach so, ich verstehe« weggewischt werden.

»Man muß l-a-n-g-s-a-m mit Donna reden, sie ist ein b-i-ß-c-h-e-n l-a-n-g-s-a-m«, hänselte mein älterer Bruder mich, indem er wie eine 45er-Platte sprach, die man auf 33 gestellt hat. Er hielt sein Gesicht herablassend dicht an meins, als wäre ich nicht nur langsam sondern auch blind.

Ich war wütend. Jeder, der eine Brille trägt oder eine Hörschwäche hat, hat, per definitionem, einen Hirnschaden. Menschen mit nervösen Ticks, Gewichtsproblemen und Schlafstörungen können diese Schwierigkeiten aufgrund von neurologischen Problemen haben und haben dann, per definitionem, einen Hirnschaden. Das Gehirn besteht aus verschiedenen Teilen, die viele verschiedene Fähigkeiten enthalten. Daß ein Bereich betroffen ist, heißt noch nicht, daß auch andere geschädigt sind. Zurückgebliebene Menschen sind nicht notwendigerweise physisch behindert, und umgekehrt. Die Fähigkeit des Gehirns, Schäden zu kompensieren, indem es auf Funktionen zurückgreift, die noch intakt sind, wird oft übersehen. Außerdem werden Menschen, denen es schwerfällt, Denken mit Handeln oder Worten oder umgekehrt zu verbinden, nur zu oft als zurückgeblieben oder gestört angesehen, obwohl das Problem vielleicht nicht so sehr in der Fähigkeit dazu als vielmehr in der Technik der Ausführung liegt.

In der Klasse dieser wohlmeinenden Lehrerin konnte ich von all dem nichts sagen. Hier, in dieser sterilen, abwaschbaren Vorschulatmosphäre beobachtete ich die dahinvegetierenden »Babys«.

Vegetation gibt es draußen in der Natur, nicht in Klassenzimmern. Es erschien mir unverzeihlich, sich dafür bezahlen zu lassen, daß man Menschen beim pflanzenhaften Dahinvegetieren zusah, wenn man doch versuchen konnte, ihnen zu helfen, als Menschen etwas mehr Menschsein zu verwirklichen. Die Jahre vergehen zu schnell, und Menschen, denen man nur ein Dahinvegetieren zutraut, erfüllen auch nur niedriggesteckte Erwartungen und werden nicht erwachsen, um als Menschen zu leben.

Ich betrat eine Klasse für Erwachsene mit speziellen Bedürfnissen. Robbie erschien mir als glänzendes Beispiel für jemanden, der den Kampf gewonnen hatte, die Welt draußen zu halten und alle davon zu überzeugen, daß niemand zu Hause war. Er war zweiundzwanzig, einsachtzig groß und trug Windeln.

»Er ist stark zurückgeblieben und autistisch«, sagte die Betreuerin ruhig. Robbies blaßblaue Augen starrten hypnotisiert ins Nichts. Ich spürte, daß er »nicht zu Hause war«.

Robbie wurde regelmäßig zur Toilette gebracht. Seine »Erziehung«, fünf Tage die Woche, bestand hauptsächlich darin, und meine Aufgabe war es, ihn in regelmäßigen Abständen zur Toilette zu führen. Man hoffte, daß Robbie nach zweiundzwanzig Jahren das System verstehen und von sich aus gehen würde. Genauso wahrscheinlich war es, daß er bereits ein anderes System erlernt hatte, das sie ihm beigebracht hatten, nämlich unglaublich niedrigen Erwartungen zu entsprechen.

Es war Essenszeit. Eine Dose Babynahrung wurde geöffnet, und die gelbbraune Matsche wurde in Robbies ausdrucksloses Gesicht gelöffelt. Die Matsche bedeckte bald sein Kinn und seine Nase. Zu beobachten, wie er langsam den Mulch schluckte, war, als würde man einem Baum beim Wachsen zusehen. Offensichtlich konnte Robbie den Löffel nicht halten. Offensichtlich konnte Robbie gar nichts halten. Zu Hause wurde Robbie gewindelt und gefüttert.

Seine kristallblauen Augen blickten starr geradeaus ins Nichts, sein Gesicht war völlig ausdruckslos, mit einem quälenden, toten, starren Lächeln, und seine Hand wurde zu Wakkelpudding, wenn man ihm irgend etwas gab — ein Meister in der Kunst des Nichtseins.

Die Hand meines sechsjährigen älteren Bruders hielt mein Handgelenk fest. Er schüttelte meine Hand vor meinem fünfjährigen Gesicht. Die winkende Hand erregte meine Aufmerksamkeit. Klatsch. *Meine Hand wurde in mein Gesicht geknallt, begleitet von Gelächter. »Komm, mach deine Hand wieder ganz wabbelig«, kam die aufgeregte Stimme desjenigen, der immer noch mein Handgelenk festhielt. Für ihn war es nichts weiter als ein Kinderspiel, »zum Spaß«.* Klatsch, *kam das Geräusch von meiner Hand, die wie ein schlapper, nasser Fisch in mein Gesicht schlug. Man fand das urkomisch. Wie konnte ich bloß so dumm sein, daß ich nicht lernte, welche Konsequenzen es hatte, wenn ich meine Hand wabbelig werden ließ? Ich dachte, ich würde »verschwinden«. Ich brachte das Gefühl des »Verschwindens« nicht mit seiner Auswirkung auf meinen Körper oder meine Erscheinung in Zusammenhang. Die Tatsache, daß meine Hand als Ergebnis davon wabbelig wurde, war völlig unbedeutend.*

Meine Hand bewegte sich in Robbies Richtung. Meine Augen waren starr auf einen fernen Punkt am anderen Ende des Raumes gerichtet, weit fort von dort, wo ich war, als hätte ich überhaupt nichts mit der Hand zu tun, die sich ihm näherte. Meine Hand ließ den Gegenstand, den sie Robbie hinhielt, los. Mein Gesicht ließ nicht erkennen, daß ich wußte, was ich tat. Nach der Definition »meiner Welt« war das »geben«. Ich war eine weitergebende Maschine, ein Gegenstand, der jemandem, der nicht da war, einen Gegenstand nach dem anderen überreichte. Zur Belustigung und zum Erstaunen der anderen beiden anwesenden Betreuerinnen nahm Robbie die Dinge, die meine Hand vor ihm fallen ließ, in der gleichen Weise entgegen, wie ich sie ihm »überreicht« hatte. Seine Augen blickten dabei starr geradeaus ins Nichts. Er bediente sich des peripheren Sehens.

Mit dem Gegenstand in der Hand wanderte Robbie ziellos umher, wie ein Schlafwandler. War es möglich, daß mein »Nicht-da-Sein« *ihm* ermöglichte, soweit da zu sein, daß er die ihm gereichten Gegenstände halten konnte? In dem System von »alles Welt, kein Ich« im Gegensatz zu »alles Ich, keine Welt« galten einfache Regeln. Wenn man die bewußte Wahrnehmung von der Welt abzieht, fließt die Überladung des Ich ab. Das Ich kann es wagen zurückzukommen.

Immer wenn ich Robbie einen neuen Gegenstand überreichte, nahm ich den vorigen fort, ohne ihn dabei anzusehen. Ich sah nur in die Ferne oder richtete die Augen starr auf den Gegenstand selbst. Was ich ihm gab, spielte keine Rolle. Je unpersönlicher und auf den ersten Blick uninteressanter es erschien, desto besser: ein Zierdeckchen, ein Bauklotz, ein Schwamm, eine Plastikgabel, ein Geschirrtuch. Ich legte sie ab, drehte mich abrupt um und ging fort, in der sicheren Erwartung und Annahme, daß Robbie sie nehmen und halten würde, und ohne das Bedürfnis, ihn zu beobachten oder auf Bestätigung zu warten. Es gab keinen erwartungsvollen Blick und kein Anzeichen für Erregung, wenn er meine Erwartungen erfüllte. Wir führten einen stummen Dialog.

Robbie wanderte auf und ab und fing an, in ein kleines Nebenzimmer hinein- und wieder herauszugehen, dabei wirkte er die ganze Zeit so, als sei dieser Ort bloß Teil des allgemeinen Nirgendwo, zu dem er unterwegs war.

Weck dein Bewußtsein nicht auf. Sag ihm nicht, was du da tust. Denn dann würde die Hand nicht greifen dürfen, die Augen würden niemals gucken dürfen. Laß dir nichts anmerken und hab keinen Gedanken, denn dann würde dein Bewußtsein wissen, daß du da bist, und »Flutwellen« schicken, um dich zu ertränken. Wenn es durch meilenhohe Mauern bricht und mit der Wucht und Zerstörungskraft einer plötzlichen »Flutwelle« zuschlägt, täusche einen emotionalen Anfall vor.

Robbies Gesicht war so leblos und fade wie ein Hamburger von McDonald's, während er mit dem letzten Gegenstand, den ich ihm gereicht hatte, in der Hand in das Zimmerchen schlenderte. Auf seinem Weg wieder hinaus hatte ich ihn, als er zum erstenmal kurz auf einen der Gegenstände blickte, die er bekommen hatte, einen Augenblick lang lächeln sehen. Es war ein Buch, und er hatte gelächelt, als er auf den bunten Einband guckte, eben bevor die Vorhänge wieder vorgezogen wurden und ihn seinem »die Welt«-Gesicht zurückgaben: ein Niemand nirgendwo.

Ich lachte still vor mich hin und ließ mir nichts anmerken. Ich hatte einen Robbie da drinnen gesehen. Wenn es auch nur für einen Tag war, Robbie hatte es gewagt, etwas anzunehmen. Wenn auch nur für eine Minute, er hatte es gewagt, sich für etwas zu interessieren. Wenn auch nur für einen Augenblick, er hatte es gewagt, ein Ich zu haben. Wenn es auch nur für einen Tag in seinem Leben war, es hatte sich gelohnt.

Als ich das Kinderzimmer betrat, sah ich ein Mädchen von etwa vier Jahren im dunklen Inneren einer Kiste liegen. Sie schielte stark und hatte die Hände zu Fäusten geballt. Den Betreuerinnen war erklärt worden, daß sie in der Sicherheit ihrer von ihr selbst kontrollierten Isolation vielleicht beginnen würde, ihre Umgebung zu erforschen. In der Kiste waren Mobiles und verschiedene Gegenstände aufgehängt.

Stoffe baumelten vor mir in meinem dunklen Schrank, in der Sicherheit meiner selbstgewählten Dunkelheit. Hier gab es keine Bombardierung durch helle Lichter und grelle Farben, durch Bewegung und Blabla, durch unberechenbaren Krach und die unkontrollierbaren Berührungen anderer. Dies war eine Welt der Garantien, in der die Dinge ausreichend lange kontrolliert waren, so daß ich mich beruhigen und einen Gedanken fassen oder ein Gefühl spüren konnte. Ich berührte den Stoff vor mir. Ich ließ meine Hand über die seidige Oberfläche der Lackschuhe zu meinen Füßen gleiten. Ich hob sie auf und strich damit über meine Wange. Hier gab es keinen letzten Tropfen, der das Faß zum Überlaufen bringen und mich von der Überlastung in die endlose Leere der Abschaltung schicken würde.

Die beiden aufsichtsführenden Betreuerinnen waren von der Neuartigkeit ihrer Ideen und der Ausstattung für das kleine Mädchen begeistert. Wie überenthusiastische Verwandte bei ihrer ersten Begegnung mit einem neugeborenen Kind krochen sie fast zu ihr in die winzige Kiste hinein. Ich stand da, und mir wurde übel, als sie den persönlichen Raum des Mädchens mit ihren Körpern, ihrem Atem, ihren Gerüchen, ihrem Gelächter, ihren Bewegungen und ihrem Lärm bombardierten. Fast manisch schüttelten sie Rasseln und wackelten mit Gegenständen vor dem Mädchen herum, so als wären sie ein Paar übereifrige Hexendoktoren, die hofften, den bösen Fluch des Autismus brechen zu können. Sie schienen den Rat, den man ihnen zur

Behandlung des Mädchens gegeben hatte, dahingehend zu interpretieren, daß sie ihm eine Überdosis an Erfahrungen verabreichen sollten, die sie ihm in ihrer unendlichen »die Welt«-Weisheit selbst verschaffen sollten. Ich bekam das Gefühl, wenn sie einen Wagenheber hätten benutzen können, um die Seele des Kindes aufzustemmen und »die Welt« hineinzugießen, hätten sie das getan und gar nicht bemerkt, daß ihre Patientin auf dem Operationstisch gestorben wäre. Das kleine Mädchen schrie und schaukelte, mit den Armen an den Ohren, um den Krach draußenzuhalten, und stark schielend, um sich vor der Bombardierung durch visuellen Lärm zu schützen. Ich wünschte, diese Leute wüßten, was sensorische Hölle ist. Ich beobachtete eine Folterung, bei der das Opfer nicht fähig war, sich in irgendeiner verständlichen Sprache zu wehren. Ich war fast betäubt von dem Schock. Das Mädchen hatte keine Worte, um zu beschreiben, was geschah, um sich darauf einzustellen, was die Betreuerinnen da taten. Die Einführung des Kindes in einen sicheren, friedlichen, verläßlichen und kontrollierbaren Ort in »der Welt« begann mit einem offensichtlich vernichtenden ersten Eindruck. Es war mittelalterlich. Man hatte diese Frauen angewiesen, etwas zu benutzen, das vielleicht funktionieren mochte, aber niemand hatte ihnen erklärt, warum oder wie. Niemand hatte ihnen die Gebrauchsanweisung oder das Regelheft gegeben. Sie waren Chirurgen, die mit Heckenscheren und ohne Narkose operierten.

Ich fühlte mich wie zerschlagen. Die Logik der Situation erschien so offensichtlich. Doch es war das Verhalten des Kindes, das als »sonderbar« bezeichnet wurde. Ich stand da, voller Angst, wohl wissend, daß ich kaum zwei Wörter herausbekommen würde, bevor ich meinen Standpunkt würde begründen müssen. Verbales Argumentieren war zwar eine gespeicherte Fertigkeit, doch ich wußte, daß ich sie nicht bewußt als ich selbst benutzen konnte. Sie konnte ausgelöst, aber nicht bewußt eingesetzt werden. Ich hätte darauf vertrauen können, daß die Wörter, die aus meinem Mund kommen würden, Sinn ergeben würden, selbst wenn ich sie nicht mit Bedeutung hören konnte, aber die Gefühle waren zu echt, zu sehr »ich«, als daß ich sie durch eine Reaktion mit eingeschaltetem Autopiloten hätte verraten wollen. Meine Bemerkung wäre sehr weit von dem entfernt gewesen, was ich mit Bewußtsein gesagt hätte.

Ich dachte an den Kriegsschauplatz in meiner eigenen Umgebung. Jede Strategie war mit einer Gegenstrategie beantwortet worden. Ich war wie benommen von der Ahnung, wie es hätte sein können, wenn ich anderswo aufgewachsen wäre.

Jenny war zehn, mit großen runden Augen und einem gezwungenen Lächeln im sommersprossigen Gesicht. »Stark zurückgeblieben mit autistischen Tendenzen«, meinte die Lehrerin, die mich begleitete. »Hallo, Schätzchen«, sagte das sommersprossige Kind. Mir kam Carols Rolle des »adoptierbaren, kleinen Mädchens« in den Sinn.

Jenny war schon eine ganze Weile an der »Schule«. Tag für Tag hatte man sie gelehrt, eine Sortieraufgabe mit Plastikmessern, -gabeln und -löffeln zu lösen, die ihr eines Tages vielleicht Arbeit in einer beschützenden Werkstatt bescheren würde. Jenny beschäftigte sich, indem sie durch das Zimmer schaukelte.

Es gab einen »Erziehungs«plan für Jenny. Als Helferin hatte ich die Aufgabe, ihn auszuführen. Wenn Jenny sich schlecht benahm, sollte sie energisch auf einen Stuhl in der Ecke des Zimmers gesetzt werden, mit dem Gesicht zur Wand.

Wie aus der Pistole geschossen schnellte Jennys Hand plötzlich vor und schlug einer Betreuerin heftig auf den Rücken. Die Bewegung war so schnell, daß es nur eine automatische Reaktion sein konnte, und sie sah eher nach einem nervösen Tick aus als nach Ungezogenheit. Jenny schien keine Ahnung zu haben, was sie falsch gemacht hatte, oder daß sie überhaupt etwas falsch gemacht hatte. Immer und immer wieder wurde sie in die Ecke gesetzt.

Ich stand im Papierkorb meines Klassenzimmers in der dritten Klasse und wurde unter Gelächter mit Kreidestücken beworfen. Das war der Preis, den ich dafür zu zahlen hatte, daß ich versuchte, etwas Würde zu bewahren. Die Bestrafungen ergaben keinen Sinn. Sie standen in keinem logischen Zusammenhang zu den Handlungen, auf die sie sich beziehen sollten.

Ich hatte keine Ahnung gehabt, was ich falsch gemacht hatte. Ich konnte nur versuchen, herauszubekommen, wie »liebe Mädchen« sich verhielten, und versuchen, mich zu einem von ihnen zu machen. Es gab genug Beispiele ringsherum, die ich spiegeln konnte, aber sie hatten zu viele einzelne Elemente und bewegten sich zu schnell, als daß ich sie hätte erfassen können. Das »böse« Verhalten dauerte an, aber ich lächelte immer häufiger. Zwanghaft studierte ich Sitcoms im Fernsehen und beobachtete dabei, daß Fernsehleute ihre Fernsehkinder gern hatten, wenn sie abwuschen und ihnen etwas schenkten. Ich polierte Carols Rolle des »adoptierbaren, kleinen Mädchens« auf, indem ich meinen Kopf zur Seite legte, wie die bezaubernden Kinder im Fernsehen. »Du glaubst, du wärst so schrecklich süß und niedlich«, ertönte ein schneidendes »die Welt«-Fauchen. Klatsch. *Mein Kopf flog plötzlich mit der Hand mit, war nicht mehr »niedlich« schiefgelegt. Wenn ich nur bei den Bradys leben würde, hatte ich gedacht. Im Fernsehen wurde »niedlich« mit für immer liebenswert gleichgesetzt. Vielleicht wirkte meine Version gequält und gezwungen, eine perverse Verhöhnung des nicht faßbaren Kindes, das ich in Wirklichkeit war.*

Der Begriff der Disziplin begeht das Verbrechen, anzunehmen, daß der Missetäter dasteht und sich fragt: »Warum?« Ich lebte in einer Welt des »Du bekommst, was du siehst«. So viele Menschen bewiesen mir nur und bewiesen mir immer wieder, daß es keinen Sinn hatte zu versuchen, ihre Unverständlichkeit zu durchdringen. Auf diese Weise entstehen gut funktionierende (wenn auch lächelnde) Roboter.

Ich besuchte eine weitere Schule. Es war eine Spezialschule, die auf die Bedürfnisse autistischer Kinder zugeschnitten sein sollte. Ich legte mein geschliffenstes Benehmen an den Tag, indem ich mich der Erinnerungen an Willies offensichtlich imponierendes Auftreten bediente. Innerlich zitterte ich.

Ich machte den üblichen Besucherrundgang durch die Schule. Dabei guckte man sich ein Video an und begutachtete ein paar leere Klassenräume. Anschließend wurden Theorie und Philosophie nett mit Tee und Keksen zusammen serviert, und man durfte seinen Namen auf eine Liste für Lehrerhelferinnen zum Einspringen in Notfällen setzen.

Kurz bevor ich ging, entschied ich mich, einer der älteren Betreuerinnen meine Situation zu schildern. Sie erzählte mir von monatlichen Zusammenkünften, die in einem von ihnen betriebenen Erholungsheim stattfanden. Sie gab mir ein paar Telefonnummern, über die ich vielleicht ein paar andere wie mich kennenlernen konnte.

Ich betrat den Raum voller schwatzender Mütter, die sich im Erholungsheim versammelt hatten. Auf der Küchenbank waren Tassen, Kaffee, Zucker und Milch aufgereiht, und die Mütter standen darum herum und besprachen alles, von Lernspielzeug bis zu Wutanfällen. Ich merkte, daß ich das eingeschliffene Muster auf dem Wohnzimmerspiegel nachzeichnete. Benimm dich normal, rief ich mir unhörbar zu, ging in die Küche und stellte mich dort hin. Schritt für Schritt wurde ich unwiderstehlich von der Ecke des Raumes angezogen.

Nur eine Frau wußte, wer ich war – die Betreuerin aus der Schule. Sie hatte den Müttern gesagt, daß ich kommen würde, und es herrschte einige Aufregung, weil sie nun erwarteten, eine von den fünf bis zehn Prozent Autisten kennenzulernen, die es in »der Welt« »geschafft« hatten. Da die Mütter sich noch nicht alle kannten, drehten sie ihre Runden und versuchten herauszufinden, welche der Anwesenden ich war.

»Haben Sie Kinder auf der Schule?« fragte eine Frau mich. »Nein«, antwortete ich, »ich bin nur daran interessiert, als Lehrerhelferin zum Einspringen an der Schule zu arbeiten.« »Tatsächlich?« sagte die Frau, »ich arbeite nämlich an der Schule, und ich suche zwei Helfer, die im Ferienprogramm einspringen können. Haben sie Erfahrung mit autistischen Kindern?« Ich dachte an das Ferienlager, das ich in Großbritannien besucht hatte. »Ja«, erwiderte ich ehrlich. »Hier ist meine Telefonnummer«, sagte sie. »Ich bin sicher, daß ich Arbeit für Sie finden kann.« Sie wandte sich zum Gehen (wahrscheinlich, um die autistische Frau ausfindig zu machen, die angeblich irgendwo unter den Anwesenden sein sollte). »Ach, und eigentlich gibt es noch einen Grund, warum ich daran interessiert bin, mit autistischen Kindern zu arbeiten«, sagte ich. »Ich sollte wohl erwähnen, daß man mir gesagt hat, ich sei autistisch.« Die Frau zögerte, und ihr Gesicht wurde lang und länger. »Ich hoffe, das ändert nichts an Ihrem Angebot«, fügte ich hinzu. »Natürlich nicht«, sagte sie, wirkte aber nicht sehr überzeugend.

Wieder und wieder rief ich sie an, um die Termine bestätigen zu lassen. »Wir sind noch nicht ganz sicher«, sagte sie. »Sie müßten nochmal anrufen.« Beim fünften Anruf hieß es, die Pläne seien im letzten Augenblick geändert worden. Man hatte mir drei Wochen Arbeit versprochen. Jetzt gab es nur noch ein paar Tage Arbeit für mich.

Meine Arbeit an der Schule für autistische Kinder begann. Sieben Kinder nahmen am Ferienprogramm der Schule teil.

Ich war kaum durch die Tür, da wurde ich auch schon auf vertraute Weise begrüßt.

»Donna, komm her und sag Eric Guten Tag«, sagte meine Mutter.

Blitzartig wurde ich von einem Feuer verschlungen, und mein Kopf fuhr auf einer geraden Linie in Erics Magen hinein, während meine Füße in vollem Tempo auf ihn zurannten. Ich war ein dreizehnjähriger Dampfzug. Eric trat im letzten Augenblick zur Seite, um dem Kopfstoß auszuweichen. Mein Kopf krachte in die Wand, und ich sah Funken, bevor das Licht ausging.

»Sie ist verrückt«, erklärte meine Mutter zum x-ten Mal.

Ich konnte nichts dagegen tun. Ich hatte Gefühle gespürt.

Ein Elfjähriger hatte mich begrüßt, indem er seine Zähne tief in meinen Arm geschlagen hatte. Es war eine komische Empfindung, und ich wußte nicht, wie ich darauf reagieren sollte.

Der Junge sprang von mir fort wie ein Besessener. Zu seinem Schrecken und Entsetzen hatte ich nicht reagiert. Die beiden anderen Betreuerinnen waren über seine Reaktion überrascht. »Sehen Sie sich das mal an«, sagte die Betreuerin, die mich eingestellt hatte. »Er kann sich Ihre Reaktion nicht erklären. Hat es Ihnen nicht wehgetan?« »Doch, ich glaube schon«, erwiderte ich, nicht ganz überzeugt, aber aufgrund ihrer Reaktionen sicher, daß es hätte wehtun sollen. »Du hättest ›aua‹ sagen müssen«, erinnerte ich mich im Stillen. »Man sagt ›aua‹, wenn man gebissen wird.« Ich nahm mir vor, beim nächsten Mal daran zu denken.

Eins nach dem anderen trafen die Kinder ein. Unter ihnen war Jody, die auf Zehenspitzen ging und für ihr Alter klein war und deren blaue Augen nirgendwohin sahen. Beim Hereinkommen verwandelte sie sich in einen Tisch: Füße und Hände flach auf dem Fußboden unter und hinter sich, Bauch aufwärts zur Decke gedreht.

»Sie hier ist sehr stark zurückgeblieben«, sagte die Betreuerin, die mich eingestellt hatte. »Eher ein Fall von Retardierung als von Autismus«. Ein Bild schoß mir durch den Kopf.

Während ich ins Nichts starrte, hatte ich Beine und Füße lässig hinter meinen Kopf gelegt. Es machte mir nichts aus, wie eine Frisbee-Scheibe auszusehen. Es fühlte sich gut an, wenn ich mich verknotete: Ich war autark und hatte die Kontrolle.

Noch zwei weitere Kinder waren da, deren Art meiner zu ähneln schien, und außerdem ein redegewandter, geselliger und sehr gesprächiger, hyperaktiver kleiner Wirbelwind, der mich an meinen jüngeren Bruder erinnerte.

Es war schwer für mich, dort zu sein. Ich fühlte mich bloßgestellt. Ich verbrachte meine ganze Zeit mit den Kindern bei den Schaukeln und auf dem Trampolin.

Die beiden Betreuerinnen hockten zusammen und produzierten Smalltalk, der für mich immer noch eine Fremdsprache war. Ich kannte die Bedeutungen der Wörter, die sie verwendeten. Ich konnte sogar viele Sätze verstehen. Ich hätte versuchen können, etwas einzubringen, indem ich an von ihnen benutzte Schlüsselwörter meine eigenen Informationen dazu anhängte. Aber ich verstand deren Stellenwert nicht, und ich war jetzt, da mir bewußt war, wieviel ich nicht verstand, bei weitem nicht mehr so ungehemmt.

Jack flitzte auf dem Spielplatz herum wie Peter Pan. Seine Bewegungen waren graziös, schnell und exakt, und sein Blick blieb nie lange auf einem Gegenstand liegen. Der Wind spielte in seinen strähnigen blonden Ponyfransen, während er mühelos über das Seil balancierte, das oben über das Klettergerüst gespannt war.

Es war Mittagszeit, und die Kinder wurden zum Tisch hinübergebracht. Jack wurde darauf gedrillt, »Schokolade« zu sagen, damit er welche bekam. Mit sechs Jahren fing er gerade an, Wörter zu benutzen. (Mozart begann erst mit vier Jahren zu sprechen.) Ein System von Belohnungen und Strafen sollte Jack zum Sprechen ermuntern. Laut für Laut preßte er das Wort »Sch-o-k-o-l-a-d-e« hervor und wurde entsprechend mit kleinen Schokoladestückchen belohnt, die man ihm hinhielt wie einem bettelnden Hund.

Jack machte sich los und kam zu mir herüber. Er nahm meine Hand in seine kleine Hand. Ich hatte Angst, »verschwand«

aber nicht. Meine Hand lag steif in dem Raum, den er für sie geschaffen hatte. »Klo«, sagte er und sah mich dabei mit seinem flüchtigen Blick an. Er führte mich zu einer Tür, die vermutlich die Toilettentür war.

Ich fing an zu zittern. Ich wußte nicht, wohin diese Tür führte. Ich hatte das Gefühl, keine Kontrolle mehr zu haben, weil ich in einen Raum gebracht wurde, den ich noch nicht kannte und nicht von mir aus erkunden wollte.

Jacks Art war schmerzhaft in ihrer Vertrautheit. Ich fühlte mich bloßgestellt, und die Intensität meiner Emotionen steigerte sich zu einem Höhepunkt. Meine Knöchel fuhren zu meinem Gesicht hoch und wurden von meinen Zähnen festgehalten. Emotionen sind gegen das Gesetz, zischte eine innere Stimme. Mein Gehörsinn wurde immer schärfer. Ein Panikanfall hämmerte gegen die Tore meines Verstandes, eine »Flutwelle« nahte. »Ich habe die Sache im Griff«, beruhigte ich mich, während ich rhythmisch und langsam atmete. Ich würde gefaßt bleiben und nicht umkehren und davonlaufen. Jack blieb stehen und sah plötzlich zu mir auf. »Keine Angst, ich geh mit dir«, verkündete er in knappen, klaren, abgehackten Worten. Der Schreck über den ungeheuren Gegensatz zwischen dem Jungen, der diesem Satz sagte, und dem, der noch vor wenigen Minuten kaum einzelne Laute hatte hervorbringen können, riß mich aus meiner Panik. Jack hatte ganz deutlich, direkt und souverän gesprochen.

Es schien eine schmerzhafte Ironie darin zu liegen, daß ausgerechnet Jack es war, der mir geholfen hatte, die Situation zu bewältigen. War es Einfühlungsvermögen gewesen, das ihn dazu gebracht hatte, ohne Vorsagen, ohne Schokolade und ohne Verhaltenstherapie die Wörter zu finden? Oder hatte ich irgendwie einen gespeicherten Satz ausgelöst, und der »echte Jack« konnte nicht annähernd so mühelos sprechen?

Die Worte des Walisers klangen mir in den Ohren. »Bist du echt? Es hat sich angefühlt, als wärst du gerade durch mich hindurchgegangen.« Für diesen Augenblick war es gewesen, als wären wir nicht mehr in uns selbst gefangen. Wir hatten einander berührt, ohne uns zu berühren. Vielleicht war er für diesen Augenblick ich gewesen und ich er. Vielleicht war es für einen Augenblick bedeutungslos gewesen, wer wir waren.

Ich kam zurück. Die beiden Betreuerinnen versuchten eifrig, Jody zu füttern. Eine hatte das Mädchen auf dem Schoß und hielt ihre Arme fest, um sie davon abzuhalten, sich zu beklopfen und zu schaukeln. Die andere zielte mit einem Löffel auf Jodys Gesicht. Ab und zu gelang es ihr zufällig, ein bißchen durchgeseihten Babybrei in den Mund der Sechsjährigen zu schieben. Jody drehte ihre blauen Augen weit von ihnen fort. Sie hielt den Atem an, knirschte rhythmisch mit den Zähnen, machte sich stocksteif und versuchte weiter, sich mit den festgehaltenen Händchen zu beklopfen.

»Hat sie sonst noch was zu essen?« fragte ich. »Sie hat Butterbrote«, sagte die Betreuerin, »aber sie kann nicht selbst essen.« »Darf ich helfen?« fragte ich.

Mein Angebot wurde freudig begrüßt. Die beiden Betreuerinnen beschäftigten sich mit den anderen Kindern am Tisch. Ich setzte mich neben Jody auf die Bank. Ihre Brote mit Hefepaste lagen, in Plastikfolie eingewickelt, unberührt etwa in Armeslänge vor ihr.

Ich begann, leise zu summen. Die Melodie war kurz, rhythmisch und hypnotisierend. Ich wiederholte sie immer wieder. Jody saß neben mir und starrte intensiv ins Nichts. Sie hielt den Atem an und schaukelte, beklopfte sich und knirschte mit den Zähnen.

Ich summte ununterbrochen weiter, und sie hörte auf, mit den Zähnen zu knirschen. Ich fuhr fort, indem ich die Melodie immer wieder von vorn wiederholte. Ich fing an, Jody im Rhythmus der Melodie auf die Schulter zu klopfen, immer auf die gleiche Weise: kontinuierlich und berechenbar. Jody hörte auf, sich zu beklopfen.

Sie hatte jetzt die Hände frei und konnte sie benutzen. Sie griff über den Tisch nach ihren Butterbroten, riß die Folie auf und stopfte sie sich ins Gesicht. Jody mochte vielleicht nicht gerade die eleganteste Esserin sein, aber sie war wenigstens selbständig und konnte allein essen.

Die Betreuerin, die mich eingestellt hatte, sah zu. Sie stellte mir Fragen zu dem, was ich getan hatte. Ich erklärte ihr, daß ich getan hatte, was ich selbst gebraucht hätte. Zähneknirschen hielt störende, unberechenbare und sinnlose Außengeräusche vom Eindringen ab. Eine sich wiederholende Melodie zu singen und ununterbrochenes Summen bewirkten dasselbe. Das Klopfen schaffte einen kontinuierlichen Rhythmus und hinderte die unstrukturierten Bewegungen anderer am Eindringen. Ich hatte diese Dinge einfach für Jody übernommen, damit sie sich frei dem nächsten Punkt auf der Skala der Tätigkeiten, die sie verrichten mußte oder wollte, zuwenden konnte.

Als Programmpunkt für den Tag war Schwimmen vorgesehen. Ich schwamm sehr gern, haßte es allerdings, mit anderen zusammen zu schwimmen, es sei denn, ich schwamm von ihnen fort. Im allgemeinen spürte ich ihre Aufdringlichkeit, ihre Unberechenbarkeit und ihre Nähe zu deutlich. Die meisten der Kinder, die an diesem Tag da waren, waren allerdings weit entfernt davon, mit Absicht aufdringlich zu sein.

Es reichte, wenn eine Betreuerin bei den Kindern im Schwimmbecken war. Ich meldete mich freiwillig. Die beiden anderen saßen auf den Stühlen am Rand.

Ein Junge in der Schwimmgruppe war sehr kommunikativ. Er hatte keine Probleme mit Berührung und fand mein Ausweichen lustig, oder vielleicht fand er mich deswegen auch so unaufdringlich, daß er sich sicher fühlte. Er kam immer hinter mir her. Er war ein guter Schwimmer, und als er mich eingeholt hatte, versuchte er, auf mir herumzuklettern.

Ich erstarrte und ging unter wie ein Stein. Aber ich merkte schnell, daß ein Schwimmbecken kein geeigneter Ort zum »Verschwinden« ist. Ich schwamm dem Jungen davon. Die Betreuerin, die meine Situation verstand, sagte ihm, er solle mich in Ruhe lassen. Ich hatte eine Kategorie für praktische Berührung und wurde für kurze Zeit damit fertig, wenn sie zur Sicherheit nötig war, oder um Anweisungen zu geben, aber diese soziale Berührung machte mir angst. Wenn man sie spielt, ist Berührung irgendwie betäubend, und das Ich ist dabei nicht anwesend. Wenn ich aber nicht Theater spielte, war Berührung sensorisch und emotional einfach zu viel für mich.

Jack rannte am Schwimmbecken hin und her. Er sah aus, als würde er gern hineinspringen, könnte das aber nicht. Er schien richtig frustriert zu sein, weil er sich nicht dazu überwinden konnte. Er kam immer wieder an den Beckenrand, und schließlich tauchte er die Füße ins Wasser. Seine eigene Leistung überraschte ihn, und das Bewußtsein davon schien ihn zu überwältigen. Er bekam Angst und rannte wieder fort.

Jody saß auf der obersten Stufe des Schwimmbeckens und starrte in das Muster der Wellen, die sie auf der Wasserfläche entstehen ließ. Das Wasser, das sie vor ihrem Gesicht aufspritzen ließ, bewegte sich in einem konstanten Rhythmus. Das Muster und seine Regelmäßigkeit hatten etwas Musikalisches. Die Wasserkringel fielen mit einem zarten Klimpern zurück. Das Glitzern des sich kräuselnden Wassers war selbst Kunst.

Ich dachte daran, welchen Preis man dafür zahlte, nicht zu existieren, zu »verschwinden« und die Welt unter Kontrolle zu halten. Ich streckte die Hand aus, griff in das Wassermuster, in dem Jody sich gerade verlor, und zerstörte es: Kriegsspiele. Manchmal muß einem soviel an einem Menschen liegen, daß man ihm den Krieg erklärt. Ich kämpfte, um ihr zu helfen, Anschluß an »die Welt« zu finden.

Jody warf mir blitzschnell einen wütenden Blick zu und beschäftigte sich wieder mit dem Wasser. Sie hielt das Gesicht jetzt noch dichter an ihr Muster und versuchte, sich zu verlieren. Sie kämpfte darum, »die Welt« draußen zu halten.

Wieder und wieder spielten wir diese Kriegsspiele, bis die Kriegsspiele selbst so regelmäßig und berechenbar waren wie das vom Wasser geschaffene Muster. Immer wenn Jody mich wütend anfunkelte, blickte ich ihr ruhig in die Augen und lächelte, als würde ich mich selbst anlächeln. Ich lächelte nur so, wie ich mir im Spiegel zugelächelt hätte.

Ich nahm Jodys Hand und zog das Mädchen ganz langsam auf der Stufe herum, bis sie das ganze Schwimmbecken vor sich hatte. Mit der anderen Hand machte Jody weiterhin ihr Muster, und langsam drehte sie sich wieder zur Wand zurück. Schweigend zog ich sie immer wieder langsam herum, bis sie das Bekken vor sich hatte, und jedesmal ließ ich mich auch von ihr wieder zur Wand zurückziehen. Sie sollte gezwungen sein, zu erfahren, daß sie eine Entscheidung traf, die das Handeln eines anderen Menschen beeinflußte.

Wer auf welcher Seite stand, ging in diesem Muster verloren, bis der Krieg selbst keine Rolle mehr spielte — beide Seiten gehörten zu Jody. Ich hielt sie an der Hand und zog sie sanft ins Becken hinaus. Sie stemmte sich dagegen, beklopfte sich heftig und sah mit wachsender Aufmerksamkeit hinunter ins Wasser. Ich beobachtete, wie sie erfuhr, daß sie die Macht hatte, sich zu entscheiden, selbst über ihre Handlungen zu bestimmen und meine zu beeinflussen.

Ich ruckte an ihrem Arm. Vor Verblüffung schien sie einen Augenblick lang aus ihrer offensichtlichen Selbsthypnose zu erwachen, und sie starrte mich wütend mit ihrem Kriegsgesicht an. Ich sah ruhig in ihr Kriegsgesicht und lächelte vor mich hin. »Hallo, Spiegel«, sagte ich innerlich.

Wir zogen uns hin und her. Schließlich sprang sie von sich aus von der Stufe hinunter ins Becken, ohne meine Hand loszulassen. Sie paddelte ein kleines Stückchen – mit entsetztem Gesicht – und sah zu mir auf, als suche sie Bestätigung, daß alles in Ordnung sei und daß sie es überleben würde. Dann sah sie angespannt ins Wasser und geriet in Panik. Ich ruckte schnell an ihrem Arm, und plötzlich sah sie zu mir hoch. Der schwache Anflug eines Lächelns lag auf ihrem Gesicht.

Ich ließ mich von Jody zur Stufe zurückführen. Sie stellte sich darauf, beklopfte sich und betrachtete das Ungeheuer, das sie beinahe bezwungen hatte. Und doch war nicht das Schwimmbecken das Ungeheuer. Das Ungeheuer war der Autismus – ein unsichtbares Ungeheuer in ihr, ein Ungeheuer der Selbstverleugnung.

Ich hielt sie an der Hand, und wir wiederholten das Tauziehen auf der Stufe. Wieder beschloß sie, hinunterzuspringen. Sie zitterte heftig und versuchte, sich weiterhin in der Wasseroberfläche zu verlieren, um sich sicher zu fühlen. In der Bodenlosigkeit des Wassers fand sie aber nur Anlaß zu weiterer Panik. Vor Angst wurde ihr schlecht.

Ich fuhr fort, sie aus ihrer blinden Panik herauszureißen, und schließlich blieb sie auf mich konzentriert, während wir um das Schwimmbecken herumpaddelten. Als wir uns wieder auf die Stufen zubewegten, lächelte Jody vor sich hin, direkt unter den Augen der beiden Betreuerinnen, die am Rand des Beckens saßen. Ihre Augen waren lebendig.

Der erste Tag an der Schule war zuende. Einige Kinder wurden von ihren Eltern abgeholt, andere von einem Bus.

Die Busfahrerin leitete das Erholungsheim, in dem mir die Arbeit angeboten worden war. Sie schien überrascht zu sein, mich hier zu sehen, und warf auch der Betreuerin, die mich eingestellt hatte, einen überraschten Blick zu. Vielleicht fragte sie sich, wie ich es bloß schaffte, mit derartig »schwierigen« Kindern zu arbeiten.

In gewisser Weise hatten sie recht, aber diese Kinder waren

für mich weit weniger schwer zu verstehen als viele sogenannte normale Kinder es gewesen wären. War es möglich, daß diese Kinder teilweise einfach aus dem Grund unverständlich wirkten, daß viele Menschen nicht wußten, was für ein Gefühl es war, so zu sein wie sie?

Aus heiterem Himmel kamen ein paar weitere Tage Arbeit und ein Angebot, in das Erholungsheim zu kommen und mit den Eltern zu sprechen.

An den zusätzlichen Tagen sollte ich außerhalb der Schule mit einem zwölfjährigen Jungen namens Michael arbeiten. Er mußte von zu Hause abgeholt werden. Ich ging mit der Betreuerin, die mich eingestellt hatte, dorthin, und unterwegs überkam mich die Angst vor der Reaktion seiner Eltern. Es wäre ihnen sicher nicht im Traum eingefallen, daß eine Autistin mit einem autistischen Jungen arbeiten könnte. Wenige Leute wußten oder konnten sich vorstellen, daß ein autistischer Mensch so leistungsfähig sein konnte. Es stellte sich heraus, daß Michaels Eltern sanfte, aufrichtige und fürsorgliche Menschen waren. Sie hatten insgesamt fünf Kinder, und einer von Michaels Brüdern war ebenfalls autistisch.

Michael hatte ein bezauberndes Wesen. Er war groß und so fröhlich, wie ein nicht sprechender Autist nur sein kann. Obwohl seine Bewegungen raumgreifend und lebhaft waren, hatte er etwas Sanftes und Verständnisvolles an sich.

Als Kind hatte ich unter Echolalie gelitten und Schwierigkeiten gehabt, den Sinn und Zweck von Sprache zu verstehen. Michael verwendete überhaupt keine gesprochene Sprache. Sein Vokabular bestand aus verschiedenen Zeichen, die vor allem mit seinem Lieblingsthema und seiner Passion zu tun hatten — mit dem Essen.

Wir kamen in der Schule an, zu deren Ferienprogramm Michael angenommen worden war. Es war eine reguläre Schule am Ort, und Michael war das einzige autistische Kind dort.

Er fiel zwischen den anderen Kindern auf. Sie waren einige

Jahre jünger als er, und die Tatsache, daß er für einen Zwölfjährigen sehr groß war und auf Zehenspitzen ging, trug nicht eben dazu bei, daß er besser zu ihnen paßte. Trotzdem schien er sich zu freuen, daß er dort war.

Ein paar andere Kinder waren neugierig auf Michael und wollten wissen, warum er jemanden bei sich hatte. Sie hatten nur eine Lehrerin, die sie alle beaufsichtigte. Ich stellte Michael die Kinder vor und versuchte, ihnen verstehen zu helfen, warum er nicht mit ihnen sprach, und erklärte ihnen, daß er sie aber trotzdem verstand.

Michael ging umher und sah zu, wie die Kinder in kleinen Gruppen spielten. Sie warfen ihm Bälle zu. Die Bälle trafen ihn und fielen zu Boden. Die Kinder riefen ihn zu sich herüber. Michael stand da wie angewurzelt.

Ich half ein paar Kindern, einfache Spiele mit ihm zu spielen. Ich zeigte ihnen, wie sie ihre Spiele Schritt für Schritt aufbauen mußten, damit er sie verstehen konnte und nicht ins Schwimmen geriet, weil das Tempo der Veränderungen ihn überwältigte.

Ich gab Michael einen Ball und ließ ihn mir wiedergeben, hin und her, und er schien zwischen schüchterner Freude daran und dem Versuch, zu »verschwinden«, zerrissen zu sein.

Ich klatschte in die Hände und bat ihn um den Ball. Michael reagierte darauf, indem er den Ball losließ. Er rollte an seinen Beinen entlang, dort, wo er saß, und auf mich zu. Bloß nicht zu absichtlich. Bloß nicht zu direkt. Bloß den Verstand nicht wissen lassen, daß jemand zu Hause ist. Kann mir den Preis für Überlastung nicht leisten. Kann die Leere der Abschaltung nicht riskieren.

Schritt für Schritt war das Spiel soweit aufgebaut worden, daß Michael und ich den Ball zwischen uns hin- und herwarfen. Allmählich war es mir gelungen, zwei andere Kinder in das Fangspiel mit einzubeziehen. Michael lächelte vor sich hin, dabei sah er abwechselnd auf die Kinder und starrte dann wieder ins Nichts.

Andere Kinder spielten Seilspringen. Michael wanderte immer wieder in ihre Spiele hinein, mit dem gleichen ziellosen Schlendern, das ich bei Robbie beobachtet hatte. Es war klar, daß Michael mitspielen wollte, aber das konnte er nicht direkt zeigen, nicht einmal sich selbst. Die anderen Kinder wurden ärgerlich.

Ich fand ein Seil für ihn. Ohne bestimmten Gesichtsausdruck, ohne Erregung oder Erwartung half ich ihm, Schritt für Schritt die Bewegungen beim Seilhüpfen zu erlernen. Michael erfaßte das Wesentliche und wirkte recht zufrieden mit sich, als er über den Spielplatz ging und dabei das Seil über seinen Kopf schwang und einen Schritt darüber machte, wenn es vor ihm gelandet war.

Michael fing an, mir etwas beizubringen. Er nahm meine Hand, und mir sank das Herz. Ich hatte Angst und war doch neugierig, warum ich nicht »verschwand«, wenn ich mit ihm oder mit Jack oder Jody zusammen war. Ich fühlte mich merkwürdig sicher und vertraut mit ihm. In seiner Berührung war keine Erwartung. Er versuchte fast ebenso sehr, sie zu vermeiden, wie ich selbst.

Er führte meine Hand vor sein Gesicht, spuckte darauf und kicherte schelmisch in sich hinein. Anscheinend hielt er das für urkomisch. Ich zuerst gar nicht.

Michael erweiterte sein Spiel, indem er Ketten von Lauten ausstieß, während er meine Hand vor sein Gesicht hielt: »K, k, k, b, b, b, t, t, t.« Plötzlich ging mir auf, daß er in einer Sprachtherapie gewesen sein mußte. Er hatte mir also nicht auf die Hand gespuckt, sondern den Buchstaben »p« vorgeführt. Ich kicherte leise vor mich hin, weil ich daran dachte, wie unsinnig ihm die Sprachtherapie vorgekommen sein mußte, ein perverses Spiel, bei dem ihm beigebracht wurde, einem fremden Menschen auf die Hand zu pusten und zu spucken. Zumindest hatte es einen Unterhaltungswert für ihn gehabt, sonst hätte es eine sinnlose Sitzung sein können, in der man von ihm erwartete, Geräusche zu produzieren, ohne daß ihm jemals erklärt worden wäre, warum. Und selbst wenn sie es gewollt hätten, wer wäre imstande gewesen, ihm das alles zu erklären? Wer hätte ihm erklären können, warum er, ausgehend von seinem eigenen Wertsystem, das Bedürfnis haben sollte, Wörter zu benutzen? Wer hätte denn gedacht, daß er zuhörte und verstand, wenn es ihm schon zu schwerfiel, sich selbst gegenüber sein Bewußtsein von äußeren Vorgängen zu erkennen zu geben?

Wir gingen in einem Hula-Hoop-Reifen zusammen spazieren, Michael und ich – unter Michaels Führung. Am Spielplatz hielten wir an, kletterten aus dem Reifen und spielten Geführtwerden, bis wir beide nicht mehr wußten, wer der Führer war und wer der Geführte. Wir machten aus den Geräuschen, die durch das Beklopfen verschiedener Holzbalken und Metallrohre entstanden, musikalische Muster und ergänzten die Melodien des anderen durch eigene Kompositionen. Wir gingen zum Wasserbecken und spielten an den Trinkwasserhähnen, indem wir mit dem Wasser herumspritzten.

Zwei plaudernde Mädchen kamen vorbei. Sie warfen seltsame Blicke in unsere Richtung und schlugen dann einen Bogen, um in ein paar Metern Abstand von uns zu spielen. Michael blieb stehen, stocksteif wie eine Schaufensterpuppe. Sein lächelndes Gesicht wurde ernst, seine Augen hörten auf zu lächeln. Seine Faust fuhr angespannt zu seiner Brust hinauf, und er starrte mich an. Mit lauter, tiefer, monotoner Stimme verkündete er, sich bei jeder Silbe auf die Brust schlagend: »NOR-MAL.« Ich sah zu den Mädchen hinüber und sah dann wieder ihn an. »Ja ... », sagte ich, »Michael und Donna sind NOR-MAL.«

Ich hatte eine der beiden Telefonnummern angerufen, die ich bei meinem ersten Besuch in der Sonderschule bekommen hatte. Es war ein Zentrum für Menschen wie mich. Der Mann, der mich dort empfing, sprach eine Weile mit mir und versicherte mir, daß die meisten Autisten zwar nicht so leistungsfähig seien wie ich, daß er aber auch ein paar kennengelernt habe, die recht viel konnten. Dann fragte er mich, ob ich Hilfe suchte. Ich sah ihn an, als wäre er bekloppt. Er erwähnte einen Namen. Es war ein Doktor Soundso, und für mich hieß das Psychiater. Scheiße, dachte ich. Der Kerl glaubt, ich wäre verrückt.

Ich war zwei Jahre lang zu einer Psychotherapeutin gegangen, von siebzehn bis neunzehn. Es war insofern sehr nützlich gewesen, als ich gelernt hatte, so zu handeln und zu denken wie sie, und ich hatte dadurch meine Ausbildung wieder aufgenommen, aber es hatte mir nicht geholfen, »echt« zu werden. Willie wurde vom Gefängniswärter zum Psychiater. Carol wurde vom Straßenkind zur feinen Dame. Und beide lernten, sich endlos über das Thema auszulassen, zu dem die Psychotherapeutin mich ermutigte: Familienprobleme. Sie war das angepaßteste, fürsorglichste Spiegelbild gewesen, zu dem ich je geworden war, aber es war immer noch Teil des Weglaufens vor dem Ich gewesen. Psychiater waren etwas, um sich dahinter zu verstecken, und das war nicht das, was ich zu brauchen glaubte.

»Nein, danke«, sagte ich hastig, »ich brauche keine Hilfe.« »Er ist kein Psychiater«, sagte der Mann, als hätte er meine Gedanken gelesen. »Er ist Schulpsychologe. Er arbeitet schon lange mit Autisten.« Ich sah ihn argwöhnisch an, nahm die Telefonnummer und ging.

Etwa eine Woche später rief ich das Zentrum wieder an. »Ich habe mit Dr. Marek gesprochen, nachdem ich mit Ihnen gesprochen hatte«, sagte der Mann, der es leitete. »Er hat gesagt, er sei daran interessiert, Sie kennenzulernen.« Ich hatte überhaupt kein Bedürfnis, irgend jemanden kennenzulernen, es sei denn, er oder sie zeigte mir den Weg zu den Menschen, bei denen ich ein Zugehörigkeitsgefühl zu finden glaubte. Schließlich überlegte ich mir, wenn es überhaupt jemanden gab, der solche Leute kannte, könnte es dieser Doktormensch sein. Ich rief die Nummer an.

Dr. Theodore Marek hatte gehört, daß ich ein Buch geschrieben hatte und daß es veröffentlicht werden sollte. Er versicherte mir, daß er kein Psychiater sei, und sagte, er könnte mir vielleicht helfen und wollte einige Tests machen. Ich überlegte, daß »mir helfen« bedeutete, er würde mir helfen, andere Menschen »wie mich« zu finden. Und was die Tests anging, fielen mir keine Gründe ein, warum ich sie nicht machen wollte. Aber andererseits fielen mir auch keine Gründe ein, warum ich sie machen wollte. Das Wort »Test« hing einfach in der Luft, ohne viel zu bedeuten.

Der Tag, an dem ich den Termin mit dem Doktor hatte, war da. Das Treppenhaus wand sich Stock für Stock bis ganz nach oben in das Gebäude hinauf. Dort hingen Reihen von Fotos von Leuten, die etwas mit der Universität zu tun hatten. Ich nahm daß Muster der Sessel um mich herum auf und die Krümmung einer häßlichen, chaotischen Skulptur daneben. Es gab ein Aquarium und dunkelgrüne Algen, und ich versuchte, ein System darin zu sehen, wie die Fische im Aquarium herumschwammen. Ohne zu erkennen, was ich berührte, pflückte ich etwas glitzerndes Lametta vom Weihnachtsbaum und zwirbelte die Stückchen zwischen meinen Fingern. Verlegen merkte ich, was ich getan hatte, und steckte sie in die Tasche.

Ein kleiner, runder Mann mit großen, runden Augen kam um die Ecke. Ruhig und berechenbar, mit präzisen Bewegungen, rhythmischer und gleichmäßiger Stimme und in keiner Weise überwältigend, wirkte er wie eine weise alte Eule.

Auf dem Weg zu einem Büro stand ein gewöhnlicher Getränkeautomat. Er war von der Art, wie man sie in psychiatrischen Anstalten findet, Maschinen, die in stinkenden Plastikbechern Pulvertee mit Orangengeschmack anbieten. Linoleum bildete einen Weg unter meinen Füßen. Es war von der Sorte, die zu einer Vielzahl von gleichaussehenden, neonbeleuchteten Büros in gleichaussehenden, vielstöckigen Gebäuden voller gleichaussehender Leute mit gleichaussehenden Jobs und gleichklingenden Blabla-Stimmen führte. Es schien so ein Ort zu sein, wo man sich leicht verlaufen kann und wo jeder wieder jemand anderen bittet, einem zu helfen, bis man von hilfreichen Leuten umgeben ist und einfach blind durch einen Flur nach dem anderen läuft.

»Hör auf, Donna, du machst dich selbst verrückt«, sagte ich mir, kurz bevor ich in Panik geriet. Ich atmete tief und rhythmisch. Durch einen gläsernen Flur sah ich hinaus in den Sonnenschein. »Mach's gut, Sonne«, sagte ich vor mich hin, als würde ich sie zum letzten Mal sehen. Ich atmete bewußt weiter. »Entspann dich«, befahl ich mir. »Du kommst wieder raus. Er ist Psychologe, nicht Hirnchirurg.«

Dr. Marek wählte ein Büro aus. Ich fühlte mich scheußlich. Ich fand es furchtbar, keine Ahnung zu haben, wo ich hinging, und ich war zu intakt, um zu »verschwinden«.

Das Büro war schmal, und ich fühlte mich eingesperrt, ein Kaninchen im Käfig. Es war zu sehr wie früher, wenn man in eins dieser kleinen Büros in der weiterführenden Schule gebracht wurde, wo man sich wie ein Käfer unter dem Mikroskop fühlte, so bloßgestellt, als stünde man nackt auf einer Bühne, unter Flutlicht und vor einem erwartungsvollen Publikum.

Ich sagte mir wieder, daß ich nicht in Gefahr war. Eifrig nahm ich das Zimmer und seinen Inhalt auf, die Fenster, die Jalousien, den Ausblick, die Zahl der Stockwerke in dem Gebäude, das ich durchs Fenster sehen konnte, die Oberflächenstruktur und Farbe der Wände, die Anordnung der Stühle, die Flecken auf dem Fußboden, die Tischplatte und, natürlich, die Lage der Tür.

Dr. Marek sprach. Was er sagte, war schwer zu erfassen. Ich war zu sehr damit beschäftigt, mich einzustellen – auf die neue Umgebung und auf einen neuen Menschen, beides gleichzeitig, und außerdem noch auf das Gefühl, beobachtet zu werden. Wo war Willie?

Willie hätte dagesessen wie ein gutgekleideter, brillanter Quizteilnehmer, der ruhig Schlüsselwörter aufgreift und sie mit der kultivierten Körperhaltung und im Ton eines respektierten Kollegen näher ausführt, eine Rolle, die in zwei Jahren Psychotherapie ihren letzten Schliff bekommen hatte. Ich war nicht so imponierend, aber ich war relativ ganz. Ich hatte intakte Gefühle, selbst wenn sie schmerzhaft waren.

Dr. Marek hatte einige Spiele und Papiere bei sich und wollte ein paar Tests machen. Hier gibt es keinen Krieg, sagte ich mir still als Reaktion auf die steigende Erregung. Das Buch hatte bereits alles enthüllt, was der Krieg geschützt und verteidigt hatte. Der Krieg war vorbei. Puzzles, Zahlenreihen, Dinge kategorisieren und bestimmen, was zusammengehörte, Muster finden und Wörterbuchdefinitionen von Wörtern. Ich bekam Tests zu den Dingen, die ich mit verbundenen Augen konnte. Es machte mir nicht allzu viel aus.

Dann kamen Verständnistests zu romanähnlichen Geschichten und das Ordnen von Bildern, die kein Muster hatten. Diese Sorte Tests kannte ich nur zu gut. Das war die Sorte, bei der man wie ein Idiot aussah. Das war die Sorte, bei der man sich dumm vorkam und wütend auf die Leute wurde, die sie einem vorlegten. Ich sah diesen Doktor an. »Dann waren Sie also doch nicht auf meiner Seite«, sagte ich still als Reaktion auf das Gefühl, verraten worden zu sein. »Es gibt keine Seiten«, korrigierte ich mich. »Es gibt keine Seiten, wenn es keinen Krieg gibt.«

»Was sagen Ihnen diese Ergebnisse?« fragte ich, als ich schließlich die richtige Frage gefunden hatte. Es waren Intelligenztests, aber statt ein allgemeines Intelligenzniveau anzugeben, zeigten sie, in welchen Bereichen jemand intelligent war. Anscheinend war ich in manchen Bereichen außerordentlich intelligent und in anderen zurückgeblieben. Ich war beides, genial und retardiert.

Die hohen Werte zogen die niedrigen Werte nach oben, die niedrigen zogen die hohen nach unten, und die Gesamtergebnisse zeigten, daß ich durchschnittlich intelligent war. Dr. Marek erklärte, daß extreme Leistungen in diesen bestimmten Bereichen für Autisten typisch seien.

Ich fühlte mich als Versuchskaninchen mißbraucht. Außerdem war ich erleichtert. Endlich konnte ich verstehen, warum ich mich so fühlte und warum ich manchmal wie ein Genie und manchmal wie eine Idiotin behandelt worden war. Ich war tatsächlich beides. Es warf auch neues Licht auf meine Erfindung Willies. In den kommenden Monaten würde Dr. Marek mir helfen, immer weitere Teilchen des Puzzles zu verstehen. Tausend Dinge kamen mir in den Sinn.

Februar 1991

Dr. Theo Marek,

Als Sie mir zum erstenmal diese Intelligenztests gegeben haben, habe ich ihre Bedeutung außerhalb dessen, was sie widerspiegelten, eigentlich nicht verstanden. Was sie zeigten, hatte für mich persönlich wenig Bedeutung.

Als ich begriff, was Sie mir über die Bedeutung der Ergebnisse erklärten, war ich sehr zufrieden mit mir, weil ich das verstehen konnte, aber zu vielen anderen Dingen stellte ich keinen Zusammenhang her. Als ich Sie zum Beispiel fragte, was Sie davon hielten, daß ich unterrichten wollte, und Sie antworteten, daß es ein bißchen unrealistisch sei, stimmte ich Ihnen tiefinnerlich zu, aber ich verstand eigentlich nicht, warum.

In meinem Buch habe ich intuitiv erkannt, daß ich in mancher Hinsicht sehr alt und in anderer sehr jung bin ... Ich wußte, daß ich klug und auch dumm war und daß ich stabil und auch durcheinander war. Jetzt dämmert es mir allmählich, wie ich diese Erkenntnis nutzen kann, um eine Zukunft zu planen, in der ich mich nicht zerrissen fühle, weil zuviel von mir verlangt wird oder weil ich keine Möglichkeiten habe, meine weniger brillanten Seiten zum Ausdruck zu bringen und ihre Entwicklung zu fördern.

Immer, wenn ich einen Job hatte, versuchte ich, ihn gut zu machen und ihn völlig zu systematisieren. Wenn es eine intellektuell anspruchsvolle Arbeit war, fiel ich dauernd in »Löcher«. Ich weiß jetzt, daß das Löcher in der Einheitlichkeit meiner Fähigkeiten sind — auf allen Ebenen.

Ich konnte mir nie erklären (und Arbeitgeber oder Freunde sich auch nicht), warum ich als Putzfrau oder Büroangestellte arbeiten wollte, wenn ich doch Fähigkeiten besaß, die bei qualifizierteren Tätigkeiten eingesetzt werden konnten, aber jetzt verstehe ich, daß, wenn ich es zusammenhalten will, mein oberstes Ziel sein sollte, eine angenehme Stelle zu finden, die irgendwo im mittleren Bereich meiner Fähigkeiten liegt.

Unterrichten würde einige meiner Fähigkeiten bis zum Äußersten fordern, weil ich damit die Fähigkeiten, die mir fehlen, ausgleichen müßte (viel Bluff und Patentlösungen im Zusammenhang mit Lesen und Verstehen). Sozial gesehen geht das weit über meine Kräfte, und ich falle unangenehm auf. Aber ich glaube trotzdem, daß ich mir in Zukunft, wenn ich etwas Sicherheit gewonnen habe, den Luxus werde leisten können, meinem Arbeitgeber zu sagen, wie es um meine Fähigkeiten und Schwierigkeiten steht, so daß ich wirklich mit gutem Gefühl einen Job machen kann und andere auch in bezug auf mich ein gutes Gefühl dabei haben können.

Früher habe ich zu kurzfristig gedacht und nicht erkannt, wie unübersehbar einige meiner Schwierigkeiten nach einer Weile sein können. Außerdem habe ich geglaubt, es sei besser, sich »auf der Flucht« zu fühlen, als anderen zu erklären, was vor sich ging (und ich wußte nicht, wie ich erklären sollte, was vor sich ging). Daß ich dringend Arbeit brauchte, hieß auch, daß ich versuchen mußte, den Leuten wirklich eindrücklich klarzumachen, warum ich einen Job bekommen sollte, aber es ging nie lange gut.

Aus meinem Briefwechsel mit anderen leistungsfähigen Autisten entnehme ich, daß manche von ihnen für Arbeitgeber arbeiten, die ihre Schwierigkeiten verstehen, und daß sie auf diese Weise viel mehr Geduld und echte Hilfe erfahren. Ich glaube, ich kann jetzt akzeptieren, daß ich behindert bin – also in manchen Bereichen unfähig, mit einem sehr großen *fähig* und einem noch ziemlich großen *un*. (Lächeln wirkt allerdings Wunder – wenn man lächelt, denken die Leute nämlich, man könnte fast alles.) Wie dem auch sei, im Leben geht es darum, einen Ort zu finden, an dem man sich wohl und sicher fühlt und wo man weder kaputtgemacht wird noch Teile von einem ausgenutzt werden, während man den Rest vergammeln läßt ...

Das war's

Donna

Ich zog aufs Land, um dort bei meinem Vater und seiner Freundin zu wohnen. Ich brachte die Pappkartons mit meinen Sachen mit und stellte sie in einer Reihe an der Wand auf. Es gab Kleidungsstücke, die aufgehängt werden mußten, aber der

Schrank war voll mit den Kleidern der Freundin meines Vaters. Sie hatte mir das Eckchen gezeigt, das ich im Schrank haben konnte, aber als ich mit ein paar Kleidern über dem Arm davorstand, konnte ich kaum ertragen, was ich ihnen würde zumuten müssen.

Ihre Kleider rochen nicht so wie meine. Ihre Kleider sahen nicht so aus wie meine. Ihre Kleider hatten nie mit meinen zusammengelebt, und trotzdem sollten sie im gleichen Schrank zusammengepfercht werden. Meine Kleider waren symbolische Erweiterungen meiner selbst. Wenn sie von anderen berührt würden, müßte ich sie als nicht-ich verleugnen. Die bevorstehende Klaustrophobie erstickte mich fast. »Tut mir leid, Kleider«, sagte ich, als ich einen von ihren Kleiderbügeln in einen Blazer steckte und ihn aufhängte. Ich schob ihre Sachen zur Seite. Nicht weit genug. Ich überlegte, was ich dazwischenhängen könnte. Die Sachen anderer hatten für mich immer etwas Verseuchendes, einfach, weil sie ihnen gehörten; »meine Welt«, »die Welt«.

Ich zog die Überdecke zurück. Sie hatte eine modische Pastellfarbe. Ich wünschte, ich hätte eigenes Bettzeug. Dann wünschte ich mir, ich hätte ein Bett. Dann wünschte ich mir, ich hätte ein Zimmer. Dann wünschte ich mir, ich hätte ein Zuhause. Dann bekam ich Depressionen und gab auf.

Dieses Bettzeug, ob es jetzt auf meinem Bett war oder nicht, war in keiner Weise meins. Es roch nicht nach mir. Es hatte kein Muster, mit dem ich vertraut war, unter dem ich im Morgenlicht liegen konnte, sicher und eingehüllt, mit dem Laken als Zelt über dem Kopf. Ich mochte das »hübsche« Bettzeug nicht.

Gerade als ich anfing, mich daran zu gewöhnen, zog ich eines Tages die Überdecke weg und stellte fest, daß die Freundin meines Vaters die Bettwäsche gewechselt hatte. Ich versuchte, die Spannung in meiner Stimme zu beherrschen, und fragte sie: »Hast du das Bettzeug gewaschen?« »Ja«, antwortete sie bestimmt. »Ich hab es nicht gern, wenn es gewaschen wird«, teilte ich ihr mit. »Aber hier macht man das so«, sagte sie schroff, ohne mir Gelegenheit zu einer Antwort zu geben.

Ich ging in mein Zimmer und setzte mich, lautlos im Kopf schreiend, auf den Fußboden. Es kamen keine Wörter heraus, aber ich fühlte mich, als würde ich taub. Ich fühlte mich gefangen, mein Leben war mir aus der Hand genommen. Ich wollte aus diesem Gefängnis heraus.

Diese soziale Klaustrophobie war ein altes Muster. Sie machte mich wahnsinnig, und ich wußte, daß sie nicht gut für mich war. Ich versuchte darüber nachzudenken, ob Fortgehen eine logische Reaktion wäre oder nicht. Ich versuchte mir vorzustellen, warum diese Frau sich aufregte. Ich dachte darüber nach,, wie ich mich wohl fühlen würde, wenn jemand so darauf reagieren würde, daß ich von einem der Betten in meinem eigenen Haus — wenn ich eins hätte — das Bettzeug gewechselt hätte. Ich hätte es nicht getan. Ich machte viele tiefe Atemzüge.

Ich hatte wieder ins Bett gepinkelt. Ich war neun und zu alt dafür. Wenn ich wach war, konnte ich tagelang anhalten, aber im Land der Träume war etwas in mir frei. Dort konnte ich mit gleicher Mühelosigkeit fliegen und pinkeln. Im Land der Träume gab es keine Angst, die Beherrschung zu verlieren.

Carol stieg mit den Laken und einem Lächeln die Treppe hinunter und ging zur Waschmaschine. »Zieh die Scheißlaken wieder auf, oder ich brech dir das Genick«. sagte das Fauchen in der Küche. Ich hatte bereits gesehen, wie die Kätzchen in der Waschküche in den Himmel kamen. Knack, *machte es jedesmal, wenn sie von den Händen des Fauchens, das neben der Waschmaschine stand, in den Himmel befördert wurden. »Hör auf, die verdammten Katzen mit nach Hause zu bringen«, hatte das Fauchen gesagt. Aber Carol dachte nie daran. Es gab keine Katzen. Für Carol waren die Kätzchen Symbole für mich. Sie brachte mich mit nach Hause und versuchte immer wieder zu beweisen, daß es eines Tages klappen würde.*

Carol stieg mit den vollgepißten Laken die Treppe hoch und zog sie wieder auf das Bett auf.

Die Freundin meines Vaters hatte eine hohe Stimme, die mir in den Ohren wehtat, und meine Körpersprache mußte ihr das Gefühl geben, sie habe die Pest. Immer wenn sie ins Zimmer kam, verschwand ich. Ich entdeckte, daß ich mir Watte in die Ohren stecken konnte, um zu versuchen, ihre Intonation zu ertragen, aber es machte mich trotzdem furchtbar nervös, so daß ich ständig das Gefühl hatte, ich würde gleich explodieren.

Ich konnte an einer Reihe von Bäumen entlangfahren, mich dabei auf ein Blatt von jedem Baum konzentrieren und jede Einzelheit scharf sehen, bis hin zu den unterschiedlichen Breiten der einzelnen Blattadern. So war es, wenn ich den Autopiloten eingestellt hatte. Wie eine Handvoll anderer Autisten konnte ich autofahren, malen, komponieren und beherrschte mehrere Fremdsprachen, alles ohne nachzudenken und mühelos, aber während dieser Tätigkeiten war ich ausgeschaltet, und alles, was geschah oder aufgenommen wurde, kam herein, ohne gefiltert zu werden. Es war, als hätte ich ein Gehirn ohne Sieb, aber die Konsequenzen meines »Erfolges« und meiner »Leistungen« waren Abschaltung, Überlastung, Dissoziation und Zeitverlust. Es gibt zwei Arten, ein Niemand nirgendwo zu sein. Bei der einen ist man erstarrt und unfähig, irgend etwas spontan für sich selbst zu tun. Bei der anderen ist man zu allen Handlungen fähig, die auf gespeichertem, gespiegeltem Sprach- und Verhaltensbestand basieren, ohne jedes persönliche Ichbewußtsein, aber abgesehen davon ist man buchstäblich unfähig, irgend etwas Komplexes mit Bewußtsein zu tun. Und dann gibt es verschiedene Kombinationen der beiden Arten.

Ich bekam Kopfschmerzen, wenn meine Sinne derartig überflutet wurden. Es war, als würde man einen Cartoon im Zeitraffer sehen. Ich war oft nach Hause gefahren, indem ich dem Straßenverlauf folgte und mich an gespeicherte Regeln über Striche und Linien auf der Straße und an gespeicherte Reaktionen auf Kurven und Hindernisse hielt, und hatte hinterher nicht die geringste Ahnung gehabt, wie ich dahingekommen war. Manchmal fuhr ich die gleiche Strecke mehrmals hintereinander im Kreis, dann spielte ich zwar meine Rolle, hatte aber die dahinterliegende Absicht vergessen. Wenn an einer mir vertrauten Straße etwas verändert wurde, gab es auch dafür ein Stück aus meinem Repertoire, und oft merkte ich, wie ich wiederholt einen Straßenabschnitt entlangfuhr, weil ich unbewußt irgendwie annahm, daß eine derartige Rekonstruktion die Wirklichkeit »reparieren« und sie wieder in ihren altgewohnten Zustand versetzen könnte.

Innerhalb von acht Jahren hatte ich acht Unfälle, und außer mir selbst wurde nie jemand verletzt. Ich hatte jede erdenkliche Art von Auto-Akrobatik hinter mir, hielt mich aber immer noch für eine gute Autofahrerin. In seinen Träumen kann man vermutlich alles sein, und ich hatte immer wieder in einem Traum gelebt. Ich nehme an, daß in anstrengenden Situationen Willie mein Fahrer war. Doch erscheint es mir keineswegs normal, daß jemand, nachdem sein Auto sich in einer unbeleuchteten Kurve am Berg ein paarmal überschlagen hat und schließlich auf dem Dach liegengeblieben ist, einfach seinen Sicherheitsgurt aushakt, das Fenster aufkurbelt und hinausklettert, die Straße hinunterläuft, um herannahende Lichter anzuhalten, und sich dann auf einen Stein setzt und immer wieder »Scheiße« sagt, ohne eine einzige Träne, ohne ein Zittern. Rainman mochte im Stau ausgerastet sein, aber mit eingeschaltetem Autopiloten, in einem Zustand der Selbstverleugnung und einen Schritt neben Bewußtheit und Wahrnehmungsfähigkeit, war »ich« manchmal so normal, daß es erschreckend anormal war.

Dieses provisorische Gleichgewicht der Verleugnung war lange der beste Kompromiß gewesen, den ich gefunden hatte. Doch der Preis war zu hoch; bloß zu funktionieren war kein guter Tausch mehr für »leben«. Allerdings war die Entscheidung nicht leicht. Ich mußte die harte Realität akzeptieren, daß leben bedeutete, daß ich viel weniger sein würde, als ich scheinen konnte, und daß es viel schwieriger sein würde als schlafwandeln. Alles war zu bunt, zu aufdringlich, immer zu sehr in Veränderung begriffen. Ich konnte Emotionen und Ich ausschalten, es würde zu ertragen sein; ein Film über das Leben von jemand anders, mit meinem Körper in der Hauptrolle. Ich konnte am Ich, an Emotionen, Bewußtsein und Überlastung festhalten, und dies trotz des Gewichts all dessen, was in ein Gehirn ohne Sieb einströmte. Die Stimme der Freundin meines Vaters anzuhören war der akustische Ausdruck dieses Zustands. Ich war ausgeschaltet, um durchs Zimmer zu gehen oder etwas zu essen oder zu sprechen, und gleichzeitig nahmen meine Ohren jede kleinste Einzelheit in einer Klarheit auf, die mich schwindlig werden ließ.

Im allgemeinen war die Freundin ein netter Mensch, und sie bemühte sich sehr, auch zu mir nett zu sein. Aber es war, als würde man einen Kakadu zu einem Finken in den Käfig setzen. Ihre Anwesenheit war nicht zu übersehen, und ich fühlte mich bedrängt und überrannt.

Ich brauchte Ordnung. Ich brauchte ein System. Zwanghaft begann ich, ihre Schränke und Schubladen aufzuräumen. Die Dinge waren außer Kontrolle geraten, und ich wollte alles an seinem Platz haben. Alles in eine Reihe zu legen, Gegenstände nach Kategorien zu ordnen und in die gleiche Richtung gucken zu lassen, gab mir Frieden – es war ein Symbol dafür, daß trotz der aufwühlenden Gegenwart des Chaos eine kontrollierbare Welt der Garantien möglich ist.

Ich glaubte ihr damit einen Gefallen zu tun. Doch mein Verhalten irritierte die Freundin meines Vaters. Ich sortierte, putzte, räumte auf und ordnete, wenn sie nicht im Zimmer war. Ihre Reaktion war mir ein Rätsel. Hielten andere so etwas nicht für hilfreich?

Als mein Vater nach Hause kam, war die Atmosphäre eisig. Da saß seine Freundin mit seiner Tochter, der vertrauten Fremden. Ich war froh, daß er kam. Er war vertraut. Er sprach meine Sprache und drängte sich nicht auf.

»Du mußt ihretwegen etwas unternehmen«, beschwerte sich seine Freundin.

»Mensch, guck mal, was ich hier habe«, sagte mein Vater am Küchentisch zu sich selbst, als er endlich nach Hause gekommen war. Er hielt etwas in den Händen, drehte und wendete es und betrachtete es genau von allen Seiten. Es war wieder ein Gegenstand, den jemand verlegt hatte und den er beim Putzen wiedergefunden hatte. »Mensch, was für ein ›Sonderding‹«, sagte er laut zu sich selbst. Ich war elf und im vorletzten Grundschuljahr. Ich ließ mich zu seinem Platz treiben, dabei wanderte mein Blick von einem Gegenstand zum anderen und landete gelegentlich zufällig auf dem winzigen Ding, das mein Vater in den Händen drehte. Ich konnte nicht einmal vor mir selbst zeigen, daß ich mich dafür interessierte. Ich sah ihn an, wie er den Gegenstand betrachtete, und er ertappte mich dabei. »Weißt du, was das ist?« sagte er zu sich selbst, die Augen wieder auf den Gegenstand gerichtet. »Es ist ein ›Sonderding‹.« Die Verbindungen waren zu direkt und schmerzten. Mein Blick flog wieder von einem Gegenstand zum anderen und blieb gelegentlich auf einem Fleck an der Wand liegen. »Nein, das hier willst du bestimmt nicht angucken. Das ist ein Angus Buldarum Schwarzarsch Brookenstein Sonderding«, sagte mein Vater zu sich selbst. Die Wörter faszinierten mich. Das waren keine Wörter, die ihre Bedeutung verloren hatten, sondern Wörter, in denen die Bedeutung noch gefunden werden mußte. Der Sinn bestand darin, herauszufinden, was dieses Ding war. Ich griff danach. Seine Hand schloß sich schnell darüber. »Das ist meins«, sagte er sachlich. »Es ist meins«, entgegnete ich und starrte auf seine Hand. »Du darfst es angucken, aber nur eine Sekunde lang«, sagte er und öffnete dann die Hand. Ich schnappte es mir und ver-

schwand damit in mein Zimmer. Mein Vater schenkte mir viele »Sonderdinge«.

Mein Vater kam zu mir. »Kannst du bitte versuchen, dich normal zu benehmen?« fragte er. »Was habe ich denn getan?« wollte ich wissen.

Er erklärte es mir. »Du hast ihre Freundinnen ignoriert. Immer, wenn sie mit dir spricht, gehst du aus dem Zimmer. Du gehst raus und schläfst im Auto, wenn wir etwas mit dir unternehmen wollen ...« Seine Liste war lang. Ich konnte in keiner dieser Verhaltensweisen ein Verbrechen sehen. Meinen Regeln zufolge war ich völlig unaufdringlich gewesen. Ich hatte seine Freundin mit dem Respekt behandelt, den ich mir von ihr gewünscht hätte.

Die Aufforderung, mich »normal zu benehmen«, verstörte mich. Spöttisch begann ich mit einem minutenlangen, verwirrenden Potpourri aus Wiederholungen von Carols Lächeln, ihren Körperhaltungen und witzigen Sprüchen. Ich überschüttete meinen Vater damit, um ihn an das Monstrum zu erinnern, bei dessen Erschaffung er die Hand mit im Spiel gehabt hatte, alles auf die ungeheuerliche Aufforderung hin, mich »normal zu benehmen«.

Er wurde zwischen seinem Verständnis für mich und dem Bedürfnis, seiner Freundin zu imponieren, hin und hergerissen. Der hohle Wert von »normalem Benehmen« bedeutete mir mittlerweile überhaupt nichts mehr, und das kapierte er. Er versuchte zu erklären, wie es für sie war. Ich bemühte mich sehr, ihm mit Verständnis und Einfühlungsvermögen zuzuhören.

Ich hatte auch ein paar Fragen an meinen Vater. Ich wollte ihn fragen, warum die Leute gesagt hatten, ich sei autistisch. Ich fragte ihn, ob ich als kleines Kind von Spezialisten untersucht worden war. Von meinem jüngeren Bruder wußte ich das. Bei ihm war mit drei Jahren hochgradige Hyperaktivität diagnostiziert worden.

Mein Vater meinte sich zu erinnern, daß ich mit etwa zwei Jahren zur Beobachtung in einem Krankenhaus gewesen wäre, aber er sei sich nicht sicher, sagte er. »Du weißt ja, wie es war«, sagte er, »ich war doch nie da.«

Ich hatte mich an winzige Bruchstücke dieses Krankenhausaufenthalts erinnert, als ich klein war: die olivgrünen Wände, der Geruch und die Einheitskleidung. In späteren Jahren hatte ich immer wieder gefragt, warum ich dort gewesen war. Jahrelang hatte man mir erzählt, man hätte mich zu Tests dorthin gebracht. Man hatte gedacht, ich hätte Leukämie. Ich bekam blaue Flecken, wenn man mich berührte, mein Zahnfleisch blutete, meine Wimpern fielen aus, und ich war bleich und hatte eine bläuliche Hautfarbe. Man hatte mich deshalb scherzhaft »Frosch« genannt. Traurig erkannte ich im nachhinein, daß sie wahrscheinlich herumgesessen und in ihrer Unwissenheit Witzchen über die Auswirkungen eines Sauerstoffmangels gemacht hatten.

Ich hatte meinem Vater mein Buch zu lesen gegeben – mein Leben und ihr Leben, auf zweihundert Seiten für die Welt zu Papier gebracht. Mein Vater war der erste aus der Familie, der es las. Man konnte förmlich sehen, wie er sich wand.

Er schien erleichtert zu sein, daß ich ihn und seine Privatsphäre kaum angegriffen hatte. Ich hatte nur über die Familie geschrieben, wenn es für den Bericht über mein eigenes Leben notwendig gewesen war. In der scheinbar gleichgültigen Haltung der Familie dem Buch gegenüber hatte eine besondere Spitze gelegen. Aus Erfahrung wußten sie, daß ich nur dann bereitwillig etwas Persönliches preisgab, wenn ich glaubte, daß sie es für völlig unwichtig hielten. Sonst konnte ich eine mögliche Diskussion oder Reaktion nicht riskieren. Jede Reaktion, ob positiv oder negativ, löste bei mir nur eine gespeicherte Gegenreaktion aus. Ich zog die Stabilität des Ich vor, die angesichts der relativen Gleichgültigkeit der anderen entstehen konnte.

Seit ich das Buch geschrieben hatte, hatte sich etwas verändert. Meine Informationsleitung blockierte plötzlich. Erinnerungen an Familienmitglieder verblaßten auf einmal, und die übrigbleibenden wurden aufpoliert, so daß sie so gut aussahen wie die Rollen in den Sitcoms, die ich nachgeahmt hatte.

Jener Vater, der gewagt hatte, mich glauben zu lassen, ich sei geistig gesund, leugnete jetzt alles, was er mir mein Leben lang erzählt hatte. Einer bekloppten Tochter, der niemand glauben würde, hatte man ruhig alles sagen können, aber wenn sie tatsächlich gesund war und andere Leute ihr zuhörten, stellte sich die Frage, an was sie sich sonst noch erinnerte.

Tag für Tag verfolgte ich meinen Vater mit meinem brennenden Durst nach Bestätigung. Er wollte die Vergangenheit ruhen lassen. Er meinte, die Vergangenheit wachzurufen würde andere nur kränken, ängstigen und ärgern. Jetzt führten sie alle ein anderes Leben. Warum konnte ich nicht einfach mein eigenes Leben weiterleben?

Endlich erzählte er mir, wie ich als Kind gewesen war. Mit etwa zwölf Monaten hatte ich sehr dünne Beine gehabt und mein Gewicht nicht richtig tragen können. Mit vierzehn Monaten hatte ich angefangen zu laufen, hatte aber anscheinend nicht scharf sehen können. Mein Gleichgewichtssinn war bemerkenswert gut gewesen, aber bis weit in mein zweites Lebensjahr hinein war ich gegen Wände und Möbel gelaufen. »Du bist im Wohnzimmer losgelaufen«, sagte er, »und jedesmal bist du direkt gegen die Wand gelaufen und hast die Tür verpaßt.« Vielleicht war ich selbst es gewesen, die gegen die Wände gelaufen war, während dieser automatische Jemand schnurgerade gehen oder eine Stecknadel im Gras finden konnte. Vielleicht hätte ich mein Ziel erreicht, wenn meine außer Kontrolle geratenen Abwehrmechanismen mich nicht mit widersprüchlichen mentalen Botschaften bombardiert hätten.

»Du hast dauernd geschrien«, sagte mein Vater. »Aber nicht so, wie Babys sonst schreien. Es hörte sich furchterregend an, so als wärst du krank oder hättest Schmerzen.« Außerdem hatte ich mit zwei Jahren angefangen, zwanghaft zu husten und dabei den Kopfkissenbezug mit Blut zu besprenkeln. Man hatte das auf die Gewalttätigkeit zu Hause geschoben. Seit ich sechs Monate alt gewesen war, hatte das Haus unter Wutausbrüchen gezittert und nach Gin gestunken. Eine Mutter hatte Hilfe gebraucht und sie nicht bekommen.

Professionelle Hilfe hatte es in Form von Aufputschmitteln und Beruhigungspillen gegeben. In den sechziger Jahren waren die männlichen Ärzte im allgemeinen nicht besonders gut darin, Frauen bei ihren Problemen zu beraten. Die Unterstützung seitens der Nachbarschaft äußerte sich in Gestalt einer nicht Englisch sprechenden Mutter, die sich bereiterklärte, ein Auge auf den Winzling zu werfen, der in einer Sportkarre an ihrer Gartentür abgestellt wurde. Sie konnte nicht einmal genug Englisch, um nach dem Grund dafür zu fragen oder abzulehnen.

Später kam dann die Fürsorgestelle mit Gestalten, die vor offenen Türen hin und hergingen, und einem Milchglasfenster mit Maschendraht darin über dem Kinderbett. Dann äußerte sich die Unterstützung von außen in Gestalt blauer Uniformen und geschlossener Fensterläden.

»Das Krankenhaus hat dich zwei Tage dabehalten, glaube ich«, sagte mein Vater. Er konnte sich nicht erinnern, welches Krankenhaus es gewesen war. »Wo warst du zu der Zeit?« fragte ich ihn. »Weiß ich nicht mehr«, sagte er. »Das ist über zwanzig Jahre her. Ich weiß nicht mal mehr genau, ob du zur Untersuchung da warst oder Tom.«

Trotzdem erzählte er mir weiter, woran er sich erinnerte.

Die Ärzte hatten festgestellt, daß ich meine Magenmuskeln anspannte und immer wieder dagegenhustete, bis ich Blut hustete. Sie hatten körperlich nichts feststellen können und erklärt, daß ich mir das selbst zufügte und die Schmerzen anscheinend nicht spürte. Außerdem wurde ich auf Taubheit untersucht.

Ich konnte zwar ganze Unterhaltungen mitsamt der Akzente der Beteiligten nachsprechen und nachspielen, reagierte aber nicht, wenn ich angesprochen wurde. Meine Eltern experimentierten mit lauten Geräuschen dicht neben meinen Ohren und erhielten nicht einmal ein Blinzeln als Reaktion. Sie dachten, ich wäre taub. Doch das war ich nicht. Trotz meines umfangreichen Vokabulars waren meine Eltern sich aber nicht sicher und ließen mich mit neun Jahren erneut testen. Von »Bedeutungstaubheit« hatten die Leute kein Konzept. Im großen und ganzen wirkt sie sich auf das Leben genauso aus wie Taubheit. Aber nicht die Geräusche selbst entgehen einem, sondern die Bedeutung der Geräusche.

»Wenn du davon jemals etwas erwähnst, leugne ich, daß ich es dir erzählt habe«, warnte mein Vater mich schließlich. »Denn eigentlich«, fuhr er selbstgefällig fort, »erinnere ich mich an gar nichts.«

Ich konnte das nicht verstehen. Von all den Ungerechtigkeiten ist dieses Leugnen womöglich die einzige, die ich unverzeihlich finde. Worin bestand das Verbrechen? Sind Schuld, Scham oder Verantwortung so schwer zu ertragen? Ich sah ihn an, als wäre er ein passiver Mitfolterer gewesen. Die Weigerung, sich einzugestehen, was direkt vor seiner Nase geschah, enthob ihn der Notwendigkeit oder der Verantwortung, etwas dagegen zu unternehmen.

Leugnen war ein beliebtes Spiel in der Familie. »Rede nicht mit ihr, sie ist total verrückt«, »Sie ist ein Wongo«, »Laß es in Ruhe, rede nicht mit ihm«, »Guck mal, die Spastikerin«. Diese Sätze werden wieder und wieder abgespielt, wie zerkratzte Schallplatten, und ich versuche, einen Sinn darin zu erkennen. Von klein auf hatte ich dafür den Preis bezahlt, daß man mir fast täglich einredete, ich sei verrückt, schlecht, dumm oder überhaupt kein Mensch. Wenn mein Vater auch nicht Täter gewesen war, so kann ich mich doch nicht erinnern, daß er jemals etwas unternommen hätte, um dem Einhalt zu gebieten. Zuviel Arbeit ist keine Entschuldigung. Wenn sein Bein auf den Schienen gelegen hätte und ein Zug gekommen wäre, hätte keine Arbeit der Welt ihn davon abhalten können, es fortzuziehen.

Ich hatte Freude an meinem Erinnerungsvermögen, das hervorragend war, manchmal perfekt bis in die kleinsten Einzelheiten. Ich konnte einen Teil der Erinnerungen in Gang setzen, und sie liefen ab wie die Folge einer Fernsehserie, während ich die Bilder beschrieb, die Erzählerin zu einem Stummfilm spielte, die sprachliche Trickfilmzeichnerin zu einer aufgenommenen Filmmusik. Das war Teil dessen, was ich für Gespräch hielt, und ich war stolz darauf, weil ich es als Zeichen für meine Fähigkeiten ansah und daher als Zeichen für Intelligenz. Ich konnte nicht »mit jemandem sprechen«, aber zumindest konnte ich »zu jemandem sprechen«. Bei fast jeder Erinnerung hatte man mir gesagt, es sei nicht mein eigenes Leben, an das ich mich da erinnerte. Ich war »krank im Kopf«. Ich war »besessen«. Ich hatte »das Maul zu halten, sonst würde ich es gestopft kriegen«.

Schließlich mißtraute ich meinen eigenen Wahrnehmungen, und die Angst, sie als ich selbst zu äußern, wurde noch größer. Gleichzeitig rechtfertigte diese Angst den Zwang, jeder zu sein, nur nicht ich selbst. Die Wörter kamen heraus, auch wenn ich sie nicht als »Selbstausdruck« wahrnahm. Sie wurden eher ausgestoßen als ausgesprochen. Sie stammten aus einem gespeicherten Repertoire eines »Theorie-Ich«, einer Art zusammengesetztem, mentalem Skript der Rolle, die von einer Person namens Donna gespielt wurde.

Als ich mit siebzehn zum erstenmal zu einer Psychotherapeutin gegangen war, war es gewesen, als hätte ich tatsächlich keine Erinnerungen. Obwohl mein Ich irgendwo in der Nähe war, hatte ich in einem Zustand gelebt, in dem ich täglich, wenn nicht sogar stündlich, geistigen Selbstmord verübt hatte und wiedergeboren worden war.

Jeder Tag war vom vorhergehenden losgelöst, eine Ausnahme bildete nur mein Fernsehfolgen-Gedächtnis. Und selbst das konnte nur ohne Gefahr weiterexistieren, wenn ich alle meine Erinnerungen für Träume hielt. Hier gab es keine Zukunft und keine Notwendigkeit für echtes Träumen. In der Gesellschaft von anderen gab es nur den Augenblick.

Als ich bei dieser ersten Psychotherapeutin über meine Erinnerungen sprechen sollte (und Freudianer neigen zu diesem Blickwinkel), erschien mir diese Aufforderung grotesk und gefährlich. Nach einigen Monaten Therapie war mir endlich bestätigt worden, daß es doch keine Träume waren, sondern Erinnerungen, und daß diese Erinnerungen meine eigenen waren, wer auch immer ich sein mochte. Ich sah meinen Vater an. Nein, das konnte ich ihm nicht verzeihen.

»Gibt es in der Familie noch jemanden wie mich?« fragte ich ihn. Mein Vater lächelte vor sich hin. »Ja?« drängte ich ihn. »Ja«, antwortete er etwas verlegen. »Du hast eine Kusine, die dir ein bißchen ähnlich war. Sie sprach kaum und versteckte sich hinter ihrer Hand, bis sie ungefähr acht war.«

Mein Vater war fünfzehn gewesen, als er auf die Kinder seiner Schwester aufgepaßt hatte. Meine Kusine war die Jüngste von den sieben, und sie war anders als die anderen.

»Warum hast du mir das nie erzählt?« fragte ich. »Deine Mutter hätte gesagt, es hätte etwas mit meiner Familie zu tun«, antwortete er. »Glaubst du, daß es bei euch in der Familie liegt?« fragte ich. »Nein«, sagte er heftig. »Ihre Mutter hat sie immer geprügelt. Davon werden sie so.«

»Das stimmt nicht«, entgegnete ich. »Es gibt solche Kinder, die in Familien hineingeboren werden, wo sie nie angerührt werden, und Kinder, die nicht so sind, die genauso schlimm mißhandelt wurden.« »Jedenfalls«, fuhr mein Vater fort, »kam das von den Mißhandlungen.«

Das kann er leicht sagen, dachte ich. Seine Rolle als Vater hatte sich fast nur darauf beschränkt, Geld nach Hause zu bringen, um uns zu ernähren, und sich an unsere Namen und Gesichter zu erinnern.

Die veraltete Vorstellung, daß Mißhandlungen Autismus verursachen, stammt aus einer Zeit, in der die meisten Männer mit der täglichen Kinderbetreuung wenig zu tun hatten und man meinte, die Frau gehöre ins Haus. Es war eine Zeit, in der man Probleme von Kindern eher auf die Erziehung als auf genetische Faktoren (für die zur Hälfte die Väter verantwortlich sind) schob. Es war eine Zeit des Die-Mutter-ist-schuld-Syndroms.

Es gab Opfer dieses Syndroms. Aber ich glaube, die meisten Opfer waren Mütter. Autistische Kinder litten wahrscheinlich indirekt unter den Auswirkungen der gesellschaftlichen Unwissenheit und der fehlenden Hilfe von außen. Mütter, die dann doch bei Fachleuten mit einer derartigen Einstellung Hilfe suchten, wurden häufig genauestens ausgeforscht und dann mit ihren Scham- und Schuldgefühlen alleingelassen. Wenn sie zugaben, daß sie das Kind anschrien, es in seinem Zimmer einsperrten, abschalteten, um sich zu entspannen oder es auch nur zu Kinderfreizeiten schickten, wurden diese Verhaltensweisen als Gründe für die Probleme des Kindes angesehen und nicht als Konsequenz daraus, daß die Mutter ohne Hilfe mit einem schwierigen Kind fertig werden mußte. Der andere Weg, der den Müttern zur Bewältigung des Problems offenstand, war der, daß sie versuchen konnten, es zu leugnen oder sich das Beweisstück vom Hals zu schaffen und das Kind in ein Heim einweisen zu lassen.

Ich fand einen Job als Aprikosenpflückerin auf einer Obstplantage in der Nähe. Ich hatte keine Shorts, und die Sommertage waren glühendheiß. Das Thermometer zeigte fast vierzig Grad.

Die Freundin meines Vater gab mir eins ihrer alten Kleider. Ausgerüstet mit ein paar Flaschen Eiswasser, einem Kofferradio und Erdnußmusbroten machte ich mich jeden Morgen bei Sonnenaufgang auf den Weg zur Arbeit.

Der Chef war ein Chauvischwein. Normalerweise würde er keine Frauen einstellen, sagte er, aber für mich hätte er eine Ausnahme gemacht. Ich war dankbar für die Arbeit, auch wenn es keine Toiletten gab, und ich zwischen die Bäume gehen mußte, so wie im Busch.

Der Chef war lästig wie eine Schmeißfliege. Er stand direkt unter der Leiter, auf der ich in meinem aprikosenverklebten Kleid hockte.

Ich war verwirrt, weil ich nicht wußte, mit welcher Absicht er mir immer wieder die gleichen Fragen stellte, über Freunde, Heiraten, hübsches Aussehen und Zusammenschlafen. Es waren sachliche Fragen, die sachliche Antworten verlangten, aber ich erkannte eine Art System in seiner Fragerei, und ich hatte ein ungutes Gefühl bei der Art der Themen, die er interessant fand. Ich erzählte meinem Vater davon. Er klärte mich auf.

»Hören sie auf, mich zu belästigen«, sagte ich zu meinem Chef. Daraufhin gab er mir die härteste Arbeit auf der Plantage: Nachpflücken. Nachpflücken heißt, daß man die hohe Metalleiter von Baum zu Baum und Reihe zu Reihe trägt, um von jedem Baum etwa fünf bis zehn Aprikosen zu pflücken. Bezahlt wurde pro Kiste, und auf diese Weise dauerte es etwa sechsmal so lange, bis man eine Kiste voll hatte. Ich sah zu, wie die Männer in den Reihen neben mir in den vollen Bäumen pflückten. Ich erstickte fast an der Ungerechtigkeit, dem Staub und der Hitze. Ich leerte meine letzte Schürze Aprikosen aus, ließ mir meine Kärtchen auszahlen und ging. Manchmal ist keine Arbeit besser als »jede« Arbeit.

Ich putzte der Freundin meines Vaters das Haus und fuhr mit dem Fahrrad, das seine Freundin mir geliehen hatte, die staubigen Lehmstraßen entlang. Ich sammelte Blätter, Kieselsteine und Federn und studierte die Schatten, die abgestorbene, alte Eukalyptusbäume zu verschiedenen Tageszeiten warfen. Ich ging über Felder mit getrocknetem Gras und strich um den

Heuschober herum, roch das Heu und sah zu, wie die Sonne langsam hinter dem Stacheldrahtzaun der Koppel unterging. Ich fotografierte Kühe und meine eigenen bloßen Füße, übte auf dem weißen Lattenzaun hinter dem Haus Seiltanzen, wirbelte die Wäscheleine im Kreis herum und beobachtete, wie der Wind die Wäsche flattern ließ. Ich hörte zu, wie die Natur eine Sinfonie spielte, ging auf in den Mustern von Feldern und Hügeln, dem Spiel des Lichts auf Gras, dem Brausen des Windes an meinen Ohren, den kristallenen Tautropfen, die frühmorgens am Stacheldraht hingen, dem *Wumm-wumm*-Rhythmus meiner Füße, die über Lehm und kratziges, trockenes, goldenes Gras liefen, das meine sommersprossigen, sonnenverbrannten Beine zerkratzte.

Im Haus war die Stimmung zwischen der Freundin meines Vaters und mir eiskalt. Wenn sie nur nicht diese hohe Stimme gehabt hätte, hätte ich es ertragen können, ihr zuzuhören. Ich wußte, daß es nicht ihre Schuld war, und jedesmal, wenn die Angst anstieg, gab ich mir die größte Mühe, daran zu denken.

Mein Vater hatte versucht, sie umzustimmen. Ich hatte ihr ein Exemplar meines Buches zu lesen gegeben, in der Hoffnung, daß es ihr helfen würde, zu verstehen, daß ich mir Mühe gab.

»Du bist nicht autistisch«, erklärte sie und spuckte die Wörter fast aus vor Empörung. »Die Schwester von meiner Freundin hat eine autistische Tochter. Die ist in einer psychiatrischen Klinik. Sie macht überall hin und kann nicht einmal selbst essen oder sich allein anziehen.«

Sollte ich mich an diese traurigen Erwartungen anpassen oder hinnehmen, daß ich mir einfach »keine Mühe gab«? Am liebsten hätte ich ihr entgegengeschrien, daß ich wahrscheinlich gerade *weil* ich mir so ungeheure Mühe gab, eine Entwicklung durchgemacht hatte, die diese andere Frau nicht durchgemacht hatte.

Ein Brief kam mit der Post. Er war von Kathy, einer Autistin in Amerika.

Kathy war sechs Monate jünger als ich. Wie ich war sie auf reguläre Schulen gegangen. Wie ich hatte sie einen Universitätsabschluß (Geschichte und Politikwissenschaften). Sie lebte allein in einer Wohnung, arbeitete halbtags und studierte halbtags.

»Autisten können also nicht selbst essen oder sich allein anziehen und pinkeln überall hin«, dachte ich, als ich ihren Brief las. »Offensichtlich stimmt das keineswegs.«

Ich litt unter Nahrungsmittelallergien, Vitamin- und Mineralmangel und einem Blutzuckerproblem, das Hypoglykämie hieß. Die Freundin meines Vaters schien das alles zähneknirschend zu dulden, aber für Affentheater zu halten. Zu meinen Problemen zählte auch eine schwere Allergie gegen alles, was Milch enthielt.

»Ich halte nichts von diesen Allergiegeschichten«, sagte sie und setzte mir Eis vor. »Das darf ich wirklich nicht essen«, erklärte ich, »es ist aus Milch gemacht und enthält Zucker. Ich darf keinen Zucker.« »Ein kleines bißchen wird dir schon nicht schaden«, sagte sie, während sie mir in bester Absicht das Eis auf den Teller löffelte. In gewisser Hinsicht schadete es mir auch nicht, aber sie bekam einen Teil der Auswirkungen zu spüren.

Es war Mitternacht, und meine Stimmung und mein Verhalten waren von meiner ruinierten körperlichen Verfassung abhängig. Ich hatte einen Zusammenbruch, oder vielleicht war es auch ein Durchbruch (Wahrscheinlich war ich von einem hohen Zuckerwert heruntergekommen, oder die allergische Reaktion klang ab oder beides). Als ich wieder auf die Erde herunterkam, fühlte ich mich wie nach einer Niederlage und schämte mich. Ich sammelte meine Pappkartons zusammen, packte meine Sachen und fuhr drei Stunden lang über Land auf die Lichter der Stadt zu.

Ich wußte eigentlich gar nicht, wo ich hinfuhr. Eigentlich gab es nichts, wo ich hinkonnte. Ich parkte meinen Wagen vor dem Haus, in dem mein jüngerer Bruder wohnte, und stieg schließlich aus und klingelte. Eine große, lächelnde Gestalt kam an die Tür. »Hi, Schwesterchen«, sagte Tom.

Mein kleiner Bruder war von einem viel zu kleinen Kind zu einem großen Teenager und einem baumlangen jungen Erwachsenen herangewachsen. Er war beliebter geworden, »cooler«. Er hatte sogar sein eigenes Image übertroffen und war fast zu einer Karikatur seiner selbst geworden, ein weißer Michael Jackson, und wahrscheinlich ebenso gut maskiert. Das Tanzen, das er mit drei Jahren in den Augen gehabt hatte, war in seltenen Augenblicken noch zu erahnen, aber meistens war da nur Leblosigkeit, die so traurig an Carol zu ihren besten Zeiten erinnerte. Die Grimasse des Kleinkindes war zum Lächeln des Kindes geworden und war jetzt Teil der Sprache eines stets zu Unterhaltung aufgelegten Komikers; schlagfertige Witze, kluge Sprüche und ein Lächeln – immer dieses Lächeln.

Tom wohnte mit einem Freund zusammen, und meine Mutter schlief bei ihnen auf dem Sofa. Das Haus stand jedem offen. Zeitungen, Kleider, triefnasse Handtücher, kaltes, abgestandenes Badewasser, schmutziges Geschirr, halb leergegessene Pappschachteln mit Essen zum Mitnehmen, volle Aschenbecher und Bierdosen waren überall verstreut. Es hatte sich nicht viel verändert. Der Fernseher lief hier Tag und Nacht, und anscheinend brannten immer möglichst viele Lichter, ob nun alle schliefen oder nicht. Unbezahlte Rechnungen stapelten sich und kippten in eine Sammlung von Garnrollen, Streichholzschachteln, leeren Zigarettenschachteln und alten Glückwunschkarten zu verschiedenen, lange zurückliegenden Geburtstagen, für die niemand sich die Mühe gemacht hatte, einen Platz zu finden. Ich machte mich auf die Suche nach den Teebeuteln und fing an, aufzuräumen.

Seit dreizehn Jahren waren mein jüngerer Bruder und ich es

nicht mehr gewohnt, uns ständig im Haus über den Weg zu laufen. Er war acht Jahre alt gewesen, als ich mit fünfzehn endgültig zu Hause ausgezogen war. Jetzt war er ein junger Mann, der sich sehr bemühte, die Zeit anzuhalten, und nicht akzeptieren wollte, daß er fast erwachsen war.

Toms Ehrgeiz sollte vergehen, bevor er einundzwanzig wurde. Vielleicht gab es in dieser Atmosphäre nicht viel, woran man seinen Ehrgeiz setzen konnte. Wie er es formulierte: »Es ist schwer, sich wie ein Adler aufzuschwingen, wenn man von Truthähnen umgeben ist.«

Der Hinterhof war mit Spraydosen und halbfertigen Kunstwerken übersät. Tom war mit seiner Schmalspur-Schulbildung ein hervorragender Künstler und Tänzer geworden. Was er damit verdiente, reichte aus, um stolz darauf zu sein, nicht aber, um seinen Lebensunterhalt zu bestreiten. Anders als bei mir war Toms Fähigkeit zum Schreiben normalerweise auf Graffiti aus drei Meter hohen Einwortsätzen in Wandmalereien beschränkt. In Farben, Mustern und Bildern gefangen verschlief er die Stunden des Tageslichtes und wurde abends lebendig, wie ein Vampir. Wie ein van Gogh von heute schien ihn die Vorstellung zu quälen, seine Kunst sei nie gut genug.

Für Tom war Kunst eine Welt, die nie wirklich genug war. Seine Malereien griffen nach dem Betrachter und packten ihn, hüllten ihn in eine explosive Farberfahrung und zogen ihn hinein. Doch Tom konnte die Brücken, die er über tiefe, tückische Höhlen malte, nicht überqueren. Er konnte den festen Boden der Klippen, die einladend in der Ferne gemalt waren, nicht erreichen.

Tom saß mit einem seiner Bilder vor sich mir gegenüber auf dem Fußboden. Er zeigte auf seinen Kopf. »Du weißt gar nicht, wie verrückt es hier drin ist«, sagte er mit völlig ruhiger Stimme. »Weil du sie nicht so echt machen kannst, daß du reinklettern kannst?« fragte ich. »Bist du genauso verrückt wie ich?« entgegnete er halb scherzhaft. »Das muß in der Familie liegen.« Tom hatte mein Buch noch nicht gelesen. Wenn er es gelesen hätte, hätte er vielleicht gewußt, daß diese Gefühle mit Verrücktheit nichts zu tun hatten.

Tom kochte Spaghetti, und alle redeten schnell. Er reichte mir einen Teller. »Lächle doch. Sei einfach glücklich«, sagte er und warf mir als Beispiel ein breites, auf Bestellung produziertes und per Knopfdruck abgerufenes Grinsen zu, das mit der Leblosigkeit in seinen Augen völlig unvereinbar war. Mir war übel. Was für ein Verbrechen würde ich begehen, wenn ich ihn darin unterstützte, das als Realität anzusehen.

»Wie ist es hiermit?« fragte ich ihn und ließ ein identisches, mechanisches Fließbandlächeln auf meinem Gesicht erscheinen. »Schon viel besser«, sagte er beiläufig und wandte sich ab.

Die Ungerechtigkeit, daß mir beigebracht worden war, auf ein haßerfülltes Gesicht ein Lächeln aufzusetzen, machte mich rasend. Ich tobte innerlich bei der Erinnerung daran, wie andere ihr Handeln entschuldigt hatten, solange ich tat, was mir gesagt wurde und lächelte, immer lächelte. Sie hätten mir fast Arme und Beine absägen können, und so lange sie mir weismachten, das sei normal, hätte ich wahrscheinlich versucht zu lächeln. Beim Gesichtsausdruck ging es nur darum, daß man lernte, Theater zu spielen. Mit Gefühlen hatte er nichts zu tun. Etwas in mir sagte mir jetzt, daß das verkehrt war.

Der Teller mit Spaghetti wurde hoch in die Luft gehoben. »Guck mal, ich bin sooo glücklich«, kam der gespeicherte Satz aus meinem Mund. Der Teller kippte mir aus den Händen und fiel krachend und platschend ins Spülbecken. Es war eine gesunde Reaktion auf eine kranke Situation.

Plötzlich war ich außer mir. Meine Hände rissen an meinen Haaren und schlugen mir ins Gesicht, ich konnte nicht akzeptieren, daß ich mich nicht einfach »normal« benehmen konnte, daß ich Gefühle hatte, die nach Ausdruck verlangten, daß ich nichts davon »richtig« ausdrücken konnte.

Ich war so überwältigt, daß ich niemanden wahrnehmen konnte, auch nicht das Ich, das dieses Ding namens Körper besaß, aus dem ich schnell herauswollte. Die Aufregung und die Bewegung auf mich zu bedeuteten nur eins: Bedrohung.

Tom kam auf mich zu. Irritierende emotionale Töne schwangen in bedeutungslosen Wörtern mit, und Arme öffneten sich, um mich wie eine riesige Zange einzufangen und zu verschlingen. Ich hatte keine Zeit, herauszubekommen, wer ich war, und schon gar nicht, zu wem diese anderen Teile gehörten. Sie gehörten zu Tom, aber wer war Tom bloß? Tom war mein Bruder. Aber was bedeutete das bloß? Ich befand mich in einem Zustand der Überlastung, der eine Abschaltung ausgelöst hatte. Alle Bedeutung war zusammengebrochen. Ich stürzte in eine Leere des Großen Schwarzen Nichts.

Ich rollte mich an der glatten, festen Fläche, die die Wand war, zusammen und packte das sanfte, flauschige Ding, das der Samtvorhang war. Ich weinte hysterisch und hyperventilierte vor Panik, als das sich bewegende, fleischige, lärmende Ding, das mein Bruder war, mich zu verschlucken versuchte. Man nannte das »in den Armen halten«. Unter Schreien, Keuchen und Tränen schlug ich nach den bedrohlichen, fleischigen, rosafarbenen Dingern, die seine Hände waren und sich auf mich zubewegten. Ich versuchte, mich im Vorhang zu vergraben.

»Was hat sie denn bloß?« fragte Tom. Es schockierte ihn, seine große Schwester in ein verängstigtes Tier verwandelt zu sehen. Er hob kapitulierend die Hände, und Schrecken war auf seinem Gesicht. »Ich geh raus«, sagte er im Zurückweichen.

Ich huschte fort, als sei er eine Klapperschlange, die beißen wollte. Ich sah in das fassungslose Gesicht dieses Mannes – Tom, mein kleiner Bruder, Tom. Ich erinnerte mich, wie er früher mein Bein festgehalten und geweint hatte, daß ich nicht weggehen sollte. War dieser Mann die gleiche Person? Ja, sagte die Logik. Nein, sagte die Wahrnehmung. Die eine konnte die andere nicht auslöschen, daher paßte nichts zusammen, und das Rätsel wurde als unlösbar weggeschoben.

»Tut mir leid«, brachte ich hervor. »Ich kann's nicht ertragen, wenn jemand mich festhält«, sagte ich zu dem Menschen, von dem ich wußte, daß er theoretisch mein Bruder war. »Das ist dein Problem«, gab Tom zurück. »Du hättest zulassen sollen, daß dich jemand umarmt.«

Später saß ich im Schlafzimmer auf dem Fußboden und guckte mir Fotos an. Tom kam herein.

»Was weißt du noch aus der Zeit, bevor ich zu Hause ausgezogen bin?« fragte ich. »Ich erinnere mich an nichts«, sagte Tom schroff. »Ich war noch ein Kind.« Ich versuchte, seinem Gedächtnis auf die Sprünge zu helfen. Er sagte, die Ereignisse, von denen ich sprach, hätten nicht stattgefunden. Er sagte, ich hätte nie Schwierigkeiten gehabt; ich wäre zu Tanzstunden gegangen und hätte Puppen gehabt.

Ich knallte Tom eine grauenhafte Szene nach der anderen an den Kopf. Keine Reaktion. Er erinnerte sich nicht. Ich knallte ihm ein paar Szenen vor, in denen er selbst beteiligt war. »Daran war der Alte schuld«, sagte er mit Bezug auf meinen Vater. Meine Mutter schien in Toms Augen eine beinahe tapfere, stolze Ablehnung anerkannter sozialer Normen zu verkörpern – die tüchtige, verlassene Ehefrau, die es geschafft hatte, ihn allein großzuziehen. In Wirklichkeit hatte er sich selbst großgezogen.

Ich trieb Tom immer mehr in die Enge. Szenen von Mißhandlungen begegnete er mit seinem makabren, improvisierten Gewitzel. »Aber war das denn nicht lustig?« scherzte er. »Ich würde das als häusliches Unterhaltungsprogramm ansehen.«

Dann sagte Tom: »Komm, ist schon gut, ich lache.«

Mit jedem Satz schrie ich ihm ein neues Bild entgegen. Tom schrie zurück: »Warum mußt du das unbedingt tun? Warum mußt du versuchen, alle dazu zu bringen, daß sie sich an früher erinnern? Immer mußt du Gefühle in uns wecken!« Ich fragte mich, was das für ein Verbrechen war.

Tom stand auf, um das Zimmer zu verlassen, und blieb an der Tür stehen. Das Lächeln war aus seinem Gesicht verschwunden. Eine ernüchternde Echtheit und Verletzlichkeit waren an seine Stelle getreten, so als hätte er plötzlich eine Maske abgenommen. Tom war im Begriff gewesen, die Bühne zu verlassen. Plötzlich stand er ohne Kostüm da. »Ich erinnere mich doch«, sagte er endlich. »Ich erinnere mich an alles.«

Ich bekam einen Brief. Ich war für die Ausbildung zur Lehrerin an Grundschulen angenommen worden. Ich hatte mich aus einer Laune heraus dafür beworben, als ich nach Australien zurückgekommen war und festgestellt hatte, daß es keine Arbeit gab. Außerdem kannte ich das soziale Klima an der Universität bereits, und die Ausbildung würde nur ein Jahr dauern. Ich brauchte nur noch zwei Wochen bei Tom zu wohnen, dann fing die Ausbildung an. Das Ende dieser zwei Wochen war meine offene Tür, mein Fluchtweg. Ich wollte meine Angst vor Nähe überwinden. Ich entschied, daß, wenn es überhaupt einen Menschen gab, mit dem ich gefahrlos lernen konnte, mit Berührungen umzugehen, Tom dieser Mensch war.

Ich hüllte mich ganz und gar in eine schwere Bettdecke und ging auf Tom zu. »Umarme mich«, ertönte meine Stimme dumpf aus der Decke, »aber hör auf, wenn ich es sage.« Tom umarmte mich. Ich zitterte von Kopf bis Fuß, und ich versuchte, bei meinen Gefühlen zu bleiben.

»Stopp!« schrie ich nach ein paar Sekunden. Ich ging schnell ins andere Zimmer hinüber. Mein Körper stand unter Schock und zitterte, mein Gehör war schmerzhaft scharf. Berührung als Theaterspiel zu bewältigen oder sich als Objekt der taktilen Zudringlichkeit eines anderen Menschen von all dem zu distanzieren, war eine Sache, doch etwas völlig anderes war es, wenn innere Abwehrmechanismen ganz bewußt damit fertig werden mußten, daß Berührung emotional, von mir selbst initiiert und persönlich war. Meine Sinne waren überlastet, ich hatte Angst, und mir war schwindlig.

Ich spürte einen Anflug von Freude, weil ich versucht hatte, meine Angst zu bekämpfen. Es war verdammt schwer, berührt zu werden, wenn mein fühlendes Ich intakt war. Es war so leicht gewesen zu dissoziieren.

Als die zwei Wochen um waren, hatte ich das Gefühl, es bei Tom nicht mehr aushalten zu können. Er akzeptierte mich zwar jetzt als mich selbst, aber ich hatte immer noch den Eindruck, am liebsten wäre es ihm, wenn ich wieder Theater spielen und ihn zum Lachen bringen würde. Ich konnte ihm keinen Vorwurf daraus machen. Bei der Atmosphäre im Haus fühlte man sich wie in einem Raum voller grauer Regenwolken.

Seine Wirkung nach außen bedeutete Tom viel, und es sah zwar so aus, als gelangte er zu einem neuen Verständnis für mich, aber das schien sein eigenes zukünftiges Leben, für das er noch überhaupt nicht bereit war, in Frage zu stellen. Wenn Tom nicht die Rolle war, wer war er dann? Anders als in meinem Fall lauerte sein Ich vielleicht nicht in den Schatten, um herauszukommen, wenn er wieder allein war. Vielleicht hatte er sein Ich schon vor so langer Zeit hinter sich gelassen, daß er vergessen hatte, wann und wo und sogar wer das gewesen war.

»Werde echt«, sagte ich zu Tom. »Werde echt, bevor es zu spät ist.«

Meine Mutter war selten da und noch seltener wach. Ich mied sie wie die Pest. An meiner Kommunikation mit ihr hatte sich nicht viel verändert.

Ich hatte seit über zehn Jahren nicht mehr mit ihr zusammengelebt. Während dieser Zeit hatte ich drei Jahre lang nur ein paarmal im Jahr von ihr gehört, wenn es ihr nämlich gelungen war, nach einem Wohnungswechsel meine neueste Adresse ausfindig zu machen. Im letzten Jahr hatte ich sie manchmal von Großbritannien aus angerufen. Ich war sicher, daß sie irgendwo im Kopf eine Erinnerung an eine Meinung oder ein Etikett aufbewahrte, die mir helfen würde, herauszufinden, warum ich zwar weder dumm noch verrückt, aber auch nicht »normal« war. Ich hatte sie immer wieder angerufen, hatte sie angefleht, mir zu sagen, mir auf verständliche Weise zu sagen, warum ich so war, wie ich war. Dieser Mensch gab mir auch jetzt keine Antworten. Wenn sie welche hatte, würde sie sie mit ins Grab nehmen. Vielleicht hatte sie die Antworten auch schon begraben, zusammen mit einer Erinnerung, die gegen fast drei Jahrzehnte Überlebenskampf nicht ankam.

Früher hatte ich ihr auf italienisch geantwortet. Jetzt war es Deutsch, das sie nicht verstand. Wenn sie eine verständliche Antwort forderte, antwortete ich ihr wie eine mechanische Antwortmaschine mit Antworten aus ein, zwei oder drei Wörtern. Sie reagierte auf meine Fragen mit Wut, Obszönitäten, Spott und sogar noch mehr Verwirrung.

»Du kommst aus dem Weltraum«, sagte sie. »Du stammst nicht von dieser Erde.« Sie sagte, so zu sein, wie ich war, hätte ich in der vielen Zeit gelernt, die ich mit der Mutter meines Vaters zusammen verbracht hatte, die man für »taub« und »bekloppt« und »nicht ganz da« hielt.

Über meine Großmutter väterlicherseits machte man sich in der Familie oft lustig. Man redete über sie, als wäre sie irgendwie nicht so gut wie andere Menschen. Die Ähnlichkeiten zwischen mir und meiner Großmutter wurden benutzt, um das Selbstwertgefühl meines Vaters anzugreifen; das war eine Methode, um ihn daran zu erinnern, daß meine Probleme von *seiner* Seite der Familie stammten.

Es stimmte, daß meine Großmutter so war wie ich, und daß sie auch Probleme mit dem Blutzuckerspiegel hatte. Anscheinend besaß meine Mutter eine Grabbelkiste voller Theorien zu meinem Zustand, die alle so lange brauchbar waren, wie keine in ihre Richtung deutete. Wenn sie meine Schwierigkeiten nicht überhaupt leugnete, gab sie den Schwarzen Peter genauso gern weiter, wie andere ihn ihr zugeschoben hatten. Alles, von einer Bleivergiftung bis zum Quecksilber in meinen Amalgamfüllungen bis hin zu der Theorie, daß ich die Reinkarnation einer gepeinigten Seele sei, hatte als Erklärung dafür herhalten müssen, daß ich so war, wie ich war. Der Reinkarnationstheorie zufolge hatte ich nicht das Leben gelebt, an welches ich mich erinnerte, sondern ich erinnerte mich an das Leben einer anderen, die meinen Körper besessen hatte. Nichts, an was ich mich erinnerte – ob es dabei um mich ging oder um andere –, stimmte (eine sehr nützliche Theorie, wenn man an die Eigenschaften meiner Familie dachte), und bestimmt hatte meine Mutter mir niemals ein Härchen gekrümmt. Mein Vater hielt mir einen Vortrag über die Auswirkungen von Alkohol auf das Gehirn und erklärte mir, warum es manchmal sinnlos sei, zu streiten oder weitere Fragen zu stellen.

Ich stand vor dieser Person, die biologisch gesehen meine Mutter war, und versuchte zu erkennen, wer sie war. Ich sah ein Puzzle, von dem viele Teile verlorengegangen waren, und ein paar andere waren einfach irgendwie zusammengesteckt worden. Ich hatte eine Ahnung von ihr, genauso wie sie eine Ahnung von mir hatte.

Das Bedauern, welches ich empfand, war nicht Bedauern darüber, daß sie meine Mutter war. Es war Bedauern darüber, wie weit Unwissenheit führen kann, wenn andere sich abwenden. Was ist schiefgegangen, wenn eine Vierzehnjährige bereits trinkt und die Eltern sie schon als Dreijährige zum Trinken ermutigt haben? Was ist schiefgegangen, wenn ein Teenager sich für etwas Besonderes hält, weil er das Sexspielzeug eines Mannes ist, der einen dicken Wagen fährt? Was ist schiefgegangen, wenn eine schwangere Neunzehnjährige immer noch glaubt, man würde vom Küssen schwanger? Was ist schiefgegangen, wenn dieser Mensch häusliche Gewalt als normalen Teil einer Beziehung ansieht? Was ist schiefgegangen, wenn eine Frau Hilfe sucht und immer wieder nur mit weiteren Pillendöschen nach Hause kommt? Wo waren all die ehrgeizigen Rettet-die-Welt-Märtyrer? Wo waren die Moralapostel und all jene, die von Menschenrechten sprechen? Wo waren all jene, die sich so unbekümmert über die Verdorbenheit meiner Mutter ausließen?

Ich stand vor einer brutalen Frau und vor einer zerstörten. Wie traurig »die Welt« eigentlich ist, weiß man erst, wenn man gesehen hat, wie sie einen der ihren umbringt. Durchgekaut und ausgespuckt stand sie jetzt vor mir, ein menschliches Wrack.

Und doch war das dieselbe Frau, die mir früher ein Jahr lang alle paar Monate Topfpflanzen mitgebracht hatte. Die Frau, die Stoffreste für mich mit nach Hause gebracht hatte, die ich zerschneiden, zusammennähen oder ganz wie ich wollte verwenden konnte. Die Frau, die mir die Namen der verschiedenen Pflanzen im Garten genannt hatte, ganz gleich, ob ich zuzuhören schien oder nicht. Die Frau, die Puppen mitgebracht und sich gewünscht hatte, ihre Tochter würde so damit spielen, wie sie es getan hätte, wenn sie als Kind Puppen gehabt hätte, dieselbe Frau, die geglaubt hatte, wenn sie mich zum Tanzen bewegen könnte, würde ich alles verkörpern, was sie sich jemals für sich selbst gewünscht, aber nie bekommen hatte.

Ich stand da und hörte der Frau zu, der ich nie eine Chance

gab, genauso wie sie sich anscheinend selbst nie eine gab. Ich fragte mich, zu wem mein Vater unter den gleichen Umständen geworden wäre – ob er wohl an Stelle meiner Mutter mein »Ungeheuer« geworden wäre. Ich fragte mich, was es mit einem Menschen macht, wenn er tagein, tagaus als schädlicher Einfluß, als Eindringling und als Außenseiter behandelt wird. Ich dachte daran, wie es für meine Mutter in ihrer sozialen Isolation wohl gewesen war, wenn sie sich darauf gefreut hatte, daß jemand abends nach der Arbeit die Welt mit nach Hause bringen würde, wenn sie aber statt dessen von einem Mann begrüßt worden war, von dem sie nicht viel mehr bekam als noch mehr von demselben, was sie von mir bekam, oder der die gleichen herablassenden, wohltätigen Bemühungen anstellte, an denen ich im späteren Leben fast erstickte.

Ich ging ohne ein Dankeschön oder ein Schwätzchen, ohne Abschied und ohne eine Nachsendeadresse zu hinterlassen. Wie immer behandelte ich meine Mutter so, als gingen meine Gegenwart und meine Zukunft sie nichts an.

*I*ch stand vor den immergleichen Wohnungsangeboten am Schwarzen Brett der Wohnungsvermittlung an der Universität. Ich brauchte eine Bleibe.

Ich war immer wieder übers Ohr gehauen worden, hatte mit meinem Körper, mit Arbeit, mit Geld, mit Besitz, aber vor allem mit Vertrauen bezahlt. In Abwehrhaltung verglich ich selten zwei Ereignisse miteinander, um meine Schlüsse daraus zu ziehen oder einen Plan für die Zukunft daraus abzuleiten, und ich hatte mich auf jede neue Unternehmung mit der Naivität eines Neugeborenen eingelassen. Ich wollte nicht noch einmal eine katastrophale Wohnsituation erleben. Ich bat die Wohnungsvermittlerin um Hilfe.

»Ich kann nicht unterscheiden, wem ich vertrauen kann und wem nicht«, sagte ich. Das Thema Vertrauen war nun endlich wichtig. »Ich weiß nicht, wie ich das beurteilen soll. Ich kriege immer Probleme, wenn ich mit jemandem zusammenwohne.«

»Was stellen Sie sich denn vor?« fragte die Wohnungsvermittlerin. Sie wirkte sehr verständnisvoll. »Das, was ich möchte, haben Sie nicht«, erwiderte ich. »Was wäre das denn?« fragte sie. »Ich möchte eine Wohnung oder einen Bungalow auf einem Anwesen mit ganz viel Land drumherum, so wie eine Farm, nicht zu weit außerhalb. Ich möchte etwas mit Garten und Tieren und Kindern, damit ich das Gefühl habe, daß ich den Besitzern vertrauen kann.«

Die Frau verließ das Zimmer und kam mit einer Karte wieder, die nicht draußen gehangen hatte. »Diese Vermieter hier suchen eine ganz besondere Mieterin«, sagte sie. »Sie soll ruhig sein und für sich bleiben und Tiere und Kinder mögen.« Sie lebten auf einer Farm am Stadtrand und hatten auf dem Gelände dort eine Wohnung zu vermieten. Mein Gesicht leuchtete auf wie das Funkeln eines Kronleuchters. Ich war außer mir vor Freude. »Die Welt« war doch nicht immer so ein Scheißloch.

Ich bekam die Wohnung. Der Fußboden war rot, und Wände und Decke waren weiß. Rot wirkte anregend auf mich. Ich würde hier sehr motiviert sein. Es gab einen Kleiderschrank mit weißen Lamellentüren, der eine ganze Wand einnahm, einen Spiegel im Badezimmer, dem ich jeden Tag Hi sagen konnte, und die Aussicht auf einen Eukalyptusbaum vor meinem Fenster.

Ich hatte nichts zum Einziehen, daher ging ich zur Heilsarmee und kaufte dort für siebzig Dollar eine Schlafcouch zum Ausklappen, einen Couchtisch und einen eklig orangefarbenen Schreibtisch. Die Leute im Haus liehen mir einen Gaststättenkühlschrank, und bald darauf fand ich für weitere siebzig Dollar einen rostigen, schimmeligen, aber dennoch funktionierenden, eigenen Kühlschrank. Ich kaufte mir eine große, billige, klobige, grüne, gebrauchte Schreibmaschine, und nun war ich eingerichtet. Ich hängte meine Postkarten an der Wand entlang auf, zusammen mit Zetteln, die mich an verschiedene Dinge, wie essen, erinnern sollten. Ich packte meine Pappkartons aus und hatte wieder ein eigenes Zuhause.

Es war Sommer, und wenn ich aufwachte, brach die Morgensonne durch die Äste des Eukalyptusbaums, und die Vögel sangen. Es gab Rieseneisvögel und Kaninchen, und ich hörte sogar, wie eine Schlange an meiner Haustür vorbeiglitt, gerade rechtzeitig, um mich umzudrehen und sie zu sehen. Unten auf den Weiden waren Pferde, und es gab Bäume, Sträucher und alle Arten von Blumen. Am Fuß der Pferdeweide stand ein winziges Kiefernwäldchen, dort war der Boden orange von abgestorbenen Kiefernnadeln und mit abgefallenen Kiefernzapfen übersät. Es gab einen feuchten Komposthaufen voll mit megalangen Regenwürmern. Es gab flauschige rote Bottlebrushes und Banksien, aber das beste von allem war der Rosengarten.

Ich lief mit den Pferden und lag im hohen Gras in der Sonne. Ich spielte mit der faserigen Rinde der Eukalyptusbäume und band winzige Sträußchen aus den verschiedenen Grassorten. Ich ging im Rosengarten spazieren: Rot, Gelb, Rosa, Orange, Weiß. Ich bewegte mich inmitten der Farben.

Ich hatte mit Dr. Marek etwa alle drei Wochen einen Termin ausgemacht. Er meinte, er könnte mir helfen, verschiedene Wege zu finden, um diverse Problemsituationen anzugehen. Ich konnte allerdings nicht richtig erkennen, wie er mir würde helfen können. Ich lernte zwar, wie ich in einem bestimmten Kontext mit einer Situation fertig wurde, aber wenn ich mit der gleichen Situation in einem anderen Kontext konfrontiert wurde, war ich verloren. Die Dinge waren einfach nicht übertragbar. Wenn ich etwas lernte, während ich mit einer Frau in einer Küche stand und es Sommer und Tag war, ließ das Gelernte sich nicht abrufen, wenn ich mich in einer ähnlichen Situation mit einem Mann in einem anderen Raum befand und es Winter und Nacht war. Es wurde zwar alles gespeichert, aber das zwanghafte Überkategorisieren war so ausgefeilt, daß die Ereignisse fast identisch sein mußten, damit ich sie für vergleichbar hielt.

Was ich von Dr. Marek wollte, waren Regeln, die ich bei mir tragen konnte und die auf alle Situationen angewendet werden konnten, unabhängig vom Kontext. Ich wollte Regeln ohne Ausnahmen. Es war, als würde ich sagen, ich könnte links und rechts nur unterscheiden, wenn wir links abschafften.

Ich wollte meine Persönlichkeit nicht verändern. An meiner Persönlichkeit waren genug kosmetische Eingriffe vorgenommen worden. Ich wollte einfach wissen, welche Stücke oder Konzepte mir fehlten und so dazu führten, daß ich nicht in der Lage war, mein Verhalten selbst zu ändern und meine Möglichkeiten zu nutzen.

März 1991

Dr. Marek,

... Was die ursprüngliche Idee, mir Lösungen für bestimmte Situationen zu geben, betrifft, bedeuten meine Schwierigkeiten verallgemeinert gesagt, daß es besser ist, mit Verallgemeinerungen zu beginnen (Ich finde gerne Regeln und Garantien und erinnere mich gern daran).

Das ist vermutlich schwierig für Sie, weil Sie Ihre Worte wirklich sorgfältig wählen müßten, damit ich nicht die nächsten zehn Jahre lang sage: »Das stimmt, weil Sie gesagt haben, daß es eine Regel ist.«

Ich war ein bißchen enttäuscht, weil ich, als Sie mir etwas erklärten, das nicht mühelos richtig verstehen konnte. Wenn Menschen wie ich leicht zu unterrichten wären, hätten wir vermutlich nicht so viele Probleme.

Ich nehme an, daß Sie das, wie viele Leute, glauben, weil ich gut durch Sprache sprechen kann. Ich lerne von anderen, indem ich sie spiegele, und ich kann von ihnen lernen, wenn sie mich spiegeln (wahrscheinlich habe ich zu viele Jahre vor dem Spiegel verbracht). Im übrigen versuche ich jetzt zu lernen, indem ich die Informationen, die ich habe, neu zusammensetze, doch für einige Lösungen habe ich nicht die nötigen Bestandteile.

Eine gute Sache ist, daß ich nicht »ja, ja, ja« sagen muß, wenn ich mit Ihnen sprechen, und deswegen kann ich sagen »Tut mir leid, verstehe ich nicht« und »Können Sie es anders ausdrücken?« Außerdem reden Sie nicht zu schnell, Sie sprechen mit relativ gleichmäßigem Tonfall und Rhythmus (das lenkt nicht so ab und verwirrt nicht so). Sie sollten einigen meiner Dozenten Sprechunterricht geben.

Das andere, was mir bei unseren Treffen hilft, ist ein Gefühl, daß ich selbst für meine Fortschritte verantwortlich und zuständig bin. Es hilft mir, meinen Abwehrmechanismen nicht nachzugeben. Es ist wie eine Regel, die, wenn sie einmal aufgestellt wurde, nicht verletzt werden kann (es können nur neue Regeln aufgestellt werden, die die alten außer Kraft setzen). Es ist auch eine Methode, keine Zeit zu verlieren.

Übrigens möchte ich Sie noch bitten, zu umreißen, welche Eigenschaften ich werde akzeptieren müssen, weil sie sich nicht ändern werden, und welche sich ändern werden (falls Sie das wissen) ... Ich fordere mich bis an die Grenze meiner Belastbarkeit und weiter, zu stark, glaube ich. Ich kann mich selbst nicht in Frieden lassen ...

Danke

Donna

Ich überlegte, was mir alles fehlte und was andere anscheinend hatten, und machte eine Liste:

- Verbindung zu meinem Körper, meinen Gefühlen und meiner Vergangenheit
- Zuneigung, Vertrauen und Vertrautheit
- Freundschaften, in denen ich mich ebenbürtig fühle und in denen ich mein Anderssein nicht spüre
- die Fähigkeit, mit dem Kämpfen aufzuhören und mich nicht mehr in mich selbst zurückzuziehen
- die Erkenntnis, wann ich aufgeben und bei wem ich aufgeben muß
- ein Ort, an dem ich mich zugehörig fühle, ohne daß ich mich in mich selbst zurückziehe
- Akzeptieren »der Welt« ohne Garantien
- Bescheid wissen über eine Zukunft ohne das, was andere haben

Ich zog meine Liste hervor, und Dr. Marek schien amüsiert.

»Was ist daran komisch?« fragte ich ihn. »Nichts ist daran komisch«, sagte er. »Was Sie getan haben, war sehr vernünftig.« Warum, fragte ich mich, sollte jemand es so lustig finden, daß ich vernünftig war?

Ich wollte wissen, warum die Leute über mich lachten. Ich wußte, daß ich komisch war, aber ich wußte nicht, warum. »Nennen Sie mir ein Beispiel«, sagte Dr. Marek. Ich erzählte ihm das Beispiel einer Reaktion auf meine Reaktion auf ein Paar Schuhe.

Sie waren aus glänzendem Lackleder und kosteten fünf Dollar. Ich fand sie wunderbar. Ich liebte den Geruch, die Glätte und den Glanz. Sie sahen aus, als könnte man sie essen. Ich hatte daran gerochen und mir mit der glatten Oberfläche über die Wange gestreichelt. Ich trug sie in den Armen und sah sie beim Gehen an. Meine Begleiterin beobachtete mich.

Sie sah irgendwie traurig aus, lächelte aber schwach. »Sind

das deine besten Freunde?« wurde ich gefragt. Ich dachte über diesen merkwürdigen Gesichtsausdruck nach. Schließlich fragte ich mich, ob ich dieser Frau irgendwie leid tat, und ich fragte mich, warum wohl.

Vor einem Jahr hätte ich mich über einen derartigen Ausdruck nicht gewundert. Er hätte nur verlangt, daß ich ihn spiegelte. Carol hätte sich verhalten, als verstünde sie, was der Ausdruck bedeutete, so als gäbe es zwischen Handlungen und tatsächlichem Verstehen keinen Unterschied. Ich hatte das Gefühl gehabt, daß die anderen es gewesen waren, die etwas versäumten, weil sie die Dinge nicht so sahen wie ich. Jetzt jedoch begann ein Gefühl wie Efeu über mich hinzukriechen und mich zu würgen, bis ich etwas erkannte und mir etwas bewußt wurde. Ich hatte begonnen, mich zu fragen, ob es tatsächlich die anderen waren, die etwas versäumten, oder ob ich es nicht selbst war. Wenn das stimmte, was sollte ich dann angesichts von achtundzwanzig vergeudeten Jahren tun?

Der Stuhl kippte um, weil ich dagegenlief. Logischerweise war das der Beweis dafür, daß er meinen Stoß gespürt hatte. Ich saß auf einem Stuhl, und das Polster drückte sich ein. Klar, daß der Stuhl wußte, wie schwer ich war. Manchmal tat es mir leid, auf einem Stuhl zu sitzen. Es kam mir aufdringlich vor. Meine Füße machten Vertiefungen in den Teppich, während ich darüberging. Offensichtlich spürte er, daß ich da war. »Hi, Teppich«, sagte ich, froh, daß ich zu Hause war.

Mein Bett war mein Freund, mein Mantel beschützte mich und barg mich in sich, Dinge, die Geräusche von sich gaben, hatten ihre eigenen, unverwechselbaren Stimmen, die *brumm*, *ping* oder was auch immer sagten. Fenster blickten nach draußen in den Tag, Vorhänge hielten das Licht vom Eindringen ab, Bäume winkten, der Wind pustete und pfiff, Blätter tanzten und Wasser lief. Ich sagte meinen Schuhen, wo es hinging, damit sie mich dorthin brachten.

Eine Dose kam vom Regal herunter. Ich lachte. Es sah aus, als würde sie Selbstmord begehen, wie sie da plötzlich von der Wand wegsprang. Gegenstände hatten nie komplexe Gedanken oder Gefühle, aber sie gaben mir das Gefühl, Gesellschaft zu haben. Ich fühlte mich sicher, weil ich in »der Welt« in Gesellschaft sein konnte, selbst wenn es die Gesellschaft von Dingen war. Es gab in »meiner Welt« Raum für die Wahrnehmung von Menschen, aber Menschen waren immer Dritte; sie drängten sich auf, wenn ich das Gefühl hatte, bereits Gesellschaft zu haben.

Alles hatte seinen eigenen, wenn auch eingeschränkten freien Willen. Ob ein Gegenstand unbeweglich war oder sich bewegen ließ, hing eher von seiner Bereitschaft ab, sich zu bewegen, als von dem Menschen, der ihn bewegen wollte. Bemerkungen wie »Es rührt sich nicht von der Stelle« bestätigten diese von mir vorausgesetzte Wirklichkeit nur. Es war mir nie in den Sinn gekommen, mich zu fragen, wie Objekte etwas wußten oder fühlten, und es interessierte mich auch nicht. Für mich war es eine unbestrittene Voraussetzung gewesen.

Diese Voraussetzung hatte für mich schon lange existiert, bevor ich gewußt hatte, daß die Wörter »wissen« und »fühlen« mehr als bloße Lautkombinationen waren. Die Wörter »wissen« und »fühlen« waren wie »es« und »von« und »durch« – man konnte sie weder sehen noch anfassen, daher war ihre Bedeutung nicht wichtig. Ein »wissen« können die anderen einem nicht zeigen, und man kann nicht sehen, wie ein »fühlen« aussieht. Ich lernte, die Wörter »wissen« und »fühlen« so zu benutzen, wie ein blinder Mensch das Wort »sehen« und ein tauber das Wort »hören« verwendet. Manchmal konnte ich diese unsichtbaren, unberührbaren Konzepte erfassen, aber ohne innere Bilder trieben sie wieder fort, wie Wolkenfetzen. Solange ich »wissen« oder »fühlen« nicht sehen konnte, tauchte die Frage, was »Wissen« und was »Gefühl« besaß und was nicht, einfach nicht auf.

Carol hatte Fragen gestellt, um die Leute dazu zu bringen, zu sagen, was sie hören wollte. Fragen über Dinge zu stellen, die man nicht wußte, wirkte sinnlos, wenn man nicht durchgehend mit Bedeutung hören konnte: »Also Donna ... Dinge ... und wenn ... siehst ... und dann ... verstehst du.« »Ja, natürlich. Das erklärt die Sache. So habe ich es noch nie gesehen. Kannst du mir irgendwelche Bücher zu dem Thema empfehlen?« (Danke, daß du wieder mit Krach und Blabla über meine Ohren hergefallen bist. Mein Gott, ich bin ein hoffnungsloses, taubes Stück Scheiße. Eine Idiotin. Benimm dich »normal«, benimm dich bloß »normal«, dann merken sie es nicht.) Fragen zu stellen kam mir so sinnlos vor, als würde ein völlig blinder Mensch sagen »Zeichne es mir in Farbe auf«, oder als wollte ein völlig tauber Mensch den Klang meiner Stimme hören.

Fragen zu stellen war außerdem eine Strategie, mit deren Hilfe ich es vermied, ihre Fragen beantworten zu müssen (die Spring-aus-dem-Schrank-bevor-sie-dich-drin-finden-Strategie). Fragen zu stellen war vor allem ein Spiel.

Dr. Marek stellte meine Logik, meine Überzeugungen und meine Welt in Frage. Er ging das an, was ihm wahrscheinlich als Sprach- und Verhaltensproblem erschien. Tatsächlich trampelte er auf meiner Selbstwahrnehmung herum, auf meinem Verhältnis zu meinem Körper und zu allem, was mich umgab. Er stellte meine gesamte Realität in Frage, Vergangenheit und Gegenwart, um den Verlauf der Zukunft zu ändern. Er drohte, mich kopfüber in eine Realität zu stürzen, von der ich nicht einmal gewußt hatte, daß sie existierte. Ich hatte meinen Krieg aufgegeben, aber er forderte mich auf, meine Waffen niederzulegen.

Dr. Marek brauchte seine Waffen nicht abzulegen. Es kam mir sehr, sehr einseitig, beinahe dumm und unvernünftig vor, zu glauben, daß die Abrüstung einseitig stattfinden sollte. Doch die anderen hatten keinen Krieg geführt. Ich schon.

In meinem Kopf drehte sich alles, und mir war übel. Ein Teil von mir mußte dicht vor dem Verstehen gestanden haben. Gab es einen ganzen Berg an gespeichertem Wissen, in dem ich keinen Sinn hatte sehen können, das einfach herumlag und auf ein neues System wartete, mit dessen Hilfe ich es benutzen konnte?

Durch das Schreiben meines Buches war meine Verbindung zu »meiner Welt« schwach und zerbrechlich geworden, weil sie so offen enthüllt worden war. Langsam gab es immer weniger, woran ich mich halten konnte. Seit ich Carol und Willie aufgegeben hatte, waren nur noch Dinge zurückgeblieben, eine Welt der Objekte.

Diese Welt war der Ort, von dem aus ich begonnen hatte. Es war der Ort vor der Erschaffung der Figuren. Ich war wie ein eingewachsener Zehnagel. Ich hatte mich in die falsche Richtung entwickelt. Um vorwärts gehen zu können, mußte ich erst dorthin zurückgehen, wo ich begonnen hatte. Wie T.S. Eliot schreibt: »In meinem Ende ist mein Anfang. In meinem Anfang ist mein Ende.«

Meine Wahrnehmung wurde mit einem Schlag über den Haufen geworfen, und ich fiel in ein schwarzes Wahrnehmungsloch. Dr. Marek gab mir eine Regel, die keine Ausnahmen hatte. Er erklärte mir, daß Dinge ein Nervensystem brauchen, um denken oder fühlen zu können.

Wieder zurück in meiner Wohnung beklopfte ich die Wand. Jedesmal, wenn ich den Vorhang festhielt, jedesmal, wenn ich meine Schuhe ansah, quälte mich eine neue Wahrnehmung, daß nämlich Gegenstände leblose Dinge ohne Wissen, ohne Gefühl, ohne freien Willen waren. Ich spürte meine Einsamkeit, mit einer Intensität, vor der ich immer geschützt gewesen war. Willie war nicht da, um mir beim Verstehen, bei der Depersonalisierung und beim Leugnen zu helfen. Carol war nicht da, um mich zum Lachen zu bringen und so zu tun, als wäre alles völlig unwichtig. Alles um mich herum hatte kein Bewußtsein davon, daß ich existierte. Ich befand mich nicht mehr in Gesellschaft.

Ich fühlte mich gefangen, weil ich kurz davor war, eine neue

Logik zu akzeptieren, die mein Verstand nicht weiterhin leugnen konnte. Meine infantilen Emotionen konnten das nicht ertragen. Ich wollte in »meine Welt« zurücklaufen, aber sie war zerbombt worden. Blockiertes, ungenutztes inneres Wissen und Erkenntnisse, die ich nicht angewendet hatte, schrien nach Anerkennung. Oben in der Abteilung Verstand begannen sich die eingerosteten Zahnräder zu drehen. Ich fühlte mich wie in zwei Teile gerissen. Diesmal würde ich jedoch beide Hälften beherrschen.

Ich lief herum wie ein Löwe im Käfig. Seit ich das Buch geschrieben hatte, hatte ich es mir zur Regel gemacht, mich nie wieder selbst zu verletzen. Irgendwie hatte das früher die Angst verringert. Jetzt gab es keinen anderen Weg, sie auszudrücken, als durch Tränen. In meinem Zimmer voller lebloser Dinge schlug ich auf den Fußboden ein, der früher einmal gespürt hatte, daß ich auf ihm ging. Der Fußboden, auf dem ich mich ausgestreckt hatte, der Teppich, durch den ich meine Finger hatte gleiten lassen, mein besonderes sonniges Fleckchen in der Mitte des Zimmers, alles war tot und war das immer gewesen, und ich hatte es nicht gewußt. Ich erkannte, daß ich mein Leben in einer Welt von Objektleichen gelebt hatte. Gott hat einen merkwürdigen Sinn für Humor.

Ich war ungefähr drei Jahre alt gewesen, als alle Menschen um mich herum »starben«. Sie hatten aufgehört, Ding-Objekte zu sein. Ich war wie jemand auf einem abfahrenden Schiff, der glaubt, es sei die Küste, die sich fortbewegt. Ich hatte zugesehen, wie Menschen sich davonstahlen und mich im Stich ließen. Jetzt erkannte ich, daß ich es gewesen war, die keinen Kontakt zu ihnen hatte halten können.

Mit der Zeit unterschied ich Menschen von Dingen und Natur und schließlich sah ich sie als Mensch-Objekte an: zweitklassig, fern, schwer zu verstehen, aber brauchbar. Ich lernte zu funktionieren.

Im Moment wurde »meine Welt« auf den Kopf gestellt, und

das Innere wurde nach außen gekehrt. Ich fühlte mich im Stich gelassen, nicht von Menschen, die ich schon vor langer Zeit abgeschrieben hatte, sondern von Dingen. Trost war nicht in Sicht. Gar nichts war in Sicht, außer der allmählichen, garantierten Zerstörung von allem, bei dem ich Sicherheit und Geborgenheit gefunden hatte, und der Auslieferung an das Unbekannte.

In Wirklichkeit tanzten Blätter nicht, und in Wirklichkeit sprangen Bilder nicht von ihren Haken an der Wand, und in Wirklichkeit standen Möbel nicht um mich herum. Zum Teufel mit »der Welt«. Sie war ein leerer und häßlicher Ort. Mein Gott, dachte ich, wissen sie, was sie getan haben? Ich hatte ihnen vertraut. Sie hatten mir nichts zu geben gehabt, und ich hatte ihnen vertraut. Ich hatte meinen heimlichen Krieg und die Sicherheit »meiner Welt«, die auf dieser Heimlichkeit beruhte, aufgegeben. Als Gegenleistung dafür war ich zu einem leeren Loch verurteilt worden. Ich war doppelt geschlagen.

Ich stellte eine Regel auf, daß drei Dinge gegen diese neue Logik der Objekte gefeit sein sollten: meine Reisebegleiter, zwei Stofftiere, die Orsibär und Reisehund hießen, und mein Spiegelbild.

Ich stand vor dem Spiegel und sah mich an. Die Logik sagte mir, daß ich mich nicht wirklich in Gesellschaft meines Spiegelbildes befand, aber die Wahrnehmung dieses sich bewegenden anderen Wesens widersprach der Logik. Die eine konnte die andere nicht auslöschen, und ich konnte die beiden nicht miteinander vereinbaren.

Falls ich gewußt hatte, wie man etwas vortäuscht, hatte ich wohl nicht viel davon gewußt und hatte es sicher nicht bewußt angewandt. Etwas vorzutäuschen war ein schöpferischer Akt, der zuviel Selbstausdruck erforderte, es war zu wenig beherrscht, enthüllte zuviel von dem Ich, von dem es herrührte, als daß ich es hätte zulassen können. Aber jetzt, als die Sicherheit »meiner Welt« zerbrach, wurde bewußtes Vortäuschen als Waffe gegen Einsamkeit geboren.

Orsibär knurrte nie, und Reisehund bellte nie. Sie hatten keine imaginären Gedanken, sie machten keine imaginären Bemerkungen. Ich sprach mit ihnen. Ich schrie sie an. Ich weinte über ihnen. Aber sie hatten nichts zu sagen. Sie waren einfach.

Selbst wenn Bäume und Gras nicht winkten und Blätter nicht tanzten, waren sie trotzdem noch lebendig. Ich verbrachte Zeit damit, Bäume zu umarmen und im hohen Gras zu liegen statt auf meinem sonnigen Fleckchen auf dem Fußboden. Die Bäume wirkten sogar noch weiser und beschützender als früher — die Elefanten der Baumwelt, mit Rüsseln.

Ich hatte ein Schlüsselbund zu vielen unerforschten Gängen in meinem Verstand bekommen. Meine Sicht von »der Welt« begann sich dramatisch zu verändern. Mein Brief an Dr. Marek spiegelte das wie ein See seine Ufer:

April 1991

An Theo Marek,

... Was den schnellen Fortschritt der Dinge angeht, ich kann es nicht ertragen, mitten im Lernen steckenzubleiben. Wenn ich nicht auf dem Weg zu Lösungen wäre, könnte ich es nicht ertragen.

Es ist viel schwerer als dort, wo ich herkomme. Ich habe immer noch die Punkte (Luftteilchen), Knöpfe und Spitzen. Die Figuren sind jetzt ungefährlicher, weil ich sie als Erinnerungen und Fähigkeiten betrachte und mir große Mühe gebe, sie als zu mir gehörig zu akzeptieren, und Reisehund und Orsibär sind die Brücken zu einer äußeren Welt.

... In meiner Wohnung fühle ich mich »normal« und als Teil »der Welt«. Ich habe mich an etwas außerhalb meiner selbst gewandt, um Sicherheit zu spüren, und wache mit einem Zugehörigkeitsgefühl auf, das über meinen eigenen Körper hinausgeht (Ich weiß, daß Stofftiere nicht wirklich sind, aber mich mit Zuneigung an etwas zu wenden, das außerhalb von mir ist, hat mich das Konzept gelehrt). Früher hatten die meisten meiner Objekte einen »schützend-abwehrenden« Wert für mich – ich empfand kein Zugehörigkeitsgefühl, daher war Schlaf manchmal wie eine Art Folter. Jetzt ist Schlaf ein angenehmer Ort ...

... Musik und Kunst und Dichtung sind immer noch da, aber was sich geändert hat, ist, daß ich »die Welt« jetzt als potentiell *für mich* ansehe. Sie ist nicht mehr irgendeine große Kloake mit ein paar Außenseitern, von denen ich dachte, sie seien irrtümlicherweise hineingeraten (die Menschen, die ich gern habe). Sie ist kein Ort mit zweidimensionalen Ausschneidepuppen, die vollkommen unwirklich sind und nichts zu bieten haben. Sie ist eine Welt der echten Gefühle, die mir eine Zukunft zu geben hat, und ich muß nur an den Fähigkeiten arbeiten, nach ihr zu greifen und ohne Angst zu akzeptieren, daß sie nach mir greift.

Ich glaube, mein Verstand ist für »meine Welt« zu groß, und meine Emotionen und sozialen Fertigkeiten werden in »die Welt« hineinwachsen müssen, aber die Menschen, die ich jetzt um mich habe, besitzen genug Geduld, glaube ich, und ich glaube, ich kann ihnen vertrauen (ihrem Wissen vertrauen). Ich kann ihnen in die Gesichter sehen und sehen, daß sie wissen, was sie über das sagen, was sie haben (ehrlicherweise können sie nicht sagen, sie wüßten, wie es sich anfühlt, ich zu sein, aber ich kann sehen, daß sie froh sind, Teil »der Welt« zu sein).

Das war's

Donna

Als Reaktion auf den allmählichen Zerfall »meiner Welt« konstruierte ich eine andere abgesonderte Welt für mich. Sie würde als Brücke dienen, als Weg, um »die Welt« soweit von mir fernzuhalten, daß ich die Dinge Schritt für Schritt angehen konnte, ohne zu zerbrechen.

Es war eine Welt, die reich an Sprache war, auch wenn es kein Englisch war. Ich verbannte die verbale Sprache, die mir Erkenntnis gebracht und die Sicherheit meiner »meine Welt«-Wahrnehmungen zerschlagen hatte. Englisch war im Exil. Nur außerhalb meiner Wohnung, draußen in »der Welt«, hörte ich diese Sprache an, dachte darin oder sprach sie.

Ich machte eine Fremdsprachenbibliothek ausfindig und lieh mir Videos, Kassetten mit Liedern und Geschichten und illustrierte Märchenbücher aus. Die Sprache, die ich als letzte gelernt hatte, war Deutsch. Diese Sprache erschien mir ebenso brauchbar wie jede andere, vor allem im Hinblick darauf, daß anscheinend nur wenige Menschen, denen ich in Australien begegnet war, sie sprachen.

Ich guckte Fernsehen, aber nur, wenn fremdsprachige Programme liefen. Ich hörte die ausländischen Sender und Programme im Radio. Abgesehen von dem, was ich für die Universität las, mußte mein gesamter Lesestoff in dieser fremden Sprache sein. An die Wände und an die Tür kamen große Poster. Sie sollten zur Kommunikation mit mir selbst dienen, die ganz und gar auf deutsch sein sollte. Ich schrieb ein paar Leuten, die ich während meines Deutschlandaufenthaltes kennengelernt hatte, Briefe auf deutsch, und ich las das deutsche Wörterbuch.

Keiner merkte etwas davon. Nur wenige wußten, wo ich wohnte, und sie wurden selten eingeladen. Ich behielt die Kontrolle und besuchte sie (wieder die Spring-aus-dem-Schrank-bevor-sie-dich-drin-finden-Strategie).

Das Eintauchen in das Deutsche hatte einen Vorteil: Ich konnte mich für den Fremdsprachenteil der Lehrerausbildung einschreiben, und das hieß, daß ich in meiner Ausbildung nur zum Teil auf englisch würde unterrichten müssen. Es würde so viel leichter sein, in einer Sprache zu unterrichten, die nicht meine eigene war und keinen direkten Selbstausdruck darstellte.

Der Kurs für Graduierte war für die Ausbildung zum Grundschullehrer und auch zum Lehrer an weiterführenden Schulen gedacht (mit dem Schwerpunkt auf Grundschule).

Es war der erste Tag des Kurses für das Lehrerdiplom. Wir waren fünfzig Studentinnen und Studenten zwischen zwanzig und vierzig mit unterschiedlicher Ausbildung. Wir wurden in zwei Gruppen eingeteilt und bekamen Stundenpläne und verschiedene Papiere mit bürokratischem Gefasel. Manche hatten einen Abschluß in Kunst, andere in Naturwissenschaften, in Psychologie oder in Journalismus. Alle waren hier, um über das Unterrichten das zu lernen, was sie bereits wußten, und um zu lernen, wie man unterrichtet, was sie noch nicht wußten. Die Dozenten wurden vorgestellt und organisierten Kennenlernspiele.

Von Anfang an war es eine andere Art der Ausbildung. Es war leicht gewesen, in einem Hörsaal mit ein paar hundert anderen Studenten anonym zu bleiben und jeden zweiten Tag zu Tutorien zu gehen, wo man sich hinter der Sicherheit von Tischen, Sachwissen und Figuren in der Anonymität versteckte.

Hier beobachteten andere Studenten und die Dozenten einen ständig, um festzustellen, ob man ausgeglichen und angepaßt genug war, um Grundschullehrerin zu werden. Niemand wollte die Verantwortung dafür übernehmen, jemandem zerbrechliche Egos anzuvertrauen, der nicht genau dem entsprach, was das Pädagogische Seminar brauchte.

Ich konzentrierte mich scharf. Ich richtete mich nach dem, was die anderen taten. Trotz des Drucks fühlte ich mich in der strukturierten Unterrichtsatmosphäre mit deutlichem Beginn und Ende, festgesetzten Themen und recht klaren sozialen Regeln relativ sicher. Wie alle anderen auch sprach ich kurz darüber, warum ich die Ausbildung machte, und über meine bisherige Ausbildung.

Die erste Unterrichtsveranstaltung war beendet, und es war Mittagszeit. Ich war erleichtert und hatte doch auch Angst vor der Mittagspause. Ohne Carol, die manisch herumsauste, die anderen spiegelte und zu ihren Sprüchen improvisierte, hatte ich keine Ahnung, wie ich mich sozial verhalten sollte. Zumindest würde ich jetzt eine kleine Chance haben, mein Leben selbst zu erfahren, Richtung und Anlaß meiner Worte selbst zu bestimmen und in der Lage zu sein, das, was ich sagte und tat, zu fühlen, vorausgesetzt, daß ich überhaupt eine Reaktion hervorbrachte.

»Sagen Sie mir, daß ich ruhig sein soll, wenn ich störe«, sagte ich zu einer Dozentin. »Ihre Bemerkungen sind sehr erwünscht«, sagte sie. »Sie bringen die Leute zum Nachdenken. Sie bringen Leben in den Unterricht.«

Entweder sprach ich mit einer einzigen Person, oder ich richtete meine Bemerkungen an niemand Bestimmtes, daher gab es für mich keine Möglichkeit einzuschätzen, wie weit ich den Kurs durch mein Verhalten beherrschte. Wenn ich sprach, gab es einfach keinen Kurs, es gab nur ein Thema oder einen Satz, der einen Kommentar ausgelöst hatte, und Menschen um mich herum, die zufällig auch noch anwesend waren.

Einer meiner Mitstudenten, Joe, pickte mich als Sparringspartnerin heraus. Die treibende Kraft hinter seinen Bemerkungen war ein Ego, das ständig Siege brauchte. Die treibende Kraft hinter meinen Bemerkungen war der Kampf, mitzukommen, Verbindungen herzustellen und etwas zu verstehen.

Ich machte eine Bemerkung. Joe verstand sie als persönliche Aufforderung zum Streit. Meine Bemerkungen wurden auf Kosten des Kurses in einen Zirkus mit zwei Manegen umgewandelt.

»Bilden Sie Gruppen«, »Bilden Sie Paare«, »Machen Sie Brainstorming« – solche Anweisungen der Dozenten unterbrachen fast jede Unterrichtsstunde. Carols und Willies Ideen ließen sich leicht abrufen. Ich hatte Ideen, wenn ich allein war. Uns allen waren die Konzepte vertraut, »vor« und »zu« jemandem zu sprechen, aber das Konzept des »mit«-jemandem-Sprechens war mir fremd. Ich war wie ein tauber Mensch, der sprechen konnte; wenn andere sprachen, sagte ich entweder nichts oder sprach auf meinem eigenen Gleis über sie hinweg, ein Schnellzug, der an keinem Bahnhof hält, erst an der Endstation.

Ich hatte Angst, daß jemand sehen würde, daß ich nicht mitkam, daher stellte ich mich auf Schlüsselwörter ein und versuchte, Begriffe zu finden, die ich kommentieren konnte. Ich war das sprechende Äquivalent einer Legasthenikerin, die eine Zeitung bei sich hat, sich aber beklagt, daß sie ihre Lesebrille verlegt habe. Ich versuchte ständig, die Erwartungen anderer zu erfüllen, aber ich wußte nicht, warum sie diese Erwartungen überhaupt hatten, und es war mir nie in den Sinn gekommen, danach zu fragen.

Über dieses Brainstorming ärgerte ich mich sehr. Wenn man nicht betroffen war, war es ein Verhör, in dem andere einen fragten, was man zu dem, was sie gesagt hatten, fühlte oder dachte. In neun von zehn Fällen hatte ich weder etwas gefühlt noch etwas gedacht.

Ich kam zu meinem nächsten Termin bei Dr. Marek. »Ist es unrealistisch von mir, daß ich überlege, Lehrerin zu werden?« fragte ich. »Ein bißchen«, sagte er.

Mein Leben war immer ein Hindernisrennen gewesen. Die meisten meiner Hindernisse erkannte ich, aber ich lebte um sie herum und ihnen zum Trotz. Ich betrachtete sie nie als unüberwindliche Mauern. Vielleicht kennzeichnet das eine Optimistin.

Wenn ich nicht mit Bedeutung hören konnte, konnte ich immer die Dinge um mich herum kommentieren oder mir selbst ein Thema suchen. Wenn ich bei sozialem Geplauder nicht mithalten konnte, konnte ich immer fachsimpeln, Bücher durchblättern, tun, als sei ich beschäftigt, und mich übergewissenhaft geben. Ich konnte mich darauf konzentrieren, Schlüsselwörter herauszugreifen und damit Wort-Assoziations-Spiele zu spielen, so daß man sie für Zustimmung und Konversation halten konnte. Wenn ich das Verhalten oder die Gefühle anderer nicht verstand, konnte ich die Angst, die mich überkam, weil ich verwirrt war und nicht folgen konnte, verbergen, konnte mir nichts anmerken lassen und ruhig und ungerührt erscheinen. Wenn ich eine Geschichte las und keine Ahnung hatte, wovon sie handelte, konnte ich mir den Anschein von Autorität und Heimlichtuerei geben, jede Frage mit einer Gegenfrage beantworten und alles abbiegen. Wenn die Geräusche zu laut, zu unterschiedlich oder zu hoch waren, konnte ich mir Watte oder Oropax in die Ohren stecken. Wenn das Licht zu hell war, konnte ich die unangenehme Rolle der Exzentrikerin spielen und drinnen eine dunkle Brille aufsetzen. Wenn ich gefragt wurde, was ich wollte, dachte, fühlte oder gern mochte, konnte ich mich großzügig und vernünftig geben, indem ich die Frage zurückgab. Wenn ich in einen mir unbekannten Raum gehen sollte, konnte mir plötzlich einfallen, daß ich andere Dinge zu erledigen hatte, ich konnte zur Toilette müssen, durch irgend etwas abgelenkt werden oder die Aufforderung überhören oder nicht auf mich beziehen. Wenn mir eine Mitfahrgelegenheit angeboten wurde, konnte ich sagen, ich würde lieber zu Fuß gehen. Wenn man mir ein Geschenk anbot, konnte ich sagen, ich bekäme nicht gern Geschenke. Es gab vieles, was ich nicht bekämpfen konnte, aber ich hatte einen Sack voller Strategien, die mich in gutes Licht rückten, wenn ich mir Mühe gab.

Eine Frau aus dem Kurs sah mir schweigend zu, wie ich einem Löwenzahnsamen nachjagte, der durch die Luft schwebte. »Donna, du bist anders, stimmt's?« fragte sie. »Vermutlich ja«, sagte ich. »Wie anders bist du?« fragte sie mit verschwörerischer Miene und schräggelegtem Kopf. »Wir wollen es einmal so sagen«, antwortete ich, »ich bin eine Kultur, die einen Ort sucht, an dem sie sich ereignen kann.«

Es war das Ende einer sehr lauten Stunde. Der Raum hatte keine Fenster, und der Krach wurde von den Wänden zurückgeworfen. Ich war gerade aus einem anderen Klassenraum gekommen, wo mich hartes, weißes Neonlicht gepeinigt hatte, das überall reflektiert wurde. Es führte dazu, daß der ganze Raum sich ununterbrochen mit rasender Geschwindigkeit veränderte. Licht und Schatten tanzten auf den Gesichtern der Leute, wenn sie sprachen, und verwandelten die Szene in einen Zeichentrickfilm.

Jetzt, in diesem lauten Unterrichtsraum, hatte ich das Gefühl, am Kreuzungspunkt mehrerer langer Tunnel zu stehen. Blabla hallte wider, Lärm sprang von Wand zu Wand. Ich sah in die fröhlichen, gelassenen Gesichter der andern; eindeutig war ich die Verrückte.

Ich mußte zur Toilette. Ich konnte es hier drinnen nicht mehr aushalten. Mein Streßpegel war so hoch wie bei einer Katze unmittelbar vor dem Sprung. Die Dozentin, die uns regelmäßig in diesem Raum unterrichtete, war eine vergnügte, lächelnde, muntere Frau mit einer sehr hohen Stimme, genau der Art von Stimme, die mich an die Decke gehen ließ und meine Nerven bis zum Äußersten anspannte.

Es war kurz vor dem Ende des ersten Trimesters, und die Dozentin gab uns an, an welche Schulen wir für die erste Unterrichtsphase, in der wir tatsächlich Kinder unterrichten würden, kommen sollten. Anita stand neben mir vorne am

Pult. »Sie sind beide an derselben Schule«, informierte uns die Dozentin.

Plötzlich flog mir etwas auf die Schulter und blieb dort liegen, wie eine Katze, die sich sehr schnell bewegt. Anita hatte vor Freude über die Eröffnung, daß sie mit einer Frau zusammensein würde, die sie kannte, »freundlich« einen Arm um mich geschlungen. Ich riß das Ding von meiner Schulter wie unerwünschten Dreck und warf es zu Boden. Anitas Arm kam zurück wie ein Bumerang, der ins Ziel fliegt. Ich machte einen Satz rückwärts und funkelte Anita an, während ich feierlich meine Fassung zurückgewann. Wie eine Katze fauchte ich: »Ich bin kein Schmusepüppchen.« Anita stand da wie vom Donner gerührt.

Mein Mangel an sozialen Fertigkeiten hatte Konsequenzen.

Anita und Jane, eine andere Mitstudentin, sprachen immer seltener mit mir. Ich saß zwischen ihnen. Wenn wir im Unterricht mit unserer Nachbarin ein Paar bilden sollten, wandte Jane sich an Anita, die auf meiner anderen Seite saß. »Komm«, sagte sie zu Anita, »wir sind ein Paar.« Ich saß in der Mitte zwischen ihnen als wäre ich unsichtbar, während der ganze Kurs Paare bildete. Wie in der Grundschule und auf der weiterführenden Schule blieb ich als Rest zurück ... eine der Übriggebliebenen mit sozialem Aussatz, mit der dann die Lehrerin zusammenarbeiten mußte.

»Wir gehen ins Cafe«, verkündete jemand in einer vorbeiziehenden Menschenwolke. »Ja«, sagte ich und wartete darauf, zum Mitkommen aufgefordert zu werden. Sie fragten mich nicht, ob ich mitkam. Warum machten sie das? Warum sagten sie mir, sie würden gehen, luden mich aber nicht ein, mitzukommen? Wollten sie vorführen, daß sie alle Freunde waren und zusammen weggingen? Erwarteten sie, daß ich annahm, ich sollte mitkommen?

Im Kurs für das Lehrerdiplom konnte man sich nicht gut verstecken. Ich hatte Angst, daß die anderen sehen würden, daß ich die ganze Zeit für mich war. In den Pausen wanderte ich ununterbrochen herum oder hielt mich hinter den geschlossenen Türen des Treppenhauses auf. Wenn ich jemanden kommen hörte, fing ich wieder an zu gehen, so daß es aussah, als ginge ich irgendwohin. Niemand sollte wissen, daß ich allein war. Vor allem wollte ich selbst nicht wissen, daß ich allein war.

Mai 1991

Theo Marek,

... Warum weiß ich nicht, wie man sich außerhalb des Unterrichts Gruppen anschließt? Ich habe bemerkt, daß wir alle miteinander zurechtkamen, und zuerst bin ich mit Gruppen aus meiner Klasse zum Mittagessen gegangen, die mir das Gefühl gaben, dazuzugehören. Dann zogen sie anscheinend ohne mich los.

Theoretisch weiß ich, daß Leute oft Dinge sagen, die mich indirekt zum Mitkommen auffordern sollen, aber die Menschen, die ich außerhalb der Universität kenne, wissen, daß sie mir das sehr deutlich klarmachen müssen, weil ich es sonst einfach als Teil des Gesprächs ansehe.

Mir ist klar, daß es Zeiten gibt, in denen ich nicht mit Gruppen aus meiner Klasse losgehen will, aber ich glaube, daß diese Haltung zum Teil auf Angst beruht. Ein weiterer Teil ist Abwehr, weil ich die Winke nicht verstehe und übergangen werde, deshalb sage ich, ich wollte nicht mit ihnen zusammensein. Sie haben mich wirklich gern, und wenn sie mich draußen sehen (wenn ich zufällig Leuten aus meiner Klasse begegne), rufen sie mich zu sich herüber. Das verstehe ich, und dann schließe ich mich ihnen an, aber ich merke, daß ich zunehmend übergangen werde, und ich bin sicher, daß sie glauben, ich wollte es so (was nur zur Hälfte stimmt). Das macht es sogar noch schwerer für mich.

Ich bin sicher, daß ich aus diesem Grund früher die Figuren brauchte. Sie waren so überzogen, daß die anderen immer unterhalten wurden und ich diejenige war, der sie folgten (selbst wenn nur ganz wenig von mir in dem Ich war, dem sie folgten). Das verletzt mich sehr, denn jetzt bin ich ich, und bekomme nicht mehr so deutliche Winke von den anderen wie früher, als sie staunten und fasziniert waren. Für die Qualität der Freundschaften ist das jetzt besser, aber meine Fähigkeit, die Winke zu verstehen, ist schlecht. Wie kann ich daran arbeiten, ohne daß ich es ihnen sage? — denn das will ich nicht. Ich will gleich sein.

Wenn ich einmal mit ihnen zusammensitze, kann ich manchmal gut reden, aber weil ich ihren Themen nicht folgen kann, bin ich entweder still, oder ich gebe ihnen die Stichworte zum Sprechen (zwar auf nette Art, aber ich weiß, daß andere das nicht tun, und trotzdem bekomme ich nicht heraus, was sie denn nun eigentlich tun. Sie haben kein System — anders als im Unterricht). Vermutlich ist das Sprache, aber sozial gesehen habe ich eine Menge Probleme damit, wenn sie nicht von mir stammt. Können Sie mir dabei helfen? Denn ich akzeptiere langsam, daß ich wirklich *echte* Freundschaften schließen möchte, und es tut weh, daß ich nicht über den ersten Schritt hinauskomme.

Das war's

Donna

Im Mathematikunterricht war unschwer zu erkennen, daß meine mathematischen Kenntnisse ziemlich dürftig waren.

Der Dozent sprach über ganze Zahlen, Primzahlen, Teilbarkeit und gab noch eine Menge weiteres Blabla von sich, während er Zahlen an die Tafel schrieb. Er schrieb die Zahl zwölf an. »Wer kann mir sagen, was das ist?« fragte er. Die anderen hatten bereits gemerkt, daß ich Schwierigkeiten hatte, in diesem Fach mitzukommen, und ich war stolz, als ich mir sicher war, daß ich jetzt eine Antwort geben konnte.

Mein Mund war schon in Betrieb, bevor meine Hand sich hob. Ich rief die Antwort in die Klasse. »Das ist eine Zwölf!« Alles brüllte vor Lachen. Carol hätte gelacht und so getan, als hätte sie mit Absicht einen Witz gemacht. Ich fühlte, wie ich in meinen Stuhl zurücksank und ein paar Zoll schrumpfte. Ich war nicht dumm. Als der Dozent soweit gewesen war, daß er die Frage stellte, hatte ich den Kontext, den ich zur Beantwortung brauchte, vergessen.

Ich stand da und sah jemandem über die Schulter, der etwas aus einer langen Papprolle bastelte. »Siehst du diese Ringe hier«, sagte er und zeigte auf die Ringe, die um den Pappzylinder herumliefen. »An der Zahl der Ringe kann man ablesen, wie alt die Röhre ist.« Das erschien logisch. Pappe stammte von Bäumen, und das Alter eines Baums erkannte man an der Zahl der Ringe im Stamm. Um die Pappröhre liefen vier Ringe herum. Sie war vier Jahre alt.

Fünf Minuten später grübelte mein Verstand immer noch darüber nach. Irgend etwas stimmte nicht ganz. Dann fiel der Groschen. »Du Arschloch«, sagte ich zu dem Typen, der mir das erklärt hatte. »Ich hab nur Spaß gemacht«, antwortete er. Die anderen um ihn herum verbissen sich das Lachen.

Kerry, eine Studentin aus meinem Kurs, bot mir ihre Hilfe bei Mathe an. Sie kam zu mir nach Hause. Ich geleitete sie sehr schnell durch meine Wohnung hindurch zu den Stühlen draußen hinter dem Haus. Sie saß da und wartete darauf, Konversation zu machen. Ich stand da und war verlegen, weil es keine gab.

Langatmiges, dogmatisches Gefasel und komische Wortspiele hatte ich aufgegeben. Ich wußte nicht, was es sonst noch gab. Schließlich erzählte ich ihr, warum ich Menschen nicht gut durch Gespräche kennenlernen konnte. Ich erzählte ihr von meinem Buch und daß es mir schwerfiel, an dem Kurs teilzunehmen.

»Ich wußte, daß du anders bist«, sagte sie. Sie hatte viel über autistische Kinder gelesen und sich schon gedacht, daß ich wie sie sei. Ich fragte mich, ob mein familiärer Hintergrund zum Teil dafür verantwortlich war, daß ich fünfundzwanzig Jahre gebraucht hatte, um herauszufinden, warum ich so war, wie ich war. Wenn ich in einer gebildeten Familie aufgewachsen wäre, die mehr als Schauerromane und Revolverblätter gelesen hätte, hätte ich vielleicht als Teil der Allgemeinbildung etwas darüber erfahren. Vielleicht war es zum Teil einfach eine Frage des Zeitpunktes. Bis ich einen anderen Menschen kennengelernt hatte, der so war wie ich, war mir nicht klargewesen, daß meine »Marotten« und »Schwierigkeiten« etwas anderes waren als meine verrückte, böse oder traurige Persönlichkeit.

Mai 1991

Dr. Marek,

... Ich habe das Gefühl, von weither gekommen zu sein. Es hört sich nicht nach viel an. Aber das sind alles Erfahrungen, die ich im letzten Jahr gemacht habe (seit ich das Buch geschrieben und herausgefunden habe, was Autismus ist). Manchmal ging es mir mit dem Wissen schlecht. Es hat mir auch viel geholfen, weil ich jetzt zwischen meiner Persönlichkeit und meinen Schwierigkeiten unterscheiden kann. Ich glaube, dieser scharfe Gegensatz ist es, der mich dazu bringt, daß ich mich so sehr bemühe. Ich glaube, daß es Hoffnung gibt. Je mehr ich aus den Schwierigkeiten, die mich einschränken, herauskomme, desto stärker werden die Leute so auf mich reagieren, wie ich bin, und nicht so, wie ich erscheine (einer der Zusammenstöße im Unterricht kam daher, daß jemand meinte, es läge an meiner *Persönlichkeit*, daß ich immer anders sein und anders denken *wollte* als andere, und daß ich nicht dazugehören wollte) ...

Danke

Donna

»Haben Sie in Ihrem Kurs jemandem von Ihrem Autismus erzählt?« fragte Dr. Marek, der mir gegenübersaß. Ich hatte keinen Sinn darin gesehen.

Mein ganzes Leben lang hatte ich versucht, diese Dinge zu erklären. Bedeutungstaub hatte ich auf meine Ohren eingeschlagen und geschrien »Ich kann euch nicht hören!« Ich hatte ständig gefragt: »Bin ich zu verstehen? Ich weiß nicht, was ich sage.«

Wenn alles, was ich sah, seine Bedeutung verlor, hatte ich gesagt: »Helft mir, ich stecke fest, ich kann nicht aufwachen.« Die Leute hatten einfach gedacht, ich wäre verrückt.

Carol und Willie hatten, gefühlstot wie sie waren, den anderen gesagt, sie könnten mit mir machen, was sie wollten, denn ich wäre sowieso tot. Carol hatte sich geschlagen und lachend gesagt: »Ich kann's nicht fühlen.« Hypersensitiv, wie ich war, hatte ich auch gesagt, Berührung würde mir wehtun. »Quatsch«, hatten sie gesagt. »Berührung kann dir nicht wehtun.«

Erklären? Sie würden es nicht verstehen. Diejenigen, die überhaupt etwas über Autismus wußten, würden Bilder von stark behinderten, stummen Menschen heraufbeschwören, mit wenigen oder völlig ohne Fertigkeiten, die sie zum Leben brauchten, und mit einem Repertoire an sich ständig wiederholenden Bewegungen, die zu beherrschen sie nicht gelernt hatten und zu deren Einschränken, Kanalisieren oder Verbergen sie nicht »motiviert« waren.

Juni 1991

Dr. Marek,

... In dem Teilzeitjob, den ich in dem Betrieb hatte, wo mein Vater arbeitet, wurde ich als »schlaue Sorte von Verrückt-Zurückgeblieben« bezeichnet. Ich erklärte einem der Angestellten, was Autismus ist (er kennt mich seit Jahren und hat mich dort herumsausen sehen). Er erzählte es den anderen (die mich auch schon lange kannten und von meinem Verhalten gehört oder es selbst miterlebt hatten), und ich wurde ausgeschimpft, weil ich es ihnen gesagt hatte, denn ich hatte meinen Vater beschämt, weil sie jetzt wußten, daß ich Autistin war.

Ich kapiere das nicht. Wieso würde es ihn glücklicher machen, wenn die Leute mich für verrückt oder zurückgeblieben hielten, und wieso hat er sich geschämt, weil sie erfahren haben, daß ich autistisch bin (was bedeutet, daß ich überhaupt nicht besonders verrückt bin, in vieler Hinsicht intelligent und nicht notwendigerweise geistig retardiert)?

Es verwirrt mich, daß Sie vorgeschlagen haben, ich sollte den Leuten meinen Autismus erklären, wenn das die Schwierigkeiten beheben würde, denn so eine Erklärung ist keine hundertprozentige, Geld-garantiert-zurück-Lösung. Vermutlich haben Sie das auch nie gesagt.

Eine Sache ist, daß die Leute glauben, alle Autisten könnten nicht sprechen. Weil ich gut sprechen kann, können die meisten nicht verstehen, warum manche Dinge mich so fürchterlich anstrengen oder verwirren können oder warum ich so gut sprechen, aber nicht annähernd so gut verstehen kann ...

... Donna

Offensichtlich war ich so intelligent, daß ich ein Studium abgeschlossen hatte, mich selbst ernährt hatte, selbständig gelebt hatte und mir das Vokabular eines Wörterbuches angeeignet hatte (wahrscheinlich, weil ich jahrelang Wörterbücher statt »richtiger« Bücher gelesen und auswendiggelernt hatte). Nein, es hatte keinen Sinn, die Sache zu erklären.

Als Teil der Lehrerausbildung hatten wir drei Fächer, in denen physischer Kontakt drohte: Tanz, Schauspiel und Sport. Von mir aus konnten sie an meinem Verstand herumbasteln und sich sogar an meinem Emotionen versuchen, aber physischer Kontakt bei intaktem Ich war zuviel verlangt.

Im Schauspiel- und Tanzunterricht sagte ich den Dozentinnen schließlich, daß ich vielleicht aussetzen müßte, wenn Körperkontakt verlangt würde, dem ich mich nicht gewachsen fühlte, und ich erklärte ihnen, warum. Überraschenderweise waren sie wunderbar verständnisvoll.

Sport war immer ein Alptraum gewesen. Ich hatte die Anweisungen für Spiele oder die sozialen Regeln für Sport und Wettbewerb nie verstanden, und das Konzept, das man Vergnügen daran fand, sich mit so vielen sich bewegenden Körpern einzulassen, kam mir völlig unlogisch vor.

Ich stand am Rand und versuchte, das Spiel zu beobachten. Ich versuchte, die Regeln und Erwartungen zu erfassen. »Los, Donna, ins Spielfeld«, sagte die Sportdozentin, »machen Sie mit.« »Ich versuche gerade, die Regeln herauszubekommen«, erklärte ich. »Die habe ich soeben erklärt«, sagte sie scharf, »Sie haben nicht zugehört.« Sie war giftig wie eine Schlange und stand für alle anderen giftigen Sportlehrerinnen, die mir jemals die Hölle heißgemacht hatten. Die Wände gingen hoch.

Anscheinend konnte sie nicht verstehen, daß ich von ihren Anweisungen null mitgekriegt hatte. Ich mußte das Geschehen analysieren, um zu wissen, was ich tun sollte, und um mich sicher zu fühlen. Alles, was die Dozentin sehen konnte, waren intelligente, graduierte Studenten, die sich nach ihrem Abschluß für eine Lehrerausbildung eingeschrieben hatten. Natürlich nahm sie an, daß ich verstanden hätte, wenn ich zugehört hätte.

Schwimmen stand auf dem Stundenplan. Alle zogen Schwimmzeug an. Ich versuchte herauszufinden, wer wer war. So spärlich bekleidet sahen sie alle anders aus. Die Gestalten meiner Mitstudenten waren jetzt eine Masse aus schwarzen, weißen und gescheckten Körpern, verschmolzen zu einem fremdartigen Bild. Mein Gehirn war eben dabei, das nasse Gefühl von Wasser unter meinen Füßen, den Luftzug auf meinem bloßen Rücken, die unordentlichen Reihen bunter Handtücher und Taschen und den Chlorgeruch, der mit dem Dampf aus dem geheizten Schwimmbecken aufstieg, zu verarbeiten.

»Alle ins Becken«, befahl die Dozentin. Alle sprangen hinein. Ich stand im brusthohen Wasser, mit weitaufgerissenen Augen, fassungslos und desorientiert.

Ein paar Studenten bespritzten sich gegenseitig. Ich wurde von Wasser getroffen. Ich versuchte zu verstehen, was das Spritzen für diejenigen bedeuten mochte, die herumspritzten, während die Dozentin sprach. Die Bedeutung ihrer Worte entging mir, aber ich bekam heraus, daß die Studenten sich bespritzten, weil es ihnen Spaß machte. Ich versuchte, ruhig zu bleiben.

»Fassen Sie sich an den Händen und bilden Sie einen Kreis«, ordnete die Dozentin an. Mein Magen krampfte sich zusammen. Etwas Triefendnasses griff tastend nach meiner Hand. Instinktiv wich ich zurück. »Donna«, sagte die Stimme, die zu dem Körper neben mir gehörte. »Ah, das Haar ... das ist Helen«, dachte ich, denn ich erinnerte mich an das lange, lockige Haar. Ich war versucht gewesen, danach zu greifen und es zu schütteln, als ich es zum erstenmal vor mir gesehen hatte. Helen hatte freundliche, lächelnde Augen, eine sanfte und ziemlich berechenbare Stimme und ein fröhliches Lächeln, und sie war immer verständnisvoll gewesen.

Ich sah auf Helens Hand und auf die anderen, die sich alle an den Händen hielten. Ich nahm sie, froh, weil ich wußte, daß sie zu jemandem gehörte, den ich kannte, und nicht zu einem dieser sich bewegenden Kleckse um uns herum.

Jemand nahm meine andere Hand. Ich vergaß, daß es meine war. Furcht und Kotze begannen, in meiner Kehle aufzusteigen. Von Panik erfaßt fing mein ganzer Körper an zu zittern. Tränen traten mir in die Augen und rannen mir übers Gesicht, und meine Nase begann zu laufen. Ich versuchte, aufmerksam zu bleiben, so gut es eben geht, wenn man gerade auseinanderfällt. »Es ist okay, es ist okay«, sagte ich zu mir und riß meine Hand aus der Hand der Fremden. Ich beklopfte mich, um zu überprüfen, ob ich noch da war. »Ist alles in Ordnung?« fragte die Dozentin ruhig. Ich sah kurz auf und fragte mich selbst die Worte. Ich nickte.

»Gut, gehen Sie im Kreis herum«, befahl die Dozentin. Alle bewegten sich. Die Körper, das Spritzen, die Nähe und die Hände waren zu viel. Ich mußte mich befreien. Ich entriß den anderen meine Hände. Ich befand mich jetzt in einem tieferen Teil des Beckens und mußte Wasser treten. Das war in Ordnung. Schwimmen konnte ich gut.

Plötzlich packte etwas meinen Arm. »Alles okay?« ertönte unverständliches Kauderwelsch. Ich riß mich heftig los, und Hände packten meinen anderen Arm. Erst war es eine, dann lagen mehrere Hände auf mir. Ich war gefangen. Körper fingen an, mich zu umzingeln, wie Fische, die einen Köder umkreisen. Hände packten mich, und ich warf mich nach rückwärts ins Wasser, um von ihnen loszukommen. Ich klaubte Arme von mir ab, als wären es Blutegel, und trat wild um mich. Mein Kopf kippte nach hinten unter Wasser.

Ich war ein völlig verängstigter, strampelnder, um sich tretender, ertrinkender Klecks. Es gelang mir, mich von den anderen zu entfernen, und ich kam keuchend an die Oberfläche. Mein Herz hämmerte, und ich starrte wie ein wildes Tier auf die Raubtiere, die mich angegriffen hatten. Die Dozentin kauerte am Beckenrand. »Ist schon gut«, sagte sie zu den Körpern. »Gehen Sie von ihr weg.« Die Gesichter sahen ebenso fassungslos aus wie meins. Die Dozentin kam zu mir herüber. Zitternd und keuchend hing ich am Beckenrand. Tränen und Rotz strömten mir übers Gesicht. Ich schämte mich.

»Alles in Ordnung?« fragte sie mit fester, beherrschter Stimme. Ich zehrte von ihrer Stärke. »Ja«, nickte ich. »Wollen Sie rauskommen?« fragte sie. Ich sah in die Gesichter, die mich anstarrten wie eine Irre im Käfig. Dieses Pferd würde mich unter keinen Umständen abwerfen, denn ich wußte, daß ich dann keine weitere Stunde mitmachen könnte und die Ausbildung abbrechen müßte. »Nein«, sagte ich entschieden, »ich mache wieder mit.« Langsam schob ich mich zu den Menschen zurück, die mich mit ihren gutgemeinten »die Welt«-Versuchen, mir zu helfen, fast ertränkt hätten.

Willie war nicht gekommen, um mich zu retten oder zu schützen, oder um mich von meinem Körper und meinen Emotionen abzuschneiden. Carol war nicht gekommen, um mich aufzuheitern oder zum Lachen zu bringen und so zu tun, als sei es ein großer Spaß. Ich spürte meine Verletzlichkeit sehr deutlich. Ich war allein. Ein Gefühl für Gefahr entstand.

Ich hatte das Gefühl, jemanden zu brauchen, der mich verstand, aber meine beiden besten Freunde, Carol und Willie, waren gestorben, und ich war nicht beim Begräbnis gewesen. Es gab keine Leichen zu beerdigen. Diese Erkenntnis hinterließ einen starken Eindruck. Ich ging nach Hause und sprach zu meiner Schreibmaschine.

Juni 1991

Dr. Marek,

... Es fällt mir schwer, über den Verlust der Figuren zu sprechen, aber ich muß mich der Realität stellen und mich verabschieden. Es ist, als wären meine besten Freunde langsam gestorben und als hätte ich niemandem etwas davon sagen können, daher ist die ganze Verlassenheit einfach da und geht nicht weg. Doch diesmal habe ich sie im Stich gelassen. Ich habe sie nicht abgewiesen, sie sind desintegriert (oder sind sie reintegriert)?

Ich habe ihre Fähigkeiten akzeptiert und meine Zuneigung Reisehund und Orsibär zugewandt, als Brükken zwischen dem, was einmal »meine Welt« war, und der äußeren Welt außerhalb meines Körpers. Seit dem Vorfall im Schwimmbecken weiß ich jetzt mit Sicherheit, daß Willie und Carol als Wesen nicht mehr existieren. Sie sind wie Erinnerungen an Marionetten, die einmal ein Eigenleben geführt haben, und jetzt ist nur noch ein Ich da. Aber sie haben meine Welt zusammengehalten, und jetzt zittere ich einfach sehr viel in »der Welt.«

Es gibt für mich einen Platz in »der Welt«, und ich werde lernen, einige meiner besonderen Dinge und etwas von meiner besonderen Art aufzugeben, so wie ich lernen werde, neue Dinge zu schätzen, durch die ich sie ersetzen kann. Ich brauche Hilfe, damit mir die neuen Dinge bewußt bleiben, denn meine Angst und meine Einsamkeit helfen nicht, und jetzt würde ich einfach in ein großes, schwarzes Nichts laufen. Wenn wir über die neuen Dinge sprechen, werden sie zu Dingen im Vordergrund, und ich erfasse sie vielleicht besser als etwas, an das ich mich halten kann, um Sicherheit in »der Welt« zu finden.

Gruß

Donna

Noch zwei weitere Schwimmstunden kamen auf mich zu, und ich fürchtete mich davor. Da »meine Welt«-Strategien jetzt fehlten, brauchte ich ein paar »die Welt«-Strategien, mit denen ich den anderen helfen konnte, mir zu helfen. Ich konnte nicht »verschwinden«. Ich konnte mich nicht in Figuren aufspalten. Eins wußte ich. Wenn ich diese Leute überstehen wollte, mußten sie wissen, wie sie mir nicht helfen durften.

Vor der nächsten Stunde ließ die Dozentin mich fünf Minuten lang zum Kurs sprechen. Ich erklärte, daß ich Probleme mit Berührung und Nähe hätte, und daß ich gut schwimmen könnte. Ich erklärte, daß sie, wenn sie mich nicht ertränken wollten, sich von mir entfernen sollten, wenn es aussah, als sei ich in Not. Von Autismus erwähnte ich nichts.

Als ich wieder im Becken war, kam es mir schlimm vor, aber nicht so schlimm wie beim letzten Mal. Alle taten so, als hätten sie vergessen, was in der letzten Woche geschehen war. Ich war erleichtert.

Eine der Frauen im Kurs schwamm zu mir herüber. »Ich weiß nicht, warum du so eine Schau abziehen mußtest«, sagte sie schneidend. »Du kannst doch schwimmen«, empörte sie sich verächtlich.

»Warum bin ich so?« wollte ich wissen, als ich Dr. Marek gegenübersaß. »Informationsverarbeitung«, antwortete er nüchtern. Zum Kuckuck mit Ihnen, dachte ich. Wie soll das, was Sie da sagen, bloß irgend etwas heilmachen?

Doch es half. Es half mir, nicht mehr mir selbst die Schuld zu geben. Es half mir, nicht mehr anderen die Schuld zu geben. Es half mir, zu erkennen, warum ich anderen Menschen helfen mußte, sich verständlich zu machen, und warum ich lernen mußte, Fragen zu stellen, um eine ganze Welt zu verstehen, der gegenüber ich bisher bedeutungstaub und bedeutungsblind gewesen war.

Dr. Marek hörte zu und verstand. Er hörte mit den Ohren zu, mit dem Verstand und mit dem Herzen, und das zu spüren tat mir weh. Er mühte sich mit meinen gesprochenen Worten ab, so wie ich mich bemühte, die Sprache »der Welt« zu verwenden, um eine Art des Denkens, Seins und Erfahrens zu beschreiben, für die diese Welt einem weder Wörter noch Konzepte zur Verfügung stellt. Er sagte nicht, ich würde sinnloses Zeug reden. Er befahl mir nicht immer und immer wieder, mit dem Gefasel aufzuhören. Er sagte nicht, ich wäre bekloppt.

Sitzung für Sitzung nahm diese Eule meine Erfahrungen, ernst. Vorsichtig versuchte Dr. Marek, mir zu erklären, daß andere Menschen diese Schwierigkeiten im allgemeinen nicht hätten, und daß sie mich aus diesem Grund nicht verstanden hätten. Er erklärte, daß bei anderen Menschen alle Teile gleichzeitig arbeiteten. Daß sie es schafften, die Technik so vieler Dinge gleichzeitig zu beherrschen, war ein reines Wunder. Aber kein Wunder war es, daß sie sich nicht vorstellen konnten, warum ich nicht zurechtkam, daß sie dachten, ich gäbe mir keine Mühe oder wollte irgendwie anders sein. Kein Wunder, daß sie angesichts meiner offensichtlichen Intelligenz überrascht und verärgert darüber waren, daß ich sie nicht verstand, und daß sie daher annahmen, ich würde nicht zuhören oder wollte es nicht. Kein Wunder, daß sie verwirrt und gekränkt darüber waren, daß ich so gut reden konnte, mich aber trotzdem nicht »mit« ihnen unterhielt, und daß sie daher annahmen, ich sei einfach egozentrisch oder arrogant, wenn ich stur bei meinen Themen blieb. Kein Wunder, daß sie nicht wußten, wie ich mich fühlte, wenn ich Gefühlsausdruck und Wörter nicht gleichzeitig zustande brachte, und daß sie daraus schlossen, es sei mir egal oder ich hätte keine Gefühle, oder daß sie die Karikaturen von Emotionen, die ich von ihren Gesichtern abspiegelte, für meine eigenen hielten. Wenn ich nur hätte verstehen können, *wie* sie das alles machten, dann hätte ich die Unterschiede zwischen ihnen und mir herausfinden und Brücken bauen können. Und dennoch *taten* sie es nicht einfach, sondern sie *waren* es.

Die Teile des Puzzles, das »die Welt« war, begannen langsam, sich zusammenzufügen. Als mir plötzlich die Konsequenzen bewußt wurden, tat das weh. Ich blickte auf meine Vergangenheit zurück. Beim Gedanken an die Kosten für die Unwissenheit hatte ich Steine im Magen. Der Preis für arrogantes Voraussetzen brachte mich zur Weißglut. Zumindest hatte ich jetzt ein paar Antworten. Ich hatte Hoffnung.

Ein Brief kam mit der Post. Ich hatte das Manuskript bei einem Verleger in Großbritannien gelassen. Im Brief hieß es, sie würden mein Buch ablehnen, mit der Begründung, daß es bei einem größeren Verlag erscheinen müßte. Sie nannten mir den Namen eines Literaturagenten, der Verbindungen zu großen Publikumsverlagen hatte.

Wenn ich etwas Wort für Wort las (im Gegensatz zum Schnellesen), war mein Leseverstehen genauso schlecht wie mein Hörverstehen. Ich griff Schlüsselwörter heraus und legte mir den Rest selbst zurecht. Ich sah das Wort *ablehnen* und war betrübt. Dann traten die Millers auf den Plan.

Die Millers waren meine Vermieter. Sie lebten auf der Farm, auf der sich meine Wohnung befand. Ich hatte sie ab und zu draußen gesehen und mich dann schnell hinter die Säule vor meiner Tür gedrückt, oder ich war zurück in die Wohnung gerannt (»Ach, ich hab was vergessen«).

An den Maßstäben »der Welt« gemessen waren die Millers nette Leute, lebhaft und gesellig. Er war groß und vergnügt. Sie lächelte viel und war voller Schwung. Die Tochter bestand aus

Augen und Ohren und einer Dreihundert-Wörter-pro-Minute-Stimme. Der Junge war groß und schlaksig mit Welpenaugen, die stumm Kontakt herstellten. Er sah ein wenig aus wie Christopher Robin.

»Hi«, sagte Mr. Miller, und ich ging in die Luft. Es war fast zwei Monate her, daß ich eingezogen war, und jetzt war es höchste Zeit, daß ich mich bemühte, gesellig zu sein. »Hi«, sagte ich und drehte mich um, um wegzurennen. »Wie geht's mit dem Schreiben?« fragte Mr. Miller. »Gut«, sagte ich.

Die Millers wußten, daß ich Studentin war und daß ich schrieb. Ich hatte nicht gesagt, was. Ich entschloß mich, den Brief zu erwähnen. Ich erzählte Mr. Miller, daß ein Buch, welches ich geschrieben hatte, abgelehnt worden sei. »Darf ich den Brief mal sehen?« fragte er. Ich hatte Angst, willigte aber ein. »Das ist großartig!« rief Mr. Miller aus. »Es heißt hier nicht, daß Ihr Buch nichts taugt, sondern hier steht, daß es zu gut ist.«

Die Millers sprachen mit mir über die Formulierungen im Brief. »Und wovon handelt das Buch?« fragte Mr. Miller. »Wollen Sie uns das erzählen?« Nach und nach erzählte ich es ihnen. Sie erklärten mir, wie ich den Brief beantworten sollte, und ich forschte nach dem Manuskript, das ich in London gelassen hatte, und ließ es an den Agenten schicken, den der Verleger mir empfohlen hatte.

Innerhalb einer Woche befand sich das Manuskript in den Händen des Londoner Agenten. Kurz darauf kam ein Brief. Der Agent hatte das Buch innerhalb von achtundvierzig Stunden gelesen. Es würde ein Bestseller werden. Ich sollte einen Vertrag unterzeichnen.

Ich wurde in das Wohnhaus meines Vermieters gebeten, wo ich sein Faxgerät kennenlernte und mich in die Maschine verliebte. Da gab es eine Maschine, die in ihrer eigenen, besonderen Sprache sang und mir die Wörter der Leute in konkreter, greifbarer Form vermittelte – auf Papier. Sie sollte meine Übersetzerin werden und die Vermittlerin zwischen mir und den Scharen von Menschen, die bald an die Tür zu »meiner Welt« klopfen würden.

Zuerst tröpfelten die Faxe nur, dann wurden sie zu einer wahren Flut. Ich kam nach Hause und fand einen Zettel vor, daß ein Fax für mich gekommen sei.

Mr. Miller begrüßte mich an der Haustür. Er strahlte über beide Backen. Ich konnte ihm nicht ins Gesicht sehen, dann wäre mir alles zu viel geworden. Während ich das Fax las, zitterten meine Hände. Ich hatte nicht alles verstanden, aber ich wußte, daß dort stand, mein Buch sei nicht nur von einem, sondern von mehreren Verlagen angenommen worden. Die Leben von Carol, Willie und mir sollten Menschen auf der ganzen Welt enthüllt werden. Ich war der ausweichendste Mensch, den ich kannte, und bald würde ich der bekannteste werden.

Mr. und Mrs. Miller sahen aus, als würden sie gleich hintenüberkippen. Ich taumelte wie eine Betrunkene. Hier und da, mit viel Wiederholung, Rückübersetzung für mich selbst und Ausfüllen der Lücken, verstand ich ein paar Wörter. »Beruhigen Sie sich«, sagte Mr. Miller, »ich hole Ihnen eine Tasse Tee.« Mr. Miller war so nervös, daß er dreimal nacheinander mit Tee mit Milch ins Wohnzimmer zurückkam (ich trank nur schwarzen Tee ohne Milch).

Mr. und Mrs. Miller saßen mit breitem Lächeln vor mir. Es war, als würde man ein Video im schnellen Vorlauf sehen, so wuchsen ihre Aufregung und meine Verständnisfähigkeit an und ebbten wieder ab. Ich fühlte mich seekrank.

Ich hatte schon Mühe genug, zu begreifen, daß es hier um *mein* Buch ging. Ich hatte das Gefühl, keine Kontrolle mehr zu haben; andere Menschen würden meine Worte sehen. Ich verspürte den Zwang, alle Exemplare des Manuskriptes ausfindig zu machen und zu zerreißen und die Fetzen zu verbrennen. Die Millers quasselten weiter über Berühmtheit, Erfolg und eine ganze Reihe von Wörterbuchbegriffen, die für mich keine

Bedeutung hatten. Es waren Wörter, die mit Fernsehen und Zirkus zusammenhingen. Sie hatten keinen Bezug zu meinem Leben.

Die Millers stellten sich bereits Mittagessen mit Verlegern und Interviewern, Hotelessen und Gespräche beim Abendessen vor. Bis dahin waren es nur noch sechs Monate. Die beiden waren zwei gute Feen, die Aschenputtel für den Ball herausputzten. Die Millers luden mich zum Essen ein. Ich war nicht sehr oft bei anderen Leuten zum Essen gewesen. Wenn ich eingeladen gewesen war, war ich nicht besonders gut klargekommen. Meine Fähigkeit, Theater zu spielen, war die einzige innere Landkarte gewesen, an die ich mich hatte halten können. Als Carol hatte ich nichts von dem, was vor sich ging, zu verstehen brauchen, ich hatte nur gut aussehen müssen. »Ich muß zur Toilette«, pflegte ich mit manischem Lächeln zu sagen und wie der Blitz zu verschwinden. Wenn »die Welt« dann weg war, stand ich vor dem Spiegel und wünschte, ich könnte in ihn hinein entkommen. Oh Gott ... Essen!

Ich saß in der Küche der Millers, und mein Verstand drückte zwanzig Alarmknöpfe gleichzeitig. »Nein«, schrie ich stumm, aber niemand hörte mich. »Hier«, sagte Mr. Miller und setzte mir einen Teller mit Essen vor, »essen Sie.«

Ich fühlte mich wie in einer Zwangsjacke und versuchte, ans Atmen zu denken. Ich fing an, irgend etwas zu beklopfen. »Benimm dich ›normal‹«, sagte ich zu mir. Ich fing an, Muster nachzuzeichnen, mit meiner Gabel zu spielen und die Tischdecke zusammenzufalten. Ich schimpfte mich aus.

Mit Autopilot wurde von meiner Hand eine Gabel an meinen Mund geführt, und ich aß etwas. Ich hatte keine Ahnung, was es war. Ich vertraute darauf, daß es etwas besseres war als ein Scheiße-Sandwich. Geschmack, Hunger und das Erkennen dessen, was ich gerade tat, lagen ausgestöpselt in einem wirren Haufen vor meinen Füßen. Ich war zu sehr damit beansprucht, einfach da zu sein.

»Wie schmeckt das Essen?« fragten sie. »Essen«, sagte ich und warf einen kurzen Blick auf das, was sie so bezeichnet hatten: ein Teller mit Formen und Gerüchen und Farben und Substanzen. »Gut«, soufflierte ich mir die übliche Antwort auf Fragen nach dem Essen. »Gut?« platzte ich heraus, nicht sicher, daß ich damit durchkam, aber voller Hoffnung. Etwas in mir schrie. »Sei du selbst«, sagte ich zu mir, hatte aber keine Zeit, um herauszufinden, wie. Die Millers stürzten sich in ein Blabla, und ich wurde zu einem Textverarbeitungssystem, während Gefühle in den Hintergrund traten.

Die Essen für mich müssen sie ein Vermögen gekostet haben. Sie konnten sehen, daß es schwer für mich war. Daß sie darauf bestanden, mich immer wieder einzuladen, erschien aus der Sicht »meiner Welt« irgendwie sadistisch. Und doch war ich die Verrückte, wenn ich ihre scheinbare Irrationalität nicht verstand. Sie konnten sich soviel besser mit Dingen abfinden als ich, daher war es am besten, zumindest den Anschein zu erwekken, daß ich verstand.

Ihre »Freundlichkeit« war so direkt, daß sie mich verrückt machte. Mein Verstand erinnerte mich daran, daß es Zeit war, wieder zu ihnen zu gehen. Meine Augen fanden fünfzehn Dinge, die ich unbedingt noch tun *mußte*, bevor ich ging. Meine Füße gingen zur Tür, meine Hand öffnete sie, und mein Körper bewegte sich hinaus. Mein Verstand erinnerte mich daran, daß ich noch etwas zu tun vergessen hatte. Ich ging wieder hinein und schloß die Tür. Zehn Minuten und fünfzehn Dinge später schafften meine Füße es wieder zur Tür. Das schlimmste daran war, daß ich die Millers gern mochte.

Meine Füße trugen mich den Weg entlang zu ihrer Tür. Meine Hand streckte sich aus und berührte eine Blume, und meine Nase roch daran. »Deswegen bin ich hier«, sagte mein Verstand stumm, »ich bin hier, um das hier zu tun.«

Als ich die Tür erreicht hatte, ballte meine Hand sich zur

Faust und hob sich automatisch, um zu klopfen. In der Luft, einen Zoll von der Tür entfernt, hielt sie inne und fiel an meine Seite zurück. Ich sah auf den Klingelknopf. Meine Gefühle wurden aufgeregt, und mein Verstand erwiderte das mit Bildern, wie ich manisch klingelte und klingelte und klingelte. Ich drückte auf die Klingel, und meine Hand hielt abrupt inne. Gut.

Mrs. Miller öffnete mir. Meine Füße blieben einfach stehen. Mein Magen begann, mich im Stich zu lassen, mein Herz versuchte, durch meine Kehle zu entkommen, und mein Rumpf wich ohne meine widerspenstigen Beine zurück. »Hi«, sagte Mrs. Miller strahlend, »bleiben Sie doch nicht da stehen, kommen Sie herein.« Daß ich diese Leute gern hatte, kam mir wie heller Wahnsinn vor.

»Warum laden Sie mich immer wieder ein, obwohl Sie wissen, daß ich es schrecklich finde, hier zu essen?« fragte ich. »Training«, antwortete Mr. Miller mit einem Vertreterlächeln. »Training« wurde zum geflügelten Wort bei den Millers. Ein stummer Schrei stieg in meiner Kehle auf, wurde aber erstickt. Im Buch der Definitionen »meiner Welt« wurde »Training« mit »soziale Folter« übersetzt, selbst wenn die Millers nach den Begriffen »der Welt« engagierte Menschen mit guten Absichten waren.

*I*ch mußte mich nicht nur mit einem Verleger treffen. Ich mußte mich mit zweien treffen und entscheiden, welchen ich wollte.

Groß und breitschultrig ähnelte der erste einem Versicherungsvertreter, als er das Haus der Millers betrat. Er überreichte mir einen Reklameprospekt für sein Unternehmen. Ich betrachtete das Bild vom Meer auf dem Umschlag. »Was soll ich damit?« fragte ich mich.

Mrs. Miller richtete es so ein, daß sie dabei war. Wenn es ein Gespräch über verschiedene Arten von Gartenschädlingen gewesen wäre, hätte ich es bewältigt, aber dieser Mann war hier, um über mich in Buchform zu reden.

Er sprach voller Selbstsicherheit. Aber er war zu sehr von sich überzeugt, und neben seinem Ego wirkte meins winzig klein. Er stellte sich vor, das Buch sensationell herauszubringen, und wollte dazu den Aspekt der Kindesmißhandlung ausschlachten. Einfach für ihn, dachte ich. Manche Männer haben keine Ahnung, wie das ist. Er nahm Mr. Miller zur Seite, um das Geschäft mit ihm zu besprechen. Mir wurde klar, daß er mich eher als Kuriosität mit ein paar intelligenten Anteilen betrachtete denn als ebenbürtigen Menschen. Ich lächelte innerlich. Abgehakt, nächster bitte.

Der nächste Verleger war eine Frau mit leuchtend rotem Haar, die aussah wie die Kinderbuchfigur Holly Hobby. Passend dazu hatte sie eine Flüsterstimme. Sie war steif wie ein Brett und zitterte wie ein Sperling vor einer Katze. Ich mochte sie, obwohl ihre Angst mir das Gefühl vermittelte, eine Psychopathin zu sein. Sie war überhaupt nicht selbstsicher, daher war genug sozialer Raum vorhanden, so daß ich in ihrer Gesellschaft anwesend sein konnte. Es ist schwer, eine Entscheidung zu treffen, wenn Körper und Stimme anwesend sind, das Ichgefühl aber abwesend ist. Holly Hobby machte es leichter.

Sie wollte gerade gehen. Ich erinnerte mich an den Typ mit der Werbebroschüre für sein Unternehmen. »Können Sie mir etwas über ihren Verlag geben?« fragte ich. »Ja«, erwiderte sie und zog drei glänzende Fotobände hervor, über Landschaften des australischen Outback, mit Kindergeschichten und über das Elend der australischen Aborigines. Diese Frau wußte, daß sie es mit einem Menschen zu tun hatte, nicht bloß mit einer Einnahmequelle. Ich beschloß, mit ihr zusammenzuarbeiten. Das Buch war auf dem Weg zur Veröffentlichung.

Eine Flut von Verträgen traf ein. Das Buch wurde in mehr als zehn Länder verkauft. Es würde in vielen Sprachen erscheinen, unter anderem auch in Japanisch. Man sprach von einem Filmangebot. Ich würde reich werden. Mein Leben würde sich von Grund auf ändern. Mir war schlecht.

Ich öffnete meine Wohnungstür, blieb stehen und betrachtete meine Möbel. Ich ging zum Kleiderschrank und machte ihn auf. Möbel von der Heilsarmee, Secondhandkleidung und eine billige Unterkunft, die mindestens einmal im Jahr unter Wasser stand, das war alles, was ich bis jetzt gekannt hatte. Alte, abgetragene Unterwäsche, gestopfte Nylonstrümpfe, geliehene Bettlaken und Kopfkissenbezüge hatten so lange zu meinem Leben gehört, daß sie mit meiner Persönlichkeit verwoben waren. Ich war Donna, die das billigste Stück Fleisch und die Sonderangebote in der Obst- und Gemüseabteilung kaufte, die sich sparsame Mahlzeiten aus Mehl und Reis und beim Bäcker altes Brot zum halben Preis besorgte. Was sollte ich bloß mit Geld anfangen?

Mir wurde ständig schwindlig, und ich merkte, daß mein Körper wieder vergaß zu atmen. Es war, als stünde ich unter dem inneren Zwang, aufzuhören zu existieren, aber ich hatte keine bewußte Kontrolle darüber. Ich begann abzunehmen. Mein bewußter Verstand strengte sich sehr an, da zu sein. Mein Unterbewußtes kämpfte um die Vorherrschaft, und da es dabei versagte, versuchte es anscheinend, mich umzubringen.

Ich verwandte meine ganze Kraft darauf, ans Atmen und ans Essen zu denken. Täglich stellte ich wieder fest, daß ich die Schritte für die Zubereitung einer vollständigen Mahlzeit nicht zusammenbekam. Zitternd sagte ich mir: »Essen. Iß.« Ich gab mir den Hinweis: »Essen. Kühlschrank.«

Ich stand an der offenen Kühlschranktür. Eine Masse von Farben und Formen starrte mir entgegen. »Essen. Iß«, ermahnte ich mich. Ich nahm ein paar Sachen heraus, starrte sie an, und fragte mich, was ich tun sollte.

»Essen. Kochen«, soufflierte ich mir, stand da und fragte mich, wie. »Kochen. Herd«, fuhr ich fort. Eine halbe Stunde war bereits vergangen. »Schrank. Töpfe«, sagte ich und war im Begriff, den Schrank zu öffnen, konnte das aber nicht, weil ich bereits etwas in den Händen hielt. Ich stellte die Sachen ab, holte Töpfe und Pfannen aus dem Schrank und starrte sie an. »Töpfe. Herd«, sagte ich, und sah den Herd an. »Anschalten«, befahl ich, und schon ging er an. Töpfe und Pfannen standen auf den Kochplatten, und ich streckte mich erschöpft auf dem Fußboden aus und betrachtete die Decke. Zitternd erinnerte ich mich: »Hunger? Essen.«

Eine Stunde oder so später warteten die Töpfe und Pfannen und das Essen immer noch darauf, auf den Tisch gebracht zu werden. Ich fing an zu weinen. Ich fühlte mich hoffnungslos und hilflos, und alle Universitätsabschlüsse der Welt würden mich nicht retten. Jeder Impuls wurde von seinem Gegenteil blokkiert. Eine zwanghafte Kraft unerkannter Selbstverleugnung machte jeden Zoll von Selbstbesitz und Selbstausdruck zu einem olympischen Marathonlauf. Verführerisch klopfte das Vergessen an die Türen meines Bewußtseins und lockte mich nach innen, wo ich ausruhen konnte. Ich legte mich eine Minute hin, und einige Stunden später kletterte ich aus einem Punkt in der Wand heraus, in dem ich mich verloren hatte. Ich wollte mich nicht kopfüber zurück in »meine Welt« stürzen. Ich wollte wach bleiben, bewußt, aufmerksam und lebendig.

Im Laufe der nächsten fünf Wochen nahm ich fast zehn Pfund ab, und ich hatte Angst. Ich bemühte mich, ans Essen zu denken, aber ich konnte mein eigenes Hungergefühl nicht deuten. Der Streß, der mit den vielen Veränderungen um mich herum verbunden war, spielte mich direkt dem Großen Schwarzen Nichts in die Hände. Es war wie eine unsichtbare schwarze Spinne, die versuchte, mich zurückzugewinnen und »nach Hause« zu holen, wo ich »hingehörte«, wo sich nichts veränderte, in eine Welt der Garantien, aus der es kein Entrinnen gab.

Theo Marek schlug vor, daß ich zu unseren Donna-Aufklärungs-Sitzungen zu ihm nach Hause kommen sollte.

Ein Haus voller Menschen zu betreten, mit denen man überhaupt nicht sprechen oder kommunizieren mußte, war eine Sache. Man konnte sie durch ihre Gegenstände und durch die Atmosphäre des Ortes kennenlernen und wieder gehen, ohne daß sie jemals erfuhren, daß man sie besser kannte als nach zehn Jahren Blabla. Auf diese Fähigkeit, Menschen zu kennen, ohne daß sie wußten, daß ich sie kannte (und oft kannte ich sie auch ohne zu wissen, daß ich sie kannte), bildete ich mir etwas ein. Aber etwas völlig anderes war es für mich, zu jemandem nach Hause zu gehen, mit dem ich kommunizieren sollte, und dies sogar über einen längeren Zeitraum hinweg. Wie sollte ich sie bloß unbefangen durch ihre Gegenstände und ihr Haus kennenlernen, wenn sie mein Verhalten als Möglichkeit betrachten würden, mich kennenzulernen?

Es war ein herrliches altes Haus. Ich wünschte mir sofort, daß Dr. Marek gar nicht dort wohnen würde, denn es war genau die Art Haus, die ich gerne erkundet hätte.

Im ganzen Haus hallten die dumpfen, hölzernen Klänge wieder, die durch hohe Decken und lange Flure entstehen. Es war ganz und gar von Gerüchen nach Staub und altem Stoff, Holzschränken, Rosen, Katzen und asiatischem Essen erfüllt. Bleiverglaste Fenster lockten mich, ihre in der Sonne leuchtenden Farben zu berühren und die Umrisse nachzuzeichnen. Tapeten zogen mich in ihre endlosen Muster. Bilder mit geheimnisvollem Hintergrund, in dunkles Holz gerahmt, lockten mich in ihre Tiefen. Vorhänge aus Perlenschnüren forderten mich dazu heraus, sie klimpern und schwingen zu lassen, um mich von ihrem Klang berühren zu lassen: *klack, klack, klack.* Perlmuttmuscheln flehten mich an, sie aufzuheben und in den Regenbogen, die ich in ihnen sah, zu schwimmen. Doch Dr. Mareks Küche war ein Alptraum.

Die Küche hatte Neonlicht und gelbe Wände, eine der schlimmsten Kombinationen überhaupt. Schon von der Tür aus konnte ich sehen, wie das Licht überall reflektiert wurde.

In meinem angespannten Zustand wurde alles übermäßig sensibel, auch die Sehfähigkeit. Es gab keine vollständigen Gegenstände im Raum, nur glänzende Ränder und Dinge, die im reflektierenden Licht sprangen. Das Neonlicht wurde von den gelben Wänden zurückgeworfen wie Sonnenschein von Wasser. Dr. Marek wollte, daß ich da hineinging und blind war. Unmöglich! Warum machte ihm das nichts aus? Wie schafften diese Menschen es bloß, in einem derartigen Raum alles soweit zu erfassen, daß sie ihn tatsächlich als Küche benutzen konnten?

»Kommen Sie in die Küche, Donna. Ich möchte, daß Sie jemanden kennenlernen«, sagte Dr. Marek. Ich stand in der Tür und sah auf das Licht. Meine Augen sprangen von einem halben Gegenstand zum nächsten halben Gegenstand und versuchten, etwas aufzunehmen. Vielleicht würde ich mich dann ein bißchen entspannen können, um mich auf diesen Menschen zu konzentrieren, den ich kennenlernen sollte. Es war Mrs. Marek, ein Gesicht, auf dem das Licht wie verrückt tanzte, so daß sie eher wie ein Cartoon als wie ein Mensch aussah. »Willkommen in Toon Town, Roger Rabbit. Ich möchte, daß du diese Folterkammer betrittst, die ich als meine Küche bezeichne, und daß du meine Frau kennenlernst, die ein 3D-Cartoon ist. Ich möchte einfach, daß du sie in Stücke zerfallen betrachtest, ihr Guten Tag sagst, ob du es meinst oder nicht, und sie wie einen Menschen behandelst.«

»Hallo«, sagte ich, ohne daß ich Zeit gehabt hätte, meine Stimme in Gang zu bringen. Die Wörter purzelten heraus, die Silben verschmolzen miteinander. »Wie können sie bloß in diesem Zimmer sitzen?« fragte ich mich. Vielleicht lag es an mir? Vielleicht zeigten ihre Lautstärke- und Helligkeitsanzeigen nicht so viel an wie meine. Vielleicht hatte ihr Schöpfer ihre Schalter eingestellt, und das war alles. Vielleicht verstellten sich ihre Schalter nicht jedesmal, wenn es etwas Neues aufzunehmen gab. Bewundernswert. Ihre Marke und ihr Modell schien eher maßgerecht zu sein und weniger Fehler zu haben als meins. Ich war wie ein europäischer Wagen, der auf der anderen Straßenseite fuhr, und das in einem Klima, für das er nicht gebaut war. Ein weiterer Beweis dafür, daß Gott Sinn für Humor besitzt.

Jeder Besuch bei den Mareks war eine Lektion in Abrüstung. Ich mußte die Auswirkungen unter Kontrolle behalten, die das auf mein Leben außerhalb ihres Hauses hatte.

So schnell ich konnte ging ich durch den langen Eingangsflur des Hauses. Der Flur war die Verbindung zwischen dem Wohnzimmer, wo unsere Gespräche stattfanden, und der Außenwelt. Wenn ich schnell durch den Flur ging, hatte ich nicht genug Zeit, ihn aufzunehmen. In meiner Wahrnehmung existierte der Flur nicht. Ich sah seine Formen und Farben, während er vorüberhuschte. Er hätte irgend etwas irgendwo sein können (oder nichts nirgendwo).

Wenn der Flur nicht existierte, dann war Dr. Mareks Haus eine separate Welt, die meiner Wahrnehmung zufolge von »der Welt« losgelöst war. Alles, was dort bloßgelegt oder in Angriff genommen wurde, war ungefährlich. Ich konnte es in meinem eigenen Tempo integrieren, und nur dann, wenn ich es wollte.

Dr. Mareks Haus war tatsächlich »eine Welt« und eine Brücke zwischen »meiner Welt« und »der Welt«. Ich bemühte mich sehr, ihn zu verstehen, und er bemühte sich sehr, deutlich zu sein. Es war, als würden entweder meine Ohren oder meine Stimme funktionieren, aber nicht beides gleichzeitig. Wenn ich sprach, hörte ich Geräusche, war aber zum großen Teil taub für die Bedeutung dessen, was ich sagte. Ich mußte darauf vertrauen, daß es überhaupt verständlich war.

»Verstehen Sie, was ich sage?« fragte ich Dr. Marek. »Was glauben Sie?« fragte er. »Ich weiß es nicht«, antwortete ich, »ich kann nicht immer mit Bedeutung hören.«

Mein Gehirn war wie ein Kaufhaus, in dem die verschiedenen Abteilungsleiter abwechselnd in Schichten arbeiteten. Wenn der eine zur Arbeit kam, gingen die anderen schlafen – Hintergrund, Vordergrund. Mein Glück war, daß ich im Schlaf gehen und sprechen konnte.

Ich sagte viele Ja, Ja, Jas. Tassen mit Tee kamen ohne jeden Zusammenhang zwischen ihrem Eintreffen und dem »Ja«, das sie hergebracht hatte.

»Sagen Sie nicht einfach ja, wenn Sie nicht wissen, was der andere gefragt hat, Donna«, sagte Dr. Marek. Meine Standardantwort auf die Reizwörter »Tee« und »trinken« war ihm aufgefallen: »Schwarzer Tee, ohne Milch und Zucker«, kam der verbale Ausstoß als Reaktion auf das Stichwort. Ich machte Pawlow und seinen Hunden alle Ehre. Skinner hätte seine helle Freude an mir gehabt.

Der Tee kam immer wieder. Ich betrachtete ihn staunend (manchmal, ohne die Bedeutung dieses runden weißen *Klingkling*-Dings mit schwarzem *Schwapp-schwapp* darin visuell zu erfassen). Im allgemeinen sagte ich nichts und ließ ihn kalt werden. »Wenn jemand Ihnen etwas gibt, sollten Sie danke sagen«, sagte Dr. Marek sanft. Diese Menschen waren sonderbar.

Das waren die harmlosen Jas, und obwohl ich schwarzen Tee nie gemocht hatte, gefielen mir das Ritual und die Gewähr für Dazugehören, die es symbolisierte. (Bis heute trinke ich das verdammte Zeug, und ich mag es immer noch nicht.)

Kurzfristig gesehen gingen die Leute, wenn man »ja« sagte, eher weg und ließen einen eher in Ruhe, als wenn man »nein« sagte. Wenn man nein sagte, versuchten sie, mit einem zu diskutieren oder zu streiten.

Im Gegensatz zu Menschen, die taub für Geräusche sind, konnte ich nicht sagen: »Oh, tut mir leid, ich hab' Sie nicht gehört.« Offensichtlich konnte ich ausgezeichnet hören. Ich konnte auch nicht sagen: »Tut mir leid, das hab' ich nicht verstanden«, da ich offensichtlich intelligent war. Und bis ich dazu kam, war der andere normalerweise sowieso schon ein halbes Dutzend Sätze weiter. Jahrelang hatte es geheißen: »Hör ihr nicht zu, sie faselt bloß«, oder »Hör mal, bist du taub oder was?«, und das hatte mir meine Bemühungen um Verständnis zum großen Teil ausgetrieben. Lange Zeit hatte ich es aufgegeben, darauf zu warten, daß ich verstand oder verstanden wurde.

Es frustrierte mich, daß der einzige Mensch, den ich direkt mit Bedeutung hatte hören können, ich selbst gewesen war. Nein, jetzt belüge ich mich selbst. Diese innere Isolation tat höllisch weh. Aber weil ich keine andere Wahl hatte, konnte ich mir einen Schmerz, von dem ich nie frei sein würde, nicht eingestehen; daher »frustrierte« es mich nur. Es isolierte mich. Daß ich keine Hoffnung hatte und meinen Zustand nicht akzeptierte, wurde Teil meiner Identität.

Ich konnte nur fünf bis zehn Prozent von dem, was andere zu mir sagten, verstehen, es sei denn, ich wiederholte mir die Wörter. Die Gewähr, Zeit und Raum zu haben, um mit der relativen Wichtigkeit oder Bedeutung von gesprochenen Worten zu ringen, war so unerreichbar, daß ich nicht einmal davon träumen konnte.

Ich hatte meine Verständnisschwierigkeiten nicht mit dem mich überflutenden Gefühl meiner inneren Isolation in Verbindung gebracht, mit der hartnäckigen Einsamkeit, die ich in Beziehungen zu anderen spürte, und dem Gefühl, daß ich selbst der einzige reale Mensch in einer zweidimensionalen Welt war. Diese Isolation, die Einsamkeit und das Gefühl, der einzige wirklich existierende Mensch auf der Welt zu sein, waren meine

»Ewigs«. »Ewigs« wurden zu feststehenden Voraussetzungen, und Voraussetzungen wurden begraben und nie wieder angesehen.

Mit ungefähr zehn Jahren hatte ich angefangen, hin und wieder Bruchstücke direkt mit Bedeutung zu hören. Ich verfiel auf die Strategie, mir die Sätze der Leute innerlich vorzusagen, und stellte fest, daß ich auf diese Weise die Bedeutung eines ganzen Satzes herausbekommen konnte. Mit den Jahren entwickelte ich diese Fähigkeit soweit, daß ich mit kaum wahrnehmbarer Verzögerung mit meinem Gegenüber sprechen konnte. Ich versuchte immer, mir vorzustellen, was ich gemeint hätte, wenn ich jene Worte aus meinen eigenen Gedanken abgeleitet hätte. Ich versuchte, mir von den ankommenden Wörtern Bilder zu machen, als wären es meine eigenen, eine Art von umgekehrtem Denken. Meine Strategie brachte Wissen und Verständnis in mein Leben, und die Welt der Fakten öffnete sich mir. Ich blühte auf, denn nun konnte ich meinem Verstand Nahrung geben. Ich fing an, mit Verständnis zu lesen. Ich erschöpfte eine Obsession und ein Thema nach dem anderen, stellte aber schließlich fest, daß die Welt immer noch leer war. Mich konnte nichts berühren. Verständnis ohne innere Erfahrung war ebenso leer wie innere Erfahrung ohne Verständnis. Ich besaß kein Konzept dafür, ein Gespräch der Gesellschaft wegen zu genießen, auch wenn ich gelernt hatte, Gespräche aufzuführen. Ich hatte kein Konzept dafür, daß ein Ichgefühl und ein Gefühl für andere gleichzeitig existieren können.

»Sprechen Sie mit *meinen* Wörtern zu mir«, bat ich Dr. Marek. Ich wollte die Anstrengung, geistige Bilder in Worte umzusetzen, verringern.

»Können Sie das Tanzen aus Ihrer Stimme nehmen (Intonation) und keine Grimassen schneiden (Gesichtsausdruck), damit Sie mich nicht von dem ablenken, was Sie sagen?« Das war vielleicht zuviel verlangt, aber von mir aus gesehen war es den Preis wert. Ich bat ihn, gleichmäßig zu sprechen, und bemühte mich, mit mehr Verständnis zuzuhören, als ich es jemals in meinem Leben getan hatte.

»Sag mir was über mich«, verlangte Carol zum fünften Mal an diesem Tag von Robyn. Wir waren vierzehn, und es war ein Gespräch zwischen dicksten Freundinnen. »Also, du bist klein und hast Lokken und blaue Augen und Sommersprossen und ein komisches Lächeln, und du bist bekloppt ...«, gab sie die üblichen Antworten auf Carols übliche Fragen. »Mach mir Komplimente«, verlangte Carol. »Du bist ein nettes Mädchen, deine Nase gefällt mir«, sagte Robyn. »Deine Nase ist krumm«, antwortete Carol. »Wie bist du?« fragte Carol. »Ich bin lieb, und du?« erwiderte Robyn. »Ich bin lieb, und du?« gab Carol noch einmal zurück. »Ich bin lieb, und du?« kam Robyns Gegenfrage. »Lieb, und du? und du? und du? und du?!« sagte Carol zu sich selbst und bemerkte kaum, daß sie ihre Gesprächspartnerin ausgeschaltet hatte. »Sag mir was über mich«, verlangte sie wieder. »Was willst du wissen?« fragte Robyn. »Hmm. Sag einfach was über mich!« forderte Carol hartnäckig, »sag mir, was ich für ein Mensch bin.« »Laß uns singen«, sagte Robyn, »überleg dir ein Lied.« »Ben, wir beide brauchen nicht mehr zu suchen ...« begann Carol, und Robyn fiel ein. Das Lied war zu Ende. »Noch eins«, verlangte Carol, als wäre es eine Musikbox, mit der sie mitsang, und nicht ihre Freundin.

Ich brachte Dr. Marek meine Themen in schriftlicher Form mit und bat um Listen, Definitionen und konkrete Antworten auf konkrete Fragen. Dr. Marek erging sich in langatmigen Einführungen. »Bitte nur die Fakten, kein Geschwafel«, sagte ich frustriert. »Ich zeige Ihnen nur den Kontext auf«, erwiderte er. Bald wurde deutlich, daß durch gesprochene Worte erläuterter Kontext nicht einmal ein Konzept für mich war und ganz bestimmt kein Mittel zum Verständnis.

Als Reaktion auf Dr. Mareks Worte bekam ich glasige Augen,

und manchmal fiel ihm das auf. Ich sagte ihm, er solle ab und zu nachhaken, ob ich ihn verstanden hätte, und das nicht einfach voraussetzen.

Ich lernte, ihm zu sagen, wenn ich die Bedeutung nicht mehr erfaßte. Ich konnte sogar sagen, ab welchem Satz oder welchem Wort ich nicht mehr verstanden hatte. Ich wünschte, ich hätte diese Dinge schon von klein auf verstanden, aber wie soll man wissen, daß man bedeutungstaub ist? »Die Welt« kannte nicht einmal den Begriff.

Nach den Sitzungen ging ich nach Hause und spielte Theo Mareks Gespräche in meinem Kopf noch einmal ab. Wie Wolkenfetzen schwebten sie herum, gerade eben außerhalb des Bewußtseins. Sie waren wie Lieder, an die ich mich zu erinnern versuchte. Wie bei einem Computer, der ein Programm bearbeitet, konnte ich zwar »hören«, wie es arbeitete, aber mein Verstand gestattete mir keine Vorschau, bis er mit der Bearbeitung fertig war.

Wenn ich schlief, träumte ich nicht, ich lebte nur nach, wie ein Anrufbeantworter, der Aufgenommenes wiedergibt. Ich wachte mit der Einsicht und dem Verständnis auf, die ich aus den Gesprächen gewonnen hatte, und es hatte über Stunden bis zu Tagen und manchmal sogar Wochen gedauert, bis ich den Sinn verstanden hatte. Das Wissen kletterte die Leiter vom Unterbewußten zum Vorbewußten zum Bewußten hinauf. Mein Unterbewußtes war ein Lagerraum. Ich brauchte das Leben nicht zu verpassen, selbst wenn ich alles aus dem richtigen Zusammenhang gerissen erfahren mußte. Es war kein Wunder, daß ich kein Konzept für die Nützlichkeit von irgend etwas außer dem physikalischen, beobachtbaren Kontext hatte, zum Beispiel dem Raum, in dem ein Gespräch stattfand, oder ob es Nacht oder Tag war. Wer mit wem in Beziehung stand, woher man sie kannte oder wie ihre Lebensgeschichte war, war für einen Aktenschrank, der sein eigenes System verwendete, ohne jeden Nutzen.

Mein Hören mit Bedeutung verbesserte sich in einem Jahr

mehr als in der ganzen Zeit von etwa meinem zehnten Lebensjahr an. Damit erlebten meine Sicherheit im Zusammensein mit Menschen, das Gefühl für meine eigenen Fähigkeiten und mein Selbstvertrauen einen Aufschwung. Innerhalb von drei Monaten stieg mein Verstehen von gesprochener Sprache, ohne daß ich im Geiste das Gesagte wiederholen mußte, von etwa zehn auf dreißig Prozent an. Am Ende des Jahres konnte ich etwa fünfzig Prozent der Zeit direkt mit Bedeutung hören, an einem sehr guten Tag sogar siebzig Prozent (bei einem Gespräch unter vier Augen, vertrauter Stimme und in vertrauter Umgebung). Ich begann, »mich« und »andere« gleich deutlich zur gleichen Zeit zu erleben, ohne daß ich ausblendete oder den Kanal wechselte und ohne Hintergrund-Vordergrund- Effekt. Ich fing an zu verstehen, warum Menschen sich gern unterhielten, und erhielt eine Ahnung davon, was mir gefehlt hatte. Ich war in meine eigene Lebendigkeit und Vollständigkeit verliebt. Ich war erfüllt von der Vorstellung des Lichtes am Ende des Tunnels der inneren Dunkelheit und der inneren Stille, des Tunnels von Bedeutungstaubheit, Bedeutungsblindheit und der Unfähigkeit, von meinen eigenen Erfahrungen betroffen zu sein. Wichtig war nur, daß ich wußte, daß das Ende in Sicht war, die Geburt der Hoffnung aus der Leere der Hoffnungslosigkeit. Lächelnd hüpfte ich überall herum. Ich hatte die Schlüssel zum Tor »der Welt«.

Juni 1991

Dr. Marek,

... Auch die Sprache ändert sich, und das ist beängstigend. Früher habe ich mir alles, was andere zu mir gesagt haben, noch einmal wiederholt und daher keine Nähe durch Sprache erlangt (und meine Gefühle hatten bei diesem Nachsprechen nicht so große Angst, weil ich, aus meiner Sicht, mir selbst antwortete).

Jetzt höre ich Menschen meistens direkt, aber leider bin ich oft nicht fähig, die genaue Bedeutung dessen, was sie sagen, herauszubekommen; ich verstehe die Schlüsselwörter und zwinge ihnen mein eigenes Bedeutungssystem auf (früher habe ich dem Gesagten alles von mir aufgezwungen, bis hin zu meiner Aussprache). Als Ergebnis lerne ich, mich dazugehörig zu fühlen (im Gegensatz zum bloßen Versuch, den Anschein zu erwecken), und ich kann wirklich verstehen, warum Menschen kommunizieren; aber obwohl meine Sprechfähigkeit jetzt auch toll ist, ist meine Fähigkeit, mich zu unterhalten, immer noch nicht gut.

In anderer Hinsicht ist es allerdings besser als früher. Ich spüre jetzt, daß der andere da ist. Ich spüre, daß mein Gesprächspartner mehr als ein Ding ist, und ich *höre zu* und reagiere nicht einfach automatisch (ich versuche, zuzuhören: Oft bekomme ich allerdings den richtigen Gedankengang oder den Argumentationsweg nicht mit).

Im Unterricht ist es schwer. Ich unterbreche häufig mit Fragen, damit ich das Gefühl habe, daß ich mitkomme. Ich möchte das nicht, aber es hilft mir, ihnen zu folgen. Die anderen sagen aber, daß ich sie von ihrem Gedankengang ablenke (das Gegenteil von meiner Absicht).

Außerdem ist Sprache keine Waffe mehr. Sie ist kein Hilfsmittel, um sich dahinter zu verstecken oder damit anzugreifen. Sie ist auch nicht nur zur Information da (die ich hauptsächlich zur Vergrößerung meines Arsenals verwendete). Sie ist dazu da, Menschen zu helfen, als Gleiche miteinander zu kommunizieren.

Ich glaube, vieles hat tatsächlich angefangen, sich in einer Weise zu verändern, über die ich froh sein sollte, aber die Fremdheit daran macht mir angst. Was ich von Ihnen brauche ist, daß Sie mit mir über diese Veränderungen sprechen und mir das sagen, was mir auch dadurch klar wird, daß ich dies schreibe – daß ich nämlich nicht auf die Angst hören soll. Eine starke Macht in mir sagt, ich sollte an dem festhalten, womit ich mich sicher fühle und was ich kenne (»meine Welt«), doch ich glaube, diese Kommunikationsdinge sind das, was gefehlt hat und was ich versucht habe zu finden ...

Gruß

... Donna

Ein Gefühl überschwemmte mich immer wieder. Es fing an mit der Empfindung, die man beim Zitronenessen bekommt. Es war wie ein Kribbeln, das mir den Nacken hochlief und sich dann in jede Faser meines Körpers hinein ausbreitete, wie Risse sich bei einem Erdbeben ausbreiten. Ich kannte dieses Ungeheuer. Es war das Große Schwarze Nichts, und es fühlte sich an, als käme der Tod, um mich zu holen.

Die Wände gingen hoch, und meine Ohren schmerzten. Ich mußte raus. Ich mußte raus – raus aus dem Zimmer, raus aus diesem Ding, das auf mir klebte und mich in einem Fleischpanzer erstickte. Ein Schrei stieg in meiner Kehle auf. Meine vierjährigen Beine rannten von einer Seite des Zimmers zur anderen, bewegten sich immer schneller, mein Körper prallte gegen die Wand wie ein Spatz, der gegen eine Fensterscheibe fliegt. Mein Körper zitterte. Da war er. Der Tod war da. »Will nicht sterben«, »will nicht sterben«, »will nicht sterben«, »will nicht sterben« ... die Wiederholung der Worte ging in ein Muster über, aus dem sich nur noch ein Wort heraushob: das Wort »sterben«. Meine Knie sackten auf den Boden. Meine Hand fuhr am Spiegel herunter. Meine Augen forschten verzweifelt in den Augen, die mich anblickten, suchten nach einer Bedeutung, nach einer Verbindung. Niemand, nichts, nirgends. Stummes Schreien stieg in meiner Kehle auf. Mein Kopf schien zu explodieren. Meine Brust hob und senkte sich heftig bei jedem letzten Atemzug an den Pforten des Todes. Schwindel und

Erschöpfung begannen, den Schrecken zu überwinden. Es war erstaunlich, wie viele Male am Tag ich »sterben« und trotzdem noch am Leben sein konnte.

»Hör auf«, kam die verzweifelte Stimme. »Hör auf, verdammt noch mal, oder ich bring dich um«, kreischte sie vor Frustration.

Etwas zeigte Wirkung. Da kam eine Reaktion von der Welt außerhalb meines Körpers. Da war eine Reaktion, über die ich keine Kontrolle hatte. Da draußen gab es eine Welt. Alles hörte plötzlich auf. Ich befand mich in einem Zustand unterbrochener Reanimation.

Nur das »Sterben« war entsetzlich. Mit dem Tod ließ es sich viel leichter leben.

Als ich jünger war, kam das Große Schwarze Nichts immer und immer wieder, um mich zu holen. Es fing mich wie eine Spinne im Netz und erstickte mich in einer Leere. In der Leere gab es keine Gedanken.

Gedanken waren nötig, um diese Mißgeburt, die mich in der Gewalt hatte, zu deuten. Dieses Biest mußte der Grund für das Erstickungsgefühl sein. Ich mußte es von mir herunterreißen. Ich packte es und zerrte daran und biß es. Es war mein Körper. Schließlich hatte man ihn auf dem Bett festgebunden. Das wurde als Mißhandlung bezeichnet. Im Rückblick bin ich nicht so sicher. Wenn man damit konfrontiert ist, ohne etwas davon zu verstehen, ohne daß einem Unterstützung angeboten wird, und wenn anscheinend gar nichts hilft, haben solche verzweifelten Schritte vielleicht ihre eigene Logik.

Das Große Schwarze Nichts war mehrmals am Tag gekommen und hatte mich geholt. Das stumme Schreien explodierte immer in meinem Kopf und strömte ins Zimmer hinaus, bis ich schließlich lernte, daß das meinen Tod bedeuten würde. Das war eine harte Lektion gewesen. In der Leere gibt es keine Zusammenhänge. Die schreiende Stimme gehört nicht einmal zu mir, weil es kein Ich gibt und keine Stimme. Es gibt nur

Augen, die in einer geistigen Finsternis nichts aufnehmen, und Ohren, die Geräusche hören, die so weit entfernt und unerreichbar sind, als wären sie auf der anderen Seite der Erde. Im Nichts gibt es keinen Körper, der getröstet werden könnte, und Berührung verstärkt nur die bereits schmerzhafte Empfindung von diesem Ding, das dir übergestülpt ist und dem du entkommen mußt. Du mußt entkommen, weil du das Brüllen von »Flutwellen« hörst, großen schwarzen »Flutwellen«. (Das ist das Geräusch von Blut, das durch die sich zusammenziehenden Muskeln deiner eigenen Ohren strömt.) Du reagierst auf das bedrohliche Gefühl von anrollenden Wellen. Die »Wellen« bedeuten Tod. In der Leere werden sie dich kriegen.

Ich saß auf meinem roten Teppich, die Arme um mich geschlungen, und wartete auf die Auswirkungen. Nach sechsundzwanzig Jahren hatte ich gelernt, daß es nicht der Tod war, der da kam, sondern Gefühle.

»Welches? Welches!« schrie der wortlose Impuls in mir. Wenn ich diese Ungeheuer nur benennen und für mich einspannen könnte, sie mit Orten und Gesichtern und Zeiten, aus denen sie stammten, verbinden könnte, wäre ich frei.

Willie und Carol hatten mich vor dem Großen Schwarzen Nichts gerettet. Bei den Figuren waren Emotionen abgeschafft worden, und Besuche im Nichts waren normalerweise in Anfälle von reiner, wilder Manie oder scharf konzentrierter Obsession umgelenkt worden. Das Nichts kriegte immer noch das, was ich als Donna kannte, aber die Episoden ähnelten eher vierteljährlichen Ausflügen als täglichen Besuchen.

Jetzt war das Ungeheuer wieder da. Dann schon lieber Freddy Krüger. Manchmal kriegte es mich mehrmals am Tag und dann eine Woche lang überhaupt nicht. Manchmal war es ein paar Wochen lang weg, und dann schlug es so heftig zu, daß ich mich fast umgebracht hätte, um sicher zu gehen, daß ich das nicht noch einmal durchmachen mußte.

Jedesmal kam es mir wie eine Ewigkeit vor, eine Fahrkarte zur Hölle. Es gab keine Gedanken, die mich daran hätten erinnern können, daß man immer zurückkommt.

Ich spürte, wie das Kribbeln begann, und holte Kreide und Papier. Bevor es mich einholte, schrieb ich: »Es ist okay, ich komme zurück. Es ist okay, ich komme zurück. Es ist okay ...«

Mein Körper erzitterte wie ein Haus bei einem Erdbeben, meine Zähne schlugen aufeinander mit einem Geräusch, als würde eine schnelle Typistin auf eine Schreibmaschine einhämmern. Alle Muskeln spannten sich an, als wollten sie das Leben aus mir herauspressen, und entspannten sich nur eben so lange, um wieder und wieder und wieder von »Flutwellen« getroffen zu werden. Ein Schrei stieg mir in die Kehle, wurde aber erstickt und explodierte zu einem stummen inneren Schreien. »Atme«, kam ein Gedanke in den Pausen. Ich atmete tief und konzentrierte mich auf den Atemrhythmus. Ich lief ihm davon.

Die »Flutwelle« schlug über mir zusammen und holte mich wieder. Ich konnte diese Anfälle aufhören und beginnen lassen, ihnen aber nie ganz entkommen. Ich konnte sie aufbrechen, indem ich eben lange genug hinauskletterte, um einige tiefe Atemzüge zu machen. Eine weitere Ruhe vor der nächsten Welle. »Atme«, kam der Gedanke, und diesmal war die Pause länger. Ich begann zu summen. Da war ein Geräusch in der durchdringenden Stille. Die nächste Welle schlug zu, war aber kleiner. Meine Zähne hörten auf zu klappern, das heftige Beben wurde zu Zittern.

Ich spürte, wie das Biest wieder anfing. Die Leiter hinuntergestoßen, Sprosse für Sprosse auf eine innere Dunkelheit zu, jedesmal auf eine niedrigere Stufe, die dem Loch unten näher war. Ich konnte mich entscheiden. Ich konnte mich von den Wellen hinunterwerfen lassen oder tauchen. Ich entspannte mich zurück in das Nichts hinein und ließ es mich wieder holen, damit wir die Sache zwischen uns erledigen konnten. Ich tauchte.

Das war meine emotionale schmutzige Wäsche, die bis zum Überquellen angesammelt worden war. Weil ich zu sehr damit beschäftigt gewesen war, auf dem Laufenden zu bleiben, wie ein Computer, der mit voller Kapazität arbeitet, war keine Zeit gewesen, Gefühle zum gleichen Zeitpunkt wahrzunehmen, wenn ich etwas hörte oder sah oder von etwas berührt wurde. Die Gefühle stapelten sich einfach im Wäschezimmer, und das Glattbügeln wurde auf später verschoben. Aber das Leben war so bequem ohne Gefühle, und ich ließ sie einfach im Wäschezimmer liegen, und schließlich brach dann die Tür auf, wenn das Zimmer überquoll. »Ihre Diskette ist voll, die Datei kann nicht geschlossen werden. Löschen?«

Die Flutwellen waren meine eigenen, verzögerten, aus dem Zusammenhang gerissenen Reaktionen. Diese Anfälle von Großem Schwarzen Nichts, das Entsetzen und Heulen, waren emotionale Überladungen, die durch Glück und Wut und alle Gefühle dazwischen ausgelöst werden konnten.

Ich wollte Emotionen verstehen. Für die meisten hatte ich Definitionen aus dem Wörterbuch und für andere Karikaturen aus Cartoons, aber weil sie nicht im Kontext auftraten, konnte ich sie nicht mit der physischen Erfahrung verknüpfen.

Meine innere Landkarte war zerrissen, daher hatte ich auch Schwierigkeiten, zu erkennen, was andere Menschen fühlten. Ein wenig deuten konnte ich allerdings. Wenn Stimmen lauter, schneller oder höher wurden, waren die Leute wütend. Wenn ihnen Tränen über die Gesichter liefen oder ihre Mundwinkel herunterhingen, waren sie traurig. Wenn sie zitterten, hatten sie vielleicht Angst, waren krank oder froren. Wenn sie lächelten, lachten sie.

Am wichtigsten war es, herauszufinden, ob jemand wütend war. »Wütend« hatte die schlimmsten und eindringlichsten Konsequenzen.

»Sind Sie wütend?« fragte ich Dr. Marek, als seine Stimme sich veränderte. »Nein, Donna, ich bin nicht wütend«, erwiderte er zum fünfzigsten Mal. Er lächelte.

»Lachen Sie nicht über mich«, sagte ich, als er lächelte. »Ich lache nicht«, sagte er, »ich lächle.« »Sie lügen. Sie lachen wohl. Sehen Sie sich doch Ihr Gesicht an. Ihre Augen lachen, und Sie lächeln«, fuhr ich fort. Dr. Marek hatte keine Chance. Die beiden übrigen Kategorien waren »traurig« und »ängstlich«. Wenn ich »traurig« gesehen hätte, hätte ich wahrscheinlich gefürchtet, daß ich jetzt Ärger bekäme, oder ich wäre wütend auf ihn gewesen, weil er mich bedauerte. Wenn ich »ängstlich« gesehen hätte, hätte ich gewußt, daß ich etwas sehr, sehr Schlimmes war. Die Alternative war, daß ich beschloß, es sei mir total egal. Aber es war mir überhaupt nicht egal.

»Wie kann ich verhindern, daß Leute wütend werden?« fragte ich. Praktisch hieß das: Wie konnte ich verhindern, daß sie ihre Stimmen in irgendeiner Weise veränderten? Außerdem wollte ich wissen, warum sie Grimassen schnitten und darauf bestanden, ihre Stimmen tanzen zu lassen, auch wenn sie sehen konnten, daß es mich durcheinanderbrachte.

»Wie lernen andere diese Dinge?« wollte ich wissen. Wenn ich lernen konnte, wie sie das lernten, dann konnte ich es mir selbst beibringen. »Sie lernen sie von selbst«, sagte Dr. Marek.

Er erklärte, daß andere diese Arten von Selbstausdruck und gesprochenen Wörtern ohne bewußte Analyse alle gleichzeitig anwenden konnten. Ich hatte das Gefühl, es mit Genies zu tun zu haben. Unter diesem Aspekt hatte ich erst recht den Eindruck, als würden die Leute meine Realität absichtlich ignorieren, und die Ungleichheit und Ungerechtigkeit, die ich erfahren hatte, kamen mir noch gezielter vor. Wie konnte ich so ein schlechter Mensch gewesen sein und das nicht gewußt haben?

Die erste Unterrichtsphase war abgeschlossen. Ich hatte zwei Wochen lang alles unterrichtet, von Mathe bis hin zu Musik, von Sport bis hin zu Gemeinschaftskunde, in einer Klasse von Neunjährigen. Ich hatte es überstanden und eine gute Beurteilung für das Unterrichten bekommen, hatte aber, was das Verhältnis zu Kollegen anging, nur ein »ausreichend« erhalten. Es waren verdammt harte Wochen gewesen.

Vanessa mochte ich gern. Sie war in meinem Kurs. Ich mochte ihre Haare, und ich mochte ihre Augen. Ich erinnerte Vanessa an jemanden, den sie kannte. »Weißt du etwas über Legasthenie, Donna?« fragte sie mich. »Ein bißchen«, sagte ich.

Vanessa hatte einen Freund, der Lese- und Schreibschwierigkeiten hatte, aber sie hatte immer den Eindruck gehabt, daß es mehr als das war. Ihr Freund hatte die gleichen seltsamen Verhaltensweisen wie ich und erfaßte die Feinheiten nicht. Vanessa fragte sich, worin unsere Gemeinsamkeiten bestanden.

»Heißt Legasthenie auch, daß man Probleme mit Menschen hat?« fragte sie mich. »Was für Probleme?« fragte ich. »Er merkt anscheinend nicht, was andere fühlen. Er redet über alle hinweg, oder er spricht ganz laut vor allen über alles und jedes. Manchmal ist mir das dann sehr peinlich, und wenn ich es ihm erkläre, versucht er ernsthaft, es zu verstehen, aber dann macht er es wieder«, erklärte sie. »Als ich ihn kennengelernt habe, fand ich seine komische Art ganz süß. Ich dachte, er wäre einfach naiv und würde das alles lernen, aber jetzt sind wir schon drei Jahre zusammen, und ich glaube, entweder kann er sich nicht ändern, oder er will sich nicht die Mühe machen.«

Vanessa war mit einem Menschen befreundet, der zum Teil die gleichen Schwierigkeiten hatte wie ich. Ich konnte es daher riskieren, ihr zu sagen, warum ich so war, wie ich war. Ich erzählte ihr von Autismus.

Als ich sah, daß Vanessa für die erste Unterrichtsphase an derselben Schule war wie ich, war ich erleichtert. Da würde jemand sein, der mich verstand. Ich sprach offen und unbefangen mit ihr.

Wir unterrichteten beide an derselben Schule, und an diesem Tag sollte unsere Dozentin kommen, um unsere Lehrfähigkeit zu beurteilen. Eine Stunde vor meiner Lehrprobe bat Vanessa mich, mit ihr in ihren Klassenraum zu kommen. Sie überreichte mir einen Brief. Ich ging hinaus, um ihn zu lesen.

Der Brief erklärte, daß ich ihr sehr, sehr großes Unbehagen bereitete. Da stand, daß sie Andeutungen gemacht hatte, die ich aber anscheinend nicht verstanden hatte. Da stand, daß ich egoistisch sei, weil ich immer nur über mich sprach und sie, abgesehen von einem knappen »Wie geht's?«, nie nach ihrem Befinden fragte. Da stand, daß ich vor anderen Leuten nicht mehr mit ihr reden dürfe und mit niemandem außer ihr selbst über den Brief sprechen dürfe. Das hatte nicht bei einem Treffen zu geschehen, sondern ich durfte sie nur nach der Schule anrufen, um darüber zu sprechen. Vanessa hatte nicht gemerkt, daß ein »Wie geht's?« aus echtem Gefühl heraus eine große Leistung war. Sie hatte nicht gemerkt, daß nichts von dem, was sie so aufregte, absichtlich geschehen war.

Ich raste vor Schock, Beschämung und Kränkung. Ich stand im Waschraum und bespritzte mich mit kaltem Wasser. Ich war im Begriff, mich zu übergeben, als es klingelte. Meine nächste Stunde sollte von der Dozentin beurteilt werden, der ich, wie mir mitgeteilt worden war, nicht von dem Brief erzählen durfte.

Carol hatte mit den anderen Schauspielern geplaudert, während sie hinter dem Bühnenvorhang darauf warteten, daß es weiterging. Die Aufführung heute abend war eine besondere Aufführung, denn es war Familienabend. Jeder hatte jemanden, der ihm etwas bedeutete und der zur Vorstellung mitgekommen war. Carol sah hinter dem Vorhang hervor auf das Publikum, auf all die anonymen Gesichter. Etwas Wirkliches begann durchzubrechen, als würde irgendwo in ihr ein Kind weinen.

Donna stand zitternd da, mit Tränen in den Augen. Kotze stieg ihr in der Kehle hoch. »Alles in Ordnung?« fragte einer ihrer Mitspieler und berührte ihren Rücken. Blitzschnell war Donna »weg«, vernichtet von dem Wohlwollen einer unerwarteten Berührung. Carol kam wieder angesprungen, so leblos wie immer, völlig konzentriert auf den auswendig gelernten Text, auf die Rolle, die sie gleich spielen sollte. Der Vorhang hob sich, und sie stolzierte hinaus, um ihre Szene zu spielen.

»Das war großartig«, sagte der Regisseur nach der Aufführung, »das war dein bester Auftritt bisher.« »Ja, weiß ich«, erwiderte Carol leichthin, »kurz bevor ich dran war, hab ich gekotzt.«

Ich wollte weglaufen, weinen oder krank sein. Carol nahm die Sache in die Hand, sie trat in voller Stärke auf, um einen großartigen Auftritt hinzulegen. Sie stand wieder von den Toten auf und übernahm die Stunde, als wäre sie auf der Bühne. Ich war von einem Menschen aus »der Welt« betrogen worden, dem ich mich anvertraut hatte, und in mir war nichts zurückgeblieben, das mich zum Zurückschlagen antrieb. Das Klassenzimmer war Carols Theater. Das Publikum wußte die Vorstellung zu schätzen. Die Stunde wurde als sehr gut beurteilt, aber man sagte mir, ich sei hyperaktiv und manisch gewesen. »Als Lehrerin werden Sie dieses Tempo nicht durchhalten können«, warnte die Dozentin.

Niemand wußte das besser als ich selbst. Ich wußte, daß ich nicht einmal als Mensch fähig war, dieses Tempo durchzuhalten. Es war Carols erste und letzte Vorstellung in einem Klassenzimmer. Ich war schockiert gewesen und doch erleichtert und überzeugt, daß ich durchgefallen wäre, wenn Carol, diese Vermittlerin zwischen Entsetzen und manischem Vergessen, nicht abgerufen worden wäre. Ich kam nach Hause und brach zusammen.

An der Tür klopfte es. Ich saß plötzlich kerzengerade, wie Dracula in seinem Sarg, wenn es Mitternacht schlägt. »Ich bin's, Jessy«, rief die Tochter der Millers, »Mama und Papa lassen fragen, ob du rüberkommen willst.«

Die Millers impften mir wieder etwas Lebensmut ein, genau an dem Punkt, als ich das Gefühl hatte, ich müßte das Studium abbrechen. »Sie haben es bis hierher geschafft, und jetzt wollen Sie wegen einer einzigen dummen Person aufgeben«, sagte Mr. Miller, »haben Sie keinen Mumm in den Knochen?« Doch, ich hatte wohl Mumm in den Knochen, und Vanessas Dummheit sollte mich nicht zum Aufgeben bewegen.

Die Millers versuchten, mir beizubringen, daß man Worte verwenden kann, um Nähe herzustellen. Sie merkten nicht, daß ich die »die Welt«-Definition von Nähe nicht teilte. Mir war viel einsichtiger, warum ich sie meiden als warum ich sie begrüßen sollte.

Sie begannen zu sprechen. Ich wählte Stückchen von dem Gesagten aus und praktizierte meine »ich auch«-Routine. »Die Welt dreht sich nicht um Donna Williams«, sagte Mr. Miller freundlich.

Das Sprachmuster sprang hin und zurück, von einer Stimme zur anderen, und änderte sich ständig. Es ging zu schnell, so daß ich mit der Interpretation nicht mitkam, und es paßte immer weniger zusammen. Ich nahm gerade Mrs. Millers Muster auf, wenn Mr. Miller zu sprechen begann. Meine Hörfähigkeit wuchs, als hätte jemand meine Lautstärke-, Tonhöhe- und Geschwindigkeitsregler aufgedreht. Ich hielt mir die Ohren zu und versuchte, einen Rhythmus zu finden, um mich zu beruhigen.

Meine Emotionen wurden intensiver. Ich fuhr auf, als würde ich angegriffen. Die Millers versuchten, besser zu erklären, was sie sagten. Überlastung war eingetreten. Erklärungen waren bloß noch weiteres Blabla. Ich brauchte Zeit für mich, aber ich kriegte die Technik nicht in Gang, um herauszufinden, wie ich mir diese Zeit beschaffen konnte.

Meine Sehfähigkeit wuchs. Ein Alarmsignal, das mir sagte, daß ich auf die Überlastung reagieren mußte, bevor die Sicherungen durchbrannten. Die Lichter wurden heller.

Die Auswirkung auf meine Sinne kitzelte mich, und ich fing an zu kichern. Die Hypersensitivität und die erinnerte Erfahrung damit bekamen eine Eigendynamik. Sie stieg immer weiter an und übertraf sich unter der intensiven Wirkung der Helligkeit auf mein Nervensystem selbst.

Ich blinzelte und grinste, angestrengt und verwirrt von dem plötzlichen Wechsel von fröhlich über aufgeregt zu gequält, der innerhalb von fünfzehn Minuten stattfand, ohne Hinweise darauf, warum oder was ich fühlte und ohne Zeit zum Nachdenken. Mein Schiff sank, und niemand wußte es.

Gesprächsfetzen regneten auf meine Ohren herab. Aus dem Fernsehen kam Blabla. Auf dem Teppich lag ein unordentliches Muster aus Flusen. Die Papiere auf dem Tisch mußten aufgeräumt werden. Die Maserung der Holzvertäfelung war nicht symmetrisch. Unter dem Sofa lag ein Strumpf. »Ein Strumpf unter dem Sofa? Ein Strumpf unter dem Sofa? Ein Strumpf unter dem Sofa? Verdammt! Was ist denn bloß ein Sofa?«

Ich betrachtete den beigefarbenen, rechteckigen Klecks vor mir. Die Bedeutung war abgeschaltet, nicht nur für das, was ich durch die Ohren, sondern jetzt auch für das, was ich durch die

Augen wahrnahm. Ich konnte sehen, aber ich hatte absolut keine Ahnung mehr, wozu es gut war.

Carol hätte auf »Unterhaltung« umgeschaltet. Endlose Serien gespeicherter Werbespots, Lieder und Wortassoziationen. Ich hatte Angst vor Carols Manie gehabt, vor diesem letzten Versuch, nicht in das Große Schwarze Nichts hineinzugeraten. Aber jetzt saß ich hier, mit der Zeit, dem Raum und dem Wunsch, trotz der Angst intakt zu bleiben. Diese Menschen kämpften für mich und bestärkten mich in meinem beharrlichen Bemühen, ein Ich zu haben.

Lächelnd und redend saßen die Millers da. »Wer sind diese Leute bloß?« fragte ich mich. Der Gedanke zog vorüber wie eine Wolke und glitt mir durch die Finger, bevor ich ihn aussprechen konnte. »Die Millers« antworteten meine Gedanken stumm, nachdem zwanzig andere Dinge mich bombardiert hatten. Ich wußte zwar, daß diese abgerufenen Worte zu dem visuellen Bild vor mir paßten, aber es entstand dadurch weder irgendein Zusammenhang noch der geringste Sinn. Ich fiel in das Große Schwarze Nichts.

Die Millers sahen sich einem fassungslosen, fremdartigen Wesen gegenüber. Ich zerfiel zu einem heulenden Häufchen Elend. »Ich glaube, es wird ein bißchen viel für sie«, sagte Mr. Miller ruhig, während mein Kopf die Lautfolge speicherte, die er später mit Bedeutung abrufen würde.

Juli 1991

Dr. Marek,

die Leute in dem Haus, wo ich wohne, sind sehr nett zu mir und helfen mir bei Gesprächen mit ihnen (ja ... ihnen). Sie erkennen die Anzeichen, daß es zu viel wird, oder daß der Geräuschpegel zu hoch ist, und sie richten sich danach, indem sie mich das Thema wechseln lassen oder langsamer sprechen oder leiser.

Dies ist das erste Mal, seit ich denken kann, daß ich es geschafft habe, *mit* mehr als einem Menschen gleichzeitig zu sprechen, ohne einen auszuschließen – *und* ich konnte einen großen Teil der Zeit *ihren* Themen folgen. Früher hätte ich das nicht getan und weitgehend auch nicht gekonnt, und daß ich es jetzt kann, liegt zu einem großen Prozentsatz daran, daß ich meine Situation jetzt verstehe (auf eine Weise, die ich »der Welt« beschreiben kann) und auch daran, daß ich ihnen helfen konnte, genug zu verstehen, um mir zu helfen, ihnen zu folgen, und mich sicher zu fühlen, daß sie mich nicht zu sehr drängen (wenn ich benommen oder überlastet wirke, ziehen sie sich zurück und sprechen nur noch weiter, um die Sache zu klären). Nun weiß ich zwar, daß nicht alle Leute so geduldig sind, aber zu merken, daß ich dazu fähig bin, hat mir wirklich geholfen (es bedeutet, daß ich früher viel verpaßt habe – Informationen, Gedankenaustausch, Zugehörigkeit). Es zeigt mir auch, daß ich andere Menschen werde finden können, mit denen ich diese Fähigkeit üben kann.

Ich spreche nicht einfach zu diesen Leuten, sondern ich folge dem, was sie sagen (manche Teile bringe ich durcheinander, und ich verpasse ein paar Begriffe, aber ich komme mit), und ich spreche *mit* ihnen. Ich glaube, sie haben da ein bißchen herumexperimentiert (sie interessieren sich für Psychologie), aber ich glaube, sie haben gute Absichten (ich schließe das daraus, daß sie sich sehr bemühen, ohne etwas dafür haben zu wollen – und sie haben mich auch manchmal zum Essen eingeladen) ...

Sie hacken nicht auf mir herum, wenn ich Mist baue, und sie lachen nicht allzusehr über die Zusammenhänge, die ich herstelle, aber sie haben mir erklärt, daß es im Gespräch drei Teile gibt: Zuhören, Mitreden und das Thema wechseln. Sie haben gesagt, daß ich oft das Thema wechsle, aber ich glaube, sie würden mir zustimmen, daß ich mich bemühe, mehr zuzuhören und mitzureden, wenn ich kann ...

Wie dem auch sei, in bezug auf Gespräche sagen sie außerdem noch, ich würde anscheinend den emotionalen Gehalt von dem, was sie sagen (Sympathie für etwas, oder wie ihnen zumute war), nicht mitbekommen. Sie haben mir erklärt, daß ich das, und auch Beziehungen zwischen Leuten, über die sie sprechen (die sozialen Geschichten, die durch Gespräche ausgedrückt werden), nicht mitkriege. Sie haben gesagt, daß ich *nur* die Informationen (Tatsachen) aus einem Gespräch herausziehe. Damit habe ich bis jetzt leider nicht viel Glück gehabt. Wenn Sprache sich aus Erfahrung herleitet, wird dieser Teil von Gesprächen mir im Laufe des Lebens vielleicht weniger unzugänglich werden.

Jedenfalls habe ich mich, wie Sie wissen, zu sehr bemüht, sozial zu sein (nicht, indem ich mich zum Ausdruck unechter Gefühle gezwungen habe, wie früher, sondern indem ich mich in gesellschaftliche Situationen gebracht habe, wo die Sicherheit der Beständigkeit, die ich habe, wenn ich mit den beiden Leuten hier spreche, fehlte). Ich sollte mich nicht so blind fordern. Es ist vielleicht wichtig, um diesen Kurs erfolgreich abzuschließen, aber wichtiger ist es, daß ich ganz bleibe ... Übrigens hatte ich ein paar Zusammenstöße und schmerzliche Situationen, weil ich nicht entscheiden kann, mit wem ich sprechen und wem ich richtig vertrauen kann, vielleicht ist es daher ganz gut ...

Donna

»Was wir erleben, scheint Ihnen völlig egal zu sein«, sagte Mr. Miller in höflichem, sachlichem Ton. »Warum sagen Sie das?« fragte ich. »Gehört zum ›Donna-Training‹«, erwiderte er.

Ich war allergisch gegen Wörter wie »wir«, »uns« oder »zusammen« – gegen Wörter, die Nähe bezeichneten. Ich unterhielt mich nie in Situationen, in denen ich mehr als einen Gesprächspartner hatte, außer wenn ich einfach vor den Leuten stand und nicht »bei« ihnen war. Ich hatte krankhafte Angst davor, meine Freunde mit anderen zu teilen. Es war kein Wunder, daß ich nicht wußte, was ich tun sollte, wenn die Millers einen Satz mit »ein Freund meines Freundes« oder »die Freundin ihres Bruders« einleiteten.

Ich versuchte, die Bemühungen der Millers zu erfassen. Sie strengten sich genauso an, mit meinen Bemühungen klarzukommen. Irgendwo in mir schmolz die Auffassung, daß andere kein Einfühlungsvermögen besaßen, dahin. Die Millers gaben sich Mühe. Genau wie ich erhielten sie nicht viel Anerkennung für ihre Mühe. Sie kamen aus einem fremden Land und sprachen eine fremde Sprache, genau wie ich. Ich begann zu erkennen, daß es bei der völligen Verschiedenheit unserer Systeme ein Wunder war, daß wir uns überhaupt miteinander befaßten.

Ich kam mit einer Liste von Begriffen zu Dr. Marek, für die ich »die Welt«-Definitionen haben wollte. Einer davon war »Freund«.

Als ich Kind war, lautete meine Definition von »Freund« oder »Freundin«: »Jemand, der zuläßt, daß ich ihn oder sie so stark nachahme, daß ich dieser Mensch werde.« Ohne mich direkt auf ihn zu konzentrieren, ging ich irgendwie in diesem Menschen auf, verschmolz mit seinem Tonfall, seinem Stil und dem Tempo seiner Bewegungen. Freunde waren Vehikel für die Flucht vor mir selbst.

Als Teenager bezeichnete ich dann »Leute, die sich mit mir abfinden, und Leute, die friedlich lächeln«, als »Freunde«. Sie konnten die grausamsten Dinge tun, solange sie mich friedlich anlächelten. Ein Lächeln rief immer ein Lächeln hervor, und unabsichtlich ließ ich ihnen nicht nur durchgehen, daß sie Carol immer wieder ermordeten, sondern mein unschuldiges Lächeln schien ihnen sogar zu sagen, daß das in Ordnung sei.

Später kam ich zu der Auffassung, »Freunde« seien »Leute, die einen berühren und benutzen«.

»Bist du mein Freund?« fragte die siebzehnjährige Carol. »Ja, natürlich bin ich dein Freund«, sagte der Mann, dessen Hausprostituierte sie war. »Warum willst du mich anfassen?« fragte sie. »Weil ich dich liebe«, kam die Antwort. Carol wandte sich ab, nur ein Flüstern entschlüpfte ihr: »Wenn du mich liebst, bleibst du mir fern.«

Entweder waren die falschen Botschaften ausgesandt worden, oder die anderen waren ebenso taub und blind für meine Art wie ich für ihre. Schließlich kam ich zu dem Schluß, daß manche von ihnen wahrscheinlich absichtlich nichts bemerkten.

Bilden Sie Gruppen«, sagte die Dozentin im Schauspielunterricht. Alle taten sich mit ihren Freunden zusammen, und ich suchte nach Craig. Craig schien ein gutmütiger Riese und Menschenfreund zu sein. Er war mit drei anderen in einer Gruppe, und ich fragte, ob ich mich anschließen könnte. Joe, der das ganze Jahr über gegen mich gekämpft hatte, kam ebenfalls dazu.

Wir sollten ein Stück erfinden. Ich hatte eine Idee, die allen gefiel, nur Joe nicht.

»Wenn ich wieder in eine Gruppe muß, werde ich in Zukunft dafür sorgen, daß du nicht dabei bist«, knurrte er und zeigte dabei den anderen sein breites Grinsen, so als suche er Zustimmung.

Mir war, als würde ich gleich explodieren. Ich konnte kaum atmen und verließ den Raum. Joe verfolgte mich und fand mich mit dem Rücken zur Wand. Rotz und Tränen liefen mir übers Gesicht. »Du willst dich einfach dauernd interessant machen«, zischte er verächtlich.

Die Dozentin kam heraus. »Lassen Sie sie in Ruhe«, befahl sie Joe. »Ich rede bloß mit ihr«, sagte er lächelnd. »Ist alles in Ordnung?« fragte die Dozentin. »Ja, mir geht's gut«, erklärte ich und ging zur Toilette.

Früher war es soviel leichter gewesen. Es war soviel leichter gewesen, weil das, was sie sagten, nicht wehtun konnte, denn da war kein Ich, dem es hätte wehtun können. Früher war es soviel leichter gewesen, zurückzuschlagen, weil die verbalen Waffen ein gespeichertes, auswendiggelerntes Arsenal darstellten, das ich bei den Verfolgern selbst gesammelt hatte. Jetzt suchte ich nach Waffen, die aus mir selbst kamen. Nichts kam. Meine eigenen Gefühle übten einfach keine Rache. Vermutlich machte ich Fortschritte. Zumindest lächelte ich nicht.

Ich ging zu einer Freundin. Ich erzählte ihr, was geschehen war. »Stell dir zwei Fragen«, sagte sie, »frag dich, ob du a) den Menschen gut kennst und ob du b) seine Ansichten und Bemerkungen respektierst.«

Ich dachte darüber nach. Immer, wenn etwas schiefgegangen war, hatte ich mich selbst noch einmal überprüft. Ich ging davon aus, daß alle Reaktionen auf mich von mir selbst verursacht wurden, und ich übernahm fraglos die Verantwortung für jede Scheiß-Erfahrung, die mir über den Weg lief. Gleichzeitig existierte der Gedanke, daß andere aus ihren eigenen Schwierigkeiten und Unsicherheiten heraus handelten, allerdings nur als theoretisches Konzept. Keine der beiden Auffassungen konnte die andere ungültig machen, daher blieben beide bestehen, für sich und getrennt, unvereinbar und ohne daß eine Entscheidung herbeigeführt werden konnte.

Ich wußte wirklich nicht, ob ich jemanden gut kannte. Freunde blieben immer Fremde, und Bekannte waren praktisch nichts anderes als Freunde. Ich war allen und niemandem nah.

Meine Definition für »Respekt« war »Ehrfurcht haben«. Aber ich konnte mich bei jemandem, den ich fürchtete, nicht sicher fühlen.

»Vertrauen« war ein leerer Begriff. Ich vertraute allen und niemandem. Vertrauen konnte ich also nicht verwenden, um herauszubekommen, ob jemand ein Freund war oder nicht.

Die Belohnungen für Freundschaft kamen mir wie ein übler Scherz vor: Nähe, Zuneigung, Zugehörigkeit. Nähe ließ Erdbeben in mir losbrechen und zwang mich zum Weglaufen. Zuneigung erinnerte mich schmerzhaft an meine eigene Verletzlichkeit und Unzulänglichkeit und bedrohte meine Sicherheit. Zugehörigkeit empfand ich zu Gegenständen und zur Natur, nicht zu Menschen.

Sie gehören zur Familie«, sagte Mr. Miller am Eßtisch. Schockwellen trafen mich wie Fausthiebe in den Magen. Ich stand vom Tisch auf und ging zum Fenster. »Haben Sie ein Staubtuch?« fragte ich und kratzte an einem Fleck.

Das Wort »Familie« war eine sprachlich fixierte Garantie für einen ständigen Kontakt, der für mich ein soziales und emotionales Gefängnis bedeutete. Ich konnte nicht wachsen, wenn jemand mein Wachstum beobachtete, bevor ich mich selbst im Bewußtsein dieses Wachstums wohlfühlen konnte.

»Sprechen Sie das Wort nicht aus«, sagte ich zu Mr. Miller. »Welches Wort?« fragte er. »Familie«, erwiderte ich. Meine Angst traf auf taube Ohren. Sie sahen und verstanden sie nur als eine negative Reaktion auf vergangene Erlebnisse. Ich versuchte, ihnen zu erklären, daß es damit nichts zu tun hatte.

Ich starrte auf mein Messer und meine Gabel, während ich am Abendbrottisch der Millers saß. Der Hagel neuer Lektionen fühlte sich an wie Messer und Gabeln, die sie mit meiner Erlaubnis in mich hineinbohrten. Ich hatte sie bewaffnet, und wie eine Masochistin war ich immer wiedergekommen und hatte mir mehr geholt. Ich hatte akzeptiert, daß ich das brauchte, ob es mir nun gefiel oder nicht. Motivation ohne einen Wunsch dahinter war eines meiner familiären Vermächtnisse. In meiner Familie hatte sich gezeigt, daß Angst beim Treffen von Entscheidungen belanglos war – Gott sei Dank.

Ich wand mich auf meinem Stuhl unter dem Gefühl, das mich als Reaktion auf andere beschlich. Es war nicht Angst, und das überraschte mich. Es war ein quälendes Gefühl, das meinen Verstand und meine Emotionen verband. Es war ein Gefühl, das gegen das »meine Welt«-Gesetz verstieß. Es war Neugier auf andere Menschen.

Die Worte der Millers strömten in meine Ohren und verloren immer mehr an Bedeutung. Die Millers redeten langsamer und versuchten, deutlicher zu sprechen, aber mein Gehörsinn wurde empfindlicher, und ich steuerte auf die von mir selbst initiierte Sinnesfolter aus den Händen meiner »Freunde« zu, *weil* ich so neugierig und so interessiert war, daß ich mich auf sie einlassen wollte.

Mr. Miller sah, daß ich blinzelte und mir das ihm zugewandte Ohr zuhielt. »Haben Sie Watte bei sich?« fragte er. »Ich hab's satt, eine Idiotin zu sein, die sich Watte in die Ohren stecken muß!« schrie ich. »Ich hab's satt, drinnen eine dunkle Brille zu tragen, damit ich so ruhig bleiben kann, daß ich etwas verstehe!« Das war der Preis, den ich dafür bezahlen sollte, daß ich ertragen konnte, anwesend zu sein, ohne die abtötende Schutzmaßnahme, mich in Figuren aufzuspalten.

Ich hatte es endgültig satt, daß meine Aufmerksamkeit zu jeder Spiegelung auch noch der geringsten Spur von Licht und Farbe abschweifte, hatte es satt, jedes Muster nachzuzeichnen und die Schwingungen von Geräuschen wahrzunehmen, die von den Wänden zurückgeworfen wurden. Früher hatte ich diese Wahrnehmungen geliebt. Sie waren immer gekommen, um mich zu retten und mich aus einer unverständlichen Welt herauszuholen, in der meine Sinne, wenn ich den Kampf um Bedeutung einmal aufgegeben hatte, aufhörten, mich zu quälen, indem sie von der Überlastung zu einer unterhaltsamen, sicheren und hypnotischen Ebene der Hypersensibilität herunterkletterten. Das war die schöne Seite des Autismus. Das war das Heiligtum im Gefängnis.

Meine Welt der Objekte lag leblos zu meinen Füßen, und die Menschenwelt zeigte mir eine Welt, die ich nicht haben konnte. Ich verfluchte sie, weil sie mir zeigte, daß auch sie ihre Schönheit hatte. Ich verfluchte sie, weil sie verlockend und unerreichbar war. Ich verfluchte andere, weil sie sie besaßen.

Ich sah jetzt ein, daß sie nicht aus freier Wahl, sondern aufgrund von Veranlagung ausgeschlossen war. Ich spürte den Drang, sie haben zu wollen, wie eine, die ihr wahres Zuhause findet, aber feststellt, daß sie ausgesperrt wurde. So wie ich früher bemüht gewesen war, »die Welt« auf Distanz zu halten, setzte ich jetzt alles daran, das Glas zu zerschlagen, nicht um Konformität, sondern um Zugehörigkeit zu erlangen.

Ich stand dazu, daß ich mir diese Welt so sehr wünschte, und blühte auf vor Emotionen. Ich dachte über die Mareks und die Millers nach und verspürte den Zwang, abzulehnen, zu zerstören und fortzulaufen. Immer, wenn ich mit ihnen zusammen war, war es, als wäre es das letzte Mal, und ich kämpfte gegen den Zwang. Ich wußte, daß ich es nicht ertragen könnte, zuzusehen, wie sich alles wieder auflöste.

Ich wußte jetzt, daß mein Krieg die Selbsttäuschung aufrechterhalten hatte, ich hätte »die Welt« abgelehnt, während ich in Wirklichkeit nicht die Macht besessen hatte, sie festzuhalten.

Die Unterscheidung zwischen »meiner Welt« und »der Welt« beinhaltete, daß ich die Wahl hatte, in »der Welt« zu sein oder nicht. Die Erkenntnis, daß der Autismus mir diese Wahl nahm, wurde Grund für den endgültigen Waffenstillstand, der meine Welt unter Glas in Scherben zerfallen lassen sollte. Ich lernte, daß es »meine Welt« nicht gab und nie gegeben hatte.

Die meisten Strategien »meiner Welt« dienten dazu, mir zu zeigen, daß ich nicht da war und damit die Belastung zu verringern. Ich war zerrissen, und ein Teil von mir rang verzweifelt nach Luft, während der andere sagte: »Atmen? Wer muß atmen, wenn du keine Lungen hast?«

Ich sprach die Selbstverleugnung mit mir durch. Ich sprach das Zittern mit mir durch, das das Große Schwarze Nichts ankündigte. Ich sprach die Angst vor der Fremdheit meiner eigenen Stimme mit mir durch und sprach dabei mit einem Ich, das die Worte selbst wählte. Ich sagte mir, wo ich hinging. Ich sagte mir, daß das schwierige Stück nur kurz und vorübergehend sei. Wenn ich meine eigenen Zusicherungen nicht verstehen konnte, zeichnete ich sie auf.

Ich griff nach Papier und Stiften, und genauso, wie ich mir selbst Begriffe aufgezeichnet hatte, bat ich andere, meine Sprache zu sprechen, als Brücke, damit ich ihre Sprache mit ihrer Bedeutung und ihren Zusammenhängen lernen konnte.

Ich klopfte bei den Millers, ausgerüstet mit Stiften und Papier. »Ich möchte, daß Sie mir Emotionen zeigen«, sagte ich.

In der Mathematik vom Menschen stand ich auf einer Stufe, die dem Zählen, Addieren und Subtrahieren mit einstelligen Zahlen entsprach. Leider fiel es den Millers sehr schwer, die Mathematik vom Menschen aufzuschlüsseln. Sie begannen den Unterricht für eine sozial Zurückgebliebene gleich auf der Ebene von Algebra und Logarithmen. Oh Gott, ich war zur Schule gekommen, aber die Lehrer besaßen nur die Hälfte der Lehrmittel. Soviel zum Thema Wundertüten und Zauberstäbe. »Scheiße, das alles, *und* außerdem muß ich meinen Lehrern noch beibringen, wie sie mich unterrichten sollen.«

»Sind Sie wütend?« fragte ich die Millers. »Nein, wir sind nicht wütend«, kam die Antwort. Ihre Stimmen wurden schnell, höher und lauter. Logen sie? Warum konnten sie nicht zugeben, daß sie meistens wütend waren?

Gleich wurden Papier und Stifte hervorgeholt. Die Millers zeigten mir, daß alle Handlungen, die ich als »wütend« interpretierte, auch »beschäftigt«, »müde«, »nervös«, »mitfühlend« oder »aufgeregt« heißen konnten. Nichts davon bedeutete »wütend«.

In Linien und Diagrammen sah ich die Skalen der Wut, der Fröhlichkeit und der Traurigkeit. Die Millers zeichneten deren stärkere oder schwächere Varianten auf den Geraden ein: müde, beschäftigt, durcheinander, aufgewühlt, ärgerlich, erzürnt und rasend. Sie versuchten, mir zu zeigen, wie diese Zustände auf einem Gesicht aussehen oder sich in Handlungen spiegeln konnten.

Ich war diejenige, die wütend war! »Wollen Sie etwa sagen, daß ich siebenundzwanzig Jahre lang auf zwei Drittel des Verhaltens anderer so reagiert habe, als wären sie wütend, und dabei waren sie es wahrscheinlich gar nicht?« dachte ich.

Allmählich dämmerte mir, wie oft ich Müdigkeit für Wut hielt, einfach, weil ich Wut erwartete. Mir ging auf, wie die vielen Jahre des Mißverstehens dazu beigetragen hatten, meinen Krieg gegen »die Welt« und meine Furcht vor ihr zu rechtfertigen.

Doch meine Wut hatte kein Ziel. Ich konnte niemand anders die Schuld geben. Die anderen hatten diese Dinge automatisch gelernt. Sie hätten sich nicht vorstellen können, daß ich sie ausdrücklich lernen mußte, weil sie nicht waren wie ich. Sie hätten sich nicht vorstellen können, daß ich einen viel konstruktiveren Ausdruck ihres sogenannten Einfühlungsvermögens brauchte, als die mildtätigen, märtyrerhaften Prozeduren, denen sie sich manchmal unterzogen; tolerante Menschen sind solche, die sich abfinden.

Ich dachte darüber nach, was uns davor bewahrt, von ständig wachsender Erregung verzehrt zu werden. Wenn jemand Wut erlebt, ist es die Beruhigung durch Nähe und Sicherheit oder der Ausdruck von Freude, die ein Gegengewicht schaffen, damit die Wut ihn nicht auffrißt. Ich fand Nähe erstickend und aufdringlich; ihr Ausdruck machte jedes Nähegefühl meinerseits unmöglich. Angst vor Berührung und das Verwirrtsein durch einen emotional aufgeladenen Tonfall bewirkten, daß die Art, wie andere Beruhigung ausdrückten, mein eigenes Sicherheitsgefühl gefährdete, denn dies beruhte ganz und gar auf Berechenbarkeit und Distanz. Wie konnte ich auf normale, konstruktive Art wütend sein, wenn ihre fehlgeleiteten, gutgemeinten Beruhigungen nur das Feuer meiner Abwehr schürten?

Jeden Tag nach der Uni rannte ich zu den Millers hinüber, um nach dem Faxgerät zu sehen. Jeden Tag kamen Briefe und Faxe von ausländischen Literaturagenten und Verlagen. Ich sollte kopfüber in die Geschäftswelt geschleudert werden, in der ich selbst das Geschäft war. »Sind diese Leute meine Freunde?« fragte ich Mr. Miller. »Nein, das sind keine Freunde«, sagte Mrs. Miller. Ich tobte. Die Millers erschienen mir verrückt. »Bringt mich bitte an einen Ort, wo die Leute vernünftig sind«, dachte ich.

Man erwartete von mir, daß ich furchterregende Dinge – Publicity-Geschichten – Leuten zuliebe tat, die nicht einmal meine Freunde waren. »Warum sind sie nicht meine Freunde?« fragte ich. »Das ist Geschäft, Donna«, sagte Mrs. Miller. »Aber warum sollte ich mit Leuten Geschäfte machen, mit denen ich nicht befreundet bin?« wollte ich wissen.

Die Diagramme und Strichmännchen, Skalen, Verbindungslinien und Sprechblasen wurden hervorgeholt. Von Emotionen gingen wir zum Skizzieren zwischenmenschlicher Beziehungen über. Ich sah, wo Wörter wie »Freund«, »Bekannter« und »Fremder« auf die Skala paßten. Als die Begriffe ordentlich sortiert waren, ging mir auf, wieviel ich in gutem Glauben hingenommen hatte.

Siebenundzwanzig Jahre zu spät lernte ich, daß Freundschaft nicht blind verschenkt, sondern verdient wird. Ich fing an, diese Theorie an meiner wachsenden Freundschaft mit den Millers und den Mareks zu erproben. Ich lernte, daß die Antwort auf die Frage »Bist du mein Freund?« nicht die Versicherung war, daß der andere einem nicht weh tun würde.

Ich lernte, daß echte Freunde nicht einfach Freunde wurden, weil man sie fragte, ob sie Freunde wären und sie »ja« sagten oder weil sie mit einem schlafen wollten, was bedeutete, daß sie einen gern hatten.

Ich fragte, welche anderen Zeichen es gäbe, damit ich nicht ständig überprüfen mußte, ob jemand mein Freund war, und in diesem Zusammenhang erfuhr ich irgendwann etwas über Kontext. Aber während ich lernte, wofür ich blind gewesen war, mußte ich mich damit auseinandersetzen, in welchem Maß ich Opfer dieser Kontext-Blindheit gewesen war.

»Du bist zu einer Party eingeladen«, sagte eins von den Mädchen, die Carol kannte, »Tony möchte, daß du kommst.« Carol hatte Tony gern, er hatte ihr einmal etwas zu trinken aus dem Automaten gezogen. Er war ein Freund; sie brachte ihn zum Lachen.

Carol ging zur Party, eine Vierzehnjährige, die in ihrem Bedürfnis nach Anerkennung ihrer Ebenbürtigkeit und Beliebtheit aus allen Nähten platzte. In der Tür stellte Carol fest, daß sie die Party war. Als sie zu verstehen begann, sammelte sie bereits ihre Kleider zusammen und betupfte sich ein blaues Auge und das geschwollene Gesicht. Trotzdem dachte sie, daß alles ein Irrtum gewesen sein mußte. Sie mußte etwas mißverstanden haben. Zwei Stunden später, nachdem sie ziellos durch die Straßen gelaufen war, kam Carol wieder zu dem Haus zurück, um sich zu entschuldigen, für welchen Fehler auch immer, den sie gemacht und nicht verstanden hatte.

Ich war wütend. Ich wollte das Wort »Freundschaft« aus der Sprache verbannen. Ich steckte in einer Zwickmühle. Wenn ich akzeptierte, was ich gerade lernte, würde ich ein verständlicheres und vollständigeres Leben führen können. Aber ich würde mich rückblickend dem stellen müssen, was Carol im Namen der »Freundschaft« zugestoßen war.

Carol war gar nicht das glanzvolle Bild des Überlebens, das sie einmal gewesen war. Sie war der Inbegriff des »Opfers« gewesen. Es war Zeit für mich, nicht nur bereit zu sein, mich um das, was einmal Carol gewesen war, zu kümmern, sondern auch über diesen Abschnitt meines Lebens wütend zu sein, damit ich weitergehen konnte ...

Im Englischunterricht saß ich am Ende der Reihe in der Ecke. Mit dem Rücken zur Wand fühlte ich mich relativ sicher.

Woche für Woche pickte Joe mich heraus. Ich hatte keine Ahnung, warum. Wenn es darum ging, einen Sündenbock zu finden, fiel ich auf wie die Hoden eines Bullterriers. Anscheinend trug ich ein unsichtbares Schild mit mir herum, auf dem stand: »Masochistin sucht Peiniger, bitte melden.«

»Was macht die Universität?« fragte Mr. Miller. Ich erzählte ihm das letzte Kapitel aus der Sündenbock-Saga. »Wo sitzen Sie im Raum?« fragte er. Ich hatte keine Ahnung, was das damit zu tun haben sollte, aber ich erklärte ihm, wie ich stand, wenn jemand auf mich zukam, wo ich mich hinsetzte und wie ich die Pausen verbrachte. Mr. Miller stand auf und sagte: »Gut, ich bin jetzt Donna Williams.«

Ich sah zu, wie Mr. Miller in seiner Küche »Das ist dein Leben« spielte. Langsam verstand ich, warum ich soviel öfter als andere herausgepickt wurde. Da ich Körpersprache nicht so verstand wie andere, war ich eine wandelnde Herausforderung zum Ärger-Machen gewesen.

Ich begann zu erkennen, daß meine Art, »Raum für mich haben zu wollen und mir selbst zu gehören«, ihrer Version von »einsam, braucht Gesellschaft« oder »fehlendes Selbstvertrauen, Leute auf Egotrip willkommen« entsprach. Aus Entgegenkommen hatte ich mich manchmal für Größe, Alter, Augen- oder Haarfarbe von Leuten interessiert. Gelegentlich hatte ich gefragt, ob ich ein Kleidungsstück berühren dürfe (wenn es Samt oder Angora war). In ihrer Übersetzung hatte das wahrscheinlich geheißen »nimmt bestimmt Drogen«, »Hippie mit Hirnschaden« oder »offen für Bettgeschichten«. Mir wurde klar, daß ich meine Botschaften ebensogut in Suaheli hätte aussenden können, wenn man von der Anzahl der Definitionen ausging, die ich mit anderen teilte.

»Lassen Sie mich ›Herdenmentalität‹ erklären«, sagte Mr. Miller und stellte ein paar Gegenstände auf dem Tisch auf, um mir den Begriff anschaulich vorzuführen. Ich sah, daß die Leute, die Sicherheit in der Gesellschaft durch die Unterstützung anderer fanden, eigentlich doch nicht verrückt und unlogisch waren. Ich blickte auf mein Leben zurück und weinte. Und wenn schon. Doch irgendwo in all dem lernte ich schließlich, warum Menschen sich gegenseitig um Unterstützung bitten.

In der Universität war Joe so widerlich wie immer. Er verkörperte inzwischen jedes wandelnde Ego-Problem, das Carol jemals Schlafzimmerspiele hatte spielen lassen. Er stand für die Wand, die mich davon abgehalten hatte, das Wort »Freundschaft« zu akzeptieren, das neue Wissen darum, wie man echte Freundschaften erwirbt. Außerhalb der Universität verspürte ich einen wachsenden Drang, ihn physisch zu attackieren. Ich erzählte meiner Kommilitonin Kerry davon.

Kerry hörte zu, wie ich davon sprach, Joe als Symbol für sozialen Dreck anzugreifen. Es war alles reine Theorie. Trotzdem waren die Emotionen ungeheuer real. Die Moral schrie: »Wenigstens ein Auge für ein Leben mit verlorener Unschuld.« Nur die Logik schaffte es, meinen inneren Kampf zu überleben. Die gute alte Logik dachte es durch. Ich konnte Joe nicht verletzen. Es würde einfach kein Problem lösen. Morgen würden tausend andere wandelnde Dreckstücke und Symbole für mein Opfersein an seine Stelle treten. Tränen brachten mir die Rettung.

Tränen geben Kraft. Beim Schreiben von *Ich könnte verschwinden, wenn du mich berührst* waren Tränen für Donnas verlorene Jahre und für Donnas Verlorenheit vergossen worden. Jetzt mußten Tränen für Carol vergossen werden, damit diese Augen sich mit Leben füllen konnten und das Lächeln echt werden konnte. Dann konnte das Opfer in mir in dem Wissen Kraft finden, daß es nicht von dem schwachen Schutz anderer abhängig war. Das Opfer in mir würde Kraft in dem Wissen finden, daß es in seiner Macht stand, sich selbst zu beschützen.

Wenn es einen tödlichen Schlag gab, der gegen den Bestand an wandelnden Dreckstücken geführt werden konnte, war es dieses Bewußtsein. Was einmal Carol gewesen war, wurde Teil einer sehr realen Donna Williams. Gut gerüstet mit Einsicht, Selbstvergebung und Selbstermächtigung würde sie durch ihr restliches Leben gehen.

Zur wichtigsten Munition, die man zum Selbstschutz besitzt, gehören die Fähigkeit zu fragen und die Fähigkeit zu erklären. Ich hatte das Training begonnen, aber mein Übungsfeld war einer der merkwürdigsten Orte, die man sich vorstellen kann. Es war bei den drei Kindern einer chinesischen Familie.

Nancy, die Älteste, öffnete die Tür. Ich war auf eine Bitte hin erschienen, die mir in sehr gebrochenem Englisch im Namen des Vaters der drei, eines Geschäftsmannes, vorgetragen worden war. Die Arbeit bestand darin, seinen drei Kindern Englisch beizubringen.

Es schien alles ziemlich einfach. Wenn jemand Sprache analysiert hatte, dann war ich das. Ich hatte einen riesigen Wortschatz und wußte alles über Satzbau und Phonetik. Ich hatte Linguistik studiert. Ich widmete mich ernsthaft dem Sprachenlernen und schätzte den Wert der Sprache im allgemeinen.

Nancy sprach nicht mehr als zwanzig Wörter Englisch, und ihre Schwester und ihr Bruder konnten sogar noch weniger. Das war toll. Diese Kinder würden unmöglich herausfinden können, daß ich Schwierigkeiten im Umgang mit Sprache hatte.

Ich ließ Nancy aufstehen und die Dinge, die wir bezeichneten, berühren. Zu jedem Wort mußte ein Gegensatz genannt werden. Fußboden war der Gegensatz zu Dach, Fenster zu Tür, Griffe zu Haken, Schachteln zu Flaschen.

Wir stellten fest, woraus die Dinge gemacht waren, und beklopften und berührten dabei alles: Holz, Metall, Plastik, Gummi und Beton. Wir gingen Adjektive durch: rauh und glatt, stumpf und glänzend, und gingen von den Namen der Gegenstände um uns herum zu ihren Beschreibungen und ihren Verwendungen über.

Wir spielten jedes neue Verb vor, drehten uns und sprangen, rollten und rannten. Alles Lernen geschah über unsere Körper, und die Wände des Klassenzimmers dehnten sich über das Haus hinaus in die weitere Umgebung aus.

Die Sprache schritt zum Sichtbaren fort, und das Haus füllte sich mit Büchern und Postern. Ich lebte meinen Fetischismus für Kategorien noch einmal aus und erschöpfte alle Verästelungen jedes Themas. Wir spielten jeden Satz. Wir wurden zum Mond und zu Sternen, zur Theaterbühne und zu den Opernsängern, die dort auftraten.

Wir gingen zu unsichtbaren, aber hörbaren Nomen und Adjektiven über: »Geräusch«, »Rhythmus«, »laut« und »leise«. Wir zeichneten Emotionen und ordneten sie in Skalen ein.

Nancy verbesserte sich innerhalb dreier Monate von zwanzig Wörtern auf Hunderte von Wörtern und vollständige Sätze. Dann wollte sie sich mit mir unterhalten.

Innerhalb der Struktur, in der ich die Sprachlehrerin war, war ich geschützt. Ich wußte, wie lange jede Stunde dauern würde. Ich wußte, daß ich abbrechen oder das Thema wechseln konnte. Nancy hatte so einen großen Wissensdurst und hungerte nach Gesellschaft. Sie wollte, daß ich mich nicht nur über die Themen, die wir behandelt hatten, mit ihr unterhielt, sondern daß ich mit ihr über die Veränderungen sprach, die sie als Vierzehnjährige erlebte, die sich in der Pubertät befand und gerade in einem völlig anderen, neuen Land mit fremder Sprache und Kultur angekommen war. In gewisser Weise hatten wir vieles gemeinsam.

Nancy dachte gründlich nach und empfand tief. Sie war wohl der weiseste Teenager, den ich je kennengelernt hatte. Es war, als würde ich mit Konfuzius zusammensitzen. Irgendwie hatte ich das Gefühl, das Schicksal hätte mir diese Arbeit zugewiesen, damit ich Nancy die Wörter geben und sie mich deren Gebrauch lehren konnte. Ich wußte viel über Sprache. Sie wußte viel über deren Anwendung. Sie sprach so langsam und mit so vielen Pausen, daß ich ihren Themen folgen konnte. Während ich ihr half, ihre Emotionen in Worte zu fassen, lernte ich, meine besser zu bezeichnen. Mit der Unschuld eines Kindes sah Nancy mir in die Augen und bestand darauf, sich mitzuteilen.

Wörter waren nicht mehr bloße Mittel zum Sammeln von Fakten oder hörbare Erinnerungen daran, daß ich nicht allein war, solange ich meine eigene Stimme vernahm. Wörter waren nicht mehr Waffen oder bloße Werkzeuge zum Verständnisgewinn auf einer bedruckten Seite. Nancy lehrte mich, daß Wörter nicht bloß an sich unterhaltsam sind, sondern daß sie zusammengesetzt und ausgetauscht werden, als Teil des Prozesses, wie Menschen zusammenwachsen. Mit Nancy lernte ich, Gespräche zu genießen, und wie Freundschaft wächst, nicht trotz sondern wegen der Sprache.

Meine Fähigkeit, konzentriert zu sprechen, wurde durch mein Schreiben und meine Übungen mit Nancy gesteigert. Gesprochene Wörter wurden benutzerfreundlich. Das Konzept von »Sprache, die Mauern baut und als Strategie verwendet wird, um Menschen auf Distanz zu halten« sah sich seinem Gegenteil gegenüber: dem Konzept von »Worten, die Menschen einladen«.

Juli 1991

An Theo Marek,

... Wenn ich mit Nancy spreche, kann ich verstehen, warum es mir so schwer fällt, mit anderen zu kommunizieren. In bezug auf Kommunikation habe ich eine Sprache wie eine Hundertjährige (die bestmögliche), aber ich habe die sozialen Kommunikationsfertigkeiten eines unterentwikkelten, kleinen Kindes. Ich kann über viele Themen reden, aber wenn Geselligkeit und Sprache zusammentreffen (und Emotionen und Ich dabei intakt bleiben), ziehen sie mein Funktionsniveau tief nach unten ...

Das war's ...

Donna

»Vor zwanzig Minuten haben Sie mich zum letztenmal angesehen«, verkündete Dr. Marek. Ich sah ihn entgegenkommend an (die Gepflogenheiten »der Welt«, spiel nach ihren Regeln, wenn du in ihrer Mannschaft bist).

Wir sprachen über die Regeln, welcher Zeitraum für »die Welt«-Leute zwischen Blicken üblich und normal ist. »Einige Sekunden«, sagte Dr. Marek. Ich sollte den Übergang von zwanzig Minuten zu einigen Sekunden schaffen, ohne Figuren zu Hilfe zu nehmen.

Dr. Marek »berührte« mich mit den Augen. Ich hatte Angst. Nach den Gesetzen »meiner Welt« sollten andere Menschen dazu nicht fähig sein. Dr. Marek brach meine Gesetze, und ich hatte das Gefühl, verletzt zu werden, obwohl ich wußte, daß er die Regeln nicht kannte. Meine sich entwickelnde »die Welt«-Wahrnehmung sagte mir, daß das bloß Gefühle waren, weil ich betroffen war. Eine emotionale Verbindung kam zustande, weil genügend Bedeutung durchdrang. Ich beteiligte mich an einem Tanz namens Blickkontakt, zu dem ich bereitwillig mit intaktem Selbst gekommen war. Ich mußte zulassen, daß wir gemeinsam die Kontrolle übernahmen. Mein sich entwickelnder »die Welt«-Sinn sagte mir, daß das Teil des Wegs ins Freie war.

Dr. Marek wußte, daß ich Angst hatte. Ich bebte von Kopf bis Fuß, ich zappelte wie ein Patient beim Zahnarzt, und wenn ich aufstand, schwankte ich manchmal. Verdammt, das alles und dazu noch Gefühle. Wußten sie denn nicht, daß es ein »meine Welt«-Gesetz gab, nach dem ich emotional nicht berührt werden durfte (mit dem Verstand durfte man sich unbegrenzt einlassen, aber die emotionale Betroffenheit durfte nicht größer sein, als man es selbst zuließ). Es würde nicht leichter werden.

Wieder zurück in der Wohnung sah ich in den Spiegel. In meinem Gesicht lag ein zerbrechliches Wirklichsein. An Stelle der Gleichgültigkeit kam eine schmerzhafte Schüchternheit zum

Vorschein. Schüchternheit war ein Schritt nach vorn. Ich hatte oft Schüchternheit empfunden, hatte aber festgestellt, daß sie die so deutlich fehlende Kontrolle bloßlegte, daß ich sie immer zu etwas Tiefergehendem umgeformt hatte, zu Abwehr, ausweichendem Verhalten oder Gleichgültigkeit. Ich brach auf wie eine Rose im Sommer, und ich war mir der Emotionen bewußt, schätzte sie und nahm sie als Teil von mir in Besitz.

Ich kaufte Farben, und zum ersten Mal seit etwa meinem dreizehnten Lebensjahr begann ich, in Farbe zu malen. Damals hatte ich ein bißchen gemalt, immer zu ängstlich, als daß ich andere meine Bilder hätte sehen oder verstehen lassen. Alles, was ich malte, mußte hochsymbolisch sein, selbst der Gegenstand mußte geistig und visuell nicht greifbar sein. Damals hatte ich mich schließlich auf Schwarz und Weiß zurückgezogen, was ein wenig meiner Auffassung von der Welt entsprach, aber meiner Meinung nach ungefährlicher war, weil ohne Farbe zwar der Gegenstand, nicht aber das Gefühl ausgedrückt wurde. Farben standen für Emotion.

In der Abgeschiedenheit meiner Wohnung holte ich meine Farben hervor und ließ die inneren Bilder aufsteigen. Rosengärten und Hügel, hohes Gras aus Gold, Grün, Braun und Schwarz. Ich fing »meine Welt« dort ein, wo sie sein sollte: auf der ebenen Oberfläche eines Stück Papiers, zwei Dimensionen, die wie drei erschienen.

Das Meer zu verschiedenen Tages- und Nachtzeiten, Lichter der Stadt, der Himmel, der sich in Seen spiegelte, und die Persönlichkeiten von Wolken beschworen Bilder von Manet, Monet und Turner herauf. Die Farben wurden heller und heller, die Bilder verlockten den Betrachter, eine symbolische Reise zu beginnen. Ich hieß sie mit offenen Armen willkommen, während ich sie auf dem Papier festhielt; ich malte ein Kind, das aus den Tiefen des Großen Schwarzen Nichts herausklettert und zum Licht hinaufgreift. Ich malte die Katzen, die lange symbolische Darstellungen meiner selbst gewesen waren.

In diesen Bildern drückte ich mich offensichtlich selbst aus. Ich beobachtete, wie meine Emotionen und Stimmungen mich anblickten, anders als ein Spiegelbild, wenn auch noch nicht menschlich. Ich malte die sieben Katzen, die für die sieben Regenbogenfarben standen, das Spektrum der Emotionen. Die Bedeutung, die lange versteckt gewesen war, verborgen im Verborgenen im Verborgenen, kam an die Oberfläche – beobachtbar, greifbar und fähig, mich emotional zu berühren.

Ich verbrachte Stunden damit, die Bilder anzustarren, genauso wie früher mein Spiegelbild. Was ich sah, gefiel mir, und ich selbst gefiel mir auch.

Ich stellte fest, daß es mehr gab, als nur Angst oder Gleichgültigkeit, wenn es darum ging, Freundschaften auszuhalten. Ich bekämpfte die Angst mit dem Verstand und verband Theo Mareks Flur mit seinem Haus und dessen Platz in der Welt draußen. Ich ließ jetzt zu, daß die gelernten Lektionen anerkannter Teil »der Welt« wurden, die ich kennengelernt hatte und in der ich einen Platz für mich beanspruchte.

»Was machen Sie denn da?« fragte Dr. Marek, als ich im Schneckentempo durch seinen Flur schlich und alles aufnahm. Sonst war ich immer durch den Flur gelaufen, als stünde er in Flammen. Jetzt wollte ich sehen und verstehen, was sich darin befand und welche Zimmer davon abgingen. Ich wollte erfahren und verstehen, daß der Flur mit dem Wohnzimmer verbunden war, wo unser letztes Gespräch stattgefunden hatte, und daß er auf die Veranda und den Weg hinausführte, der mich wieder zu meiner Wohnung bringen würde.

Auf dem Weg nach draußen stand ich an der Haustür und sah Dr. Marek in die Augen. Ich lächelte innerlich über diese heimliche Kontrollausübung. Ich übte Kontrolle aus, indem ich

Kontrolle aufgab. »Auf Wiedersehen«, sagte ich und ging fort, im vollen Bewußtsein, daß es keine Mauer mehr zwischen dem Haus der Mareks und dem, was ich dort lernte, und dem Rest »der Welt« außerhalb davon gab.

»Donna, ich möchte, daß Sie meine Hand berühren, wenn Sie können«, sagte Dr. Marek bei unserem nächsten Treffen. Ekel überkam mich, und ich erstarrte. »Was will dieser Mann von mir?« dachte ich voller Panik, während die Echos der Vergangenheit wie eine Flutwelle über mir zusammenschlugen.

Der schon ältere Vater meines Freundes betrat das Zimmer. Ich konnte mich hier aufhalten, wenn mein bester Freund nicht da war. Mein Freund und ich waren wie Bruder und Schwester. Wir zogen die gleichen Kleider an, und wir konnten im gleichen Bett schlafen und wußten, daß wir dabei beide sicher waren. Er war sechzehn. Ich war vierzehn. Er war näher daran gewesen als die meisten, unter Carol Donna zu entdecken.

»Ich möchte dich berühren«, sagte der Vater, indem er sich auf das Bett meines Freundes neben meinen Körper setzte. Carol horchte auf die Rückkehr ihres Freundes. »Darf ich dich anfassen?« fragte der Vater, und seine Hand griff herüber, wie so viele andere. Gott sei Dank hatte er gefragt, denn wenn Carol auch nicht unbefangen für sich eintreten konnte (weil sie kein Ich hatte), konnte sie doch ehrlich und direkt eine Frage beantworten. »Nein«, sagte Carol, aber es war schon zu spät. Sie konnte es ihrem Freund nicht erzählen, daher kündigte sie ihm einfach die Freundschaft auf.

Es ergab keinen Sinn. Dr. Marek war doch auf meiner Seite, oder? Ich wünschte mir, daß noch jemand im Zimmer wäre. Ich wünschte mir eine zweite Frau her.

Soweit ich sah, war ich mit der Sache fertig. Ich hatte die Wahrheit über Carols »Schlafzimmerakademie-Auszeichnungen« und über das »Verschwinden« gesagt. Der Krieg war vorbei, und diese Dinge würden nie wieder passieren. Warum sollte ich irgend jemanden berühren wollen?

Ich lag mit mir selbst im Krieg. Es ging um die alten »meine Welt«-Strategien und die neuen »die Welt«-Regeln. »Ist doch egal, wer mich anfaßt«, sagte ich mir, »dieser Körper ist mir sowieso nur übergestülpt.« »NEIN!« schrie der andere Teil, »ich bin doch hier drin!«

Es wird schon nicht so schlimm sein, wenn er versucht, dich anzufassen. Lächle und akzeptiere die Auslöschung. Lache über sie, weil sie unwissentlich Kollaborateure in der Kunst des »Verschwindens« sind. Freu dich daran, wie recht du hattest, nicht zu vertrauen. Dr. Marek muß um meinen Krieg gewußt haben. Er überfiel mich nicht. Er streckte die Hand aus und wartete darauf, daß *ich* ihn berührte.

Bloßgestellt und ohne den Wunsch nach Berührung hatte ich Angst. »Spiel Theater, spiel Theater, spiel Theater.« Aber ich konnte nicht, weil ich hier den Anfang machen sollte, und ich konnte es nicht ertragen, das ohne Gefühle zu tun. Und trotzdem, Gefühle zu haben war unmöglich. Dr. Mareks ausgestreckte Hand spottete über meine Unzulänglichkeit.

Er spielte meine Angst weder herunter noch lachte er darüber. Er drängte mich nicht. Als er mein tränenüberströmtes Gesicht sah, ließ er mich allein, damit ich meine Gefühle sortieren und es ein andermal wieder versuchen konnte. »Wozu? ... Wozu?« quälte ich mich voller Unzufriedenheit, auf der Suche nach einer Lösung. »Warum möchte ich das?« Es kam keine Antwort.

Mein nächster Termin mit Dr. Marek war in vier Wochen, und ich hatte Angst. Ich stand vor dem Spiegel, legte mein Gesicht an das Glas und weinte.

Meine Hand streckte sich aus, und mein Spiegelbild und ich berührten uns. Ich sah diese berechenbare Person an, die ich mein ganzes Leben lang gekannt hatte und mit der ich gewachsen war. Ich wünschte mir so sehr, daß sie aus dem Spiegel heraussteigen und bei mir sein oder ich werden würde, damit ich fortgehen könnte. Mein Spiegelbild war der einzige Mensch, den ich von mir aus berührt hatte, aus einem Bedürfnis heraus, nicht aus Fügsamkeit. Sie sah mich an, mit gleicher Intensität und voller Kummer darüber, daß das nicht möglich war. Sie konnte nicht heraus, früher nicht, jetzt nicht, niemals. Ich legte meine Hände gegen ihre und senkte den Blick von ihren Augen auf unsere Hände. »Spiegelhände«, sagte ich zu ihr und lächelte, während wir weinten. Sie lächelte zurück, das lächelnde Beispiel dafür, daß Optimismus Gefangenschaft überleben kann.

*D*ie zweite Unterrichtsphase begann, Deutschunterricht in allen Klassen der Schule, für Kinder von fünf bis zwölf Jahren. Es würde herrlich sein, denn die Kinder sprachen kein fließendes Deutsch, und meine Aufgabe war, zu jeder Zeit und in jeder Situation selbst deutsch zu sprechen. Wenn die Kinder etwas nicht verstehen konnten, sollte ich meine Worte mit Gesten, Bildern und anderen Materialien unterstützen. Durch Objekte zu sprechen war meine Stärke. Wenn ich meine Wörter konkret und sichtbar machte, fielen sie nicht leer zu Boden.

Ich komponierte die meisten meiner Stunden, und ausgerüstet mit einer Gitarre und einer Stimme kam ich an. Der Stoff wurde durch Handlungen und Musik gelernt und durch künstlerische und handwerkliche Betätigung und wissenschaftliche Experimente ausgedrückt und erweitert.

Meine erste Stunde begann. Ich war an die Kinderstimmen nicht gewöhnt, und weil ich in zu viele Richtungen hören mußte, war ich den Kindern gegenüber bedeutungstaub. »So, kann mir jemand erklären, wie das funktioniert? Aha ... und was meinst du dazu, Andrew, kannst du noch mehr dazu sagen?« Ich forderte die Kinder ständig auf, das, was die anderen gesagt hatten, zu kommentieren und zu ergänzen. Damit verbarg ich die Tatsache, daß zwischen ihnen und mir kein echter Dialog zustande kam, und sie schienen das Angebot gesteuerter Unabhängigkeit gern anzunehmen. Ich meinerseits nahm lieber die Außenseiterrolle der Koordinatorin an als die der Lehrerin.

Wir untersuchten Gebäude. Ich dachte über die Parallele zwischen den Fundamenten eines Gebäudes und den Fundamenten meiner Lebensart nach. Ich war wie ein Kartenhaus gewesen, ohne Stützbalken oder festen Unterbau. Ich hatte ein Dach gehabt, das dauernd über mir zusammengestürzt war, und Wände, die wegen der fehlenden Stützgerüste ständig neu gebaut und verstärkt werden mußten. Ich dachte an all die Dinge, die nicht in mein Haus hineinkonnten, weil die Fundamente nicht dafür gebaut waren, sie zu tragen. Ich dachte an die fehlenden Fenster in meinem Kartenhaus und an meine Tür, die immer entweder offen oder geschlossen war, der aber die Angeln fehlten, die das freie, unstrukturierte Kommen und Gehen zugelassen hätten, das ein richtiges Haus erlaubt hätte. Ich hatte keinen Schornstein, daher war mein Haus voller Rauch und meine Fähigkeit, etwas zu verstehen und Zusammenhänge zu erkennen, getrübt. Ich dachte daran, wie »die Welt« durch die Risse zwischen den Karten hereinkam.

Diese neue Strategie bezeichnete ich als »parallele Systeme«. Sie wurde die Basis für eine neue Methode, eins nach dem anderen zu verstehen, bis ich kaum noch mitkam. Es war, als hätte ich unter Sauerstoffmangel gelitten und konnte nun plötzlich atmen. Mein Verstand explodierte in ein neues Bewußtsein hinein, und immer neue Korridore erschienen darin, während jahrelang gespeichertes, ungenutztes Wissen die Strukturen fand, in die es hineinpaßte.

Meine Mentorin für diese Unterrichtsphase war traumhaft. Von Anfang an konnte sie mich spüren, statt mich zu beobachten. Schließlich erklärte ich ihr alles, und sie verstand und behandelte mich in keiner Weise anders, außer daß sie mich noch mehr ermutigte, meine Schwierigkeiten direkt anzugehen.

Als Teil meiner Ausbildung mußte ich an Unterrichtsstunden teilnehmen, die ich nicht selbst unterrichtete. In manchen davon wurde getanzt, und zum Tanzen gehörte, sich an den Händen zu halten.

Ich hatte früher schon Kinder betreut. Wenn ich die Kinder auf den Arm nahm, sie anzog oder fütterte, gehörte dazu das, was ich als »instrumentelle Berührung« bezeichnete. Ich ging damit so um, wie ich mich damit abfand, daß ein Arzt oder ein Zahnarzt mich untersuchte. Für diese Kategorie der Berührung war ein Teil meines Verstandes zuständig, der rein klinisch, rein logisch, rein vernünftig war: Willie. Diese Art der Berührung hatte nichts Soziales oder Emotionales, wir waren beide Gegenstände. Nichts erinnerte an meine Schwierigkeit, ein Gleichgewicht zwischen dem Ich und den anderen herzustellen. Nichts Intuitives war nötig. Praktische Berührung war einfach ein weiteres Kapitel in einem Ordner mit der Aufschrift »Theorie-Ich«, soziale Berührung jedoch hatte etwas mit Gemeinschaft und Kommunikation zu tun. Ich sollte diese Leute als Menschen berühren und nicht als belebte, sprechende, laufende Blabla-Objekte in Menschengestalt, die gerade Hilfe brauchten. »Das macht Spaß«, sagte meine Mentorin lächelnd. Ich fühlte mich krank.

Ich stand außerhalb eines Kreises von Fünfjährigen. Meine Arme hingen schlaff an meinen Seiten herunter.

»Fassen Sie sie an«, sagte die Dozentin auf deutsch, und ich war froh, daß die Kinder das nicht verstanden. Die Mentorin und ich waren von »der Welt« getrennt, weil wir die beiden einzigen im Raum waren, die fließend eine andere Sprache sprechen konnten.

Ich sah sie verzweifelt an. Ich fühlte mich wie Brer Rabbit, das den Fuchs anfleht. Ich konnte ein Kind an der Hand nehmen, um mit ihm über die Straße zu gehen oder damit es sich nicht verletzte. Ich konnte ein Kind auf den Arm nehmen, wenn nötig. Ich konnte sogar passiv hinnehmen oder übersehen, daß ein Kind mich zufällig berührte. Und obwohl das mit Menschen, die kleiner waren als ich, nicht so schwer war wie mit Erwachsenen, war es mir doch zu viel, daß ich physischen Kontakt herstellen und Lächeln und Tanzen und Singen sollte, alles zur gleichen Zeit. »Carol, komm her!« kam ein Gedanke. Sie war nirgends zu finden.

Kotze saß in meiner Kehle und wartete auf den geeigneten Moment, um zu erscheinen. Meine Augen schrien die Mentorin an, mich nicht so zappeln zu lassen. Mein Herz raste, und mein Verstand rief: »Lauf ... lauf!«

Die Dozentin sah mit einem etwas spöttischen, aber beruhigenden Lächeln zu mir herüber, als wollte sie sagen: »Lächeln Sie und halten Sie es aus, es ist bald vorbei.« Von diesem »Es ist bald vorbei« hatte ich für mein Leben lang genug. »Wecken Sie mich, wenn es vorbei ist«, dachte ich, als meine toten, hölzernen Beine im Kreis herumhüpften, zufällig an dem Körper befestigt, den sie mitnahmen. Meine Lehmhände steckten leer in zwei kleinen, geschlossenen Händchen voller Menschlichkeit, die meine unaufhörlich drückten, als wollten sie ihnen etwas Leben einflößen. Ich fühlte mich lebendig begraben.

Zu Hause befand ich mich in einem Zustand der Überladung. Irgendeine Art von Emotion war über mich gekommen und hatte mich zu einem verständnislosen Häufchen Elend gemacht. Alle Gegenstände vor mir hatten ihre Bedeutung verloren, und ich war von Farben und Mustern und Formen umringt, dabei waren mein Gehör schärfer geworden und meine Lichtempfindlichkeit angestiegen, und meine eigenen namenlosen Emotionen überschwemmten mich.

Ich ging allein in meiner Wohnung herum, berührte die Gegenstände und wartete darauf, daß die verlorene Freundin »Bedeutung« zurückkehren würde. Ich sah mich im Spiegel und legte meine Hände an ihre Hände. Ich legte meine Wange an ihre Wange und weinte. »Kalt«, sagte ich in meinem Kopf und sah dabei auf meine Hände an der glatten Glasfläche des Spiegels.

Der Wortgedanke kam ganz plötzlich, voller Bedeutung in diesem bedeutungsleeren Zustand. Nichts passierte. Etwas war ganz nah. Etwas Schreckliches oder etwas Schönes — da war ich unsicher —, aber es stand kurz bevor.

Ich trat zurück, die Hände immer noch auf ihren Händen auf der anderen Seite des Glases. Ich sah ihr Gesicht an und nahm meine Hände fort, einen Moment lang still. Mein ganzes Leben lang hatte sie für mich Sicherheit bedeutet, und diese kalten, glatten, gläsernen Hände waren meine Art des persönlichen Trostes gewesen. Es war die einzige wirkliche Berührung, die ich noch mit Nähe gleichsetzte, das einzige, was noch unverdorben war.

Ich nahm meine Hände fort, hielt sie vor mich hin und betrachtete sie da vor mir. Dann sah ich mein Spiegelbild an, wie sie ihre eigenen Hände zusammenlegte. »Warme Hände!« rief ich aus. Endlich hatte ich den Unterschied zwischen ihr und mir entdeckt.

Ich guckte von ihren Händen zu meinen Händen. Sie berührten sich. Von ihr zu ihren Händen zu meinen Händen und zurück, ich guckte, und die Bedeutungslosigkeit um mich herum spielte keine Rolle mehr. »Warme Hände«, sagte ich, »warme Hände!«

Das Gesicht an den Spiegel gelegt, während meine Hände sich immer noch berührten, lächelte ich sie an, und sie lächelte zurück. »Warme Hände«, erklärte ich, und mein Gesicht leuchtete auf, weil ich verstanden hatte, eine Forscherin, die eine uralte Grabstätte entdeckt.

Ich drehte dem Spiegel den Rücken zu. Rücken an Rücken mit ihr blickte ich, allein, auf meine warmen, sich berührenden Hände. Ich hatte die Antwort. Ich wußte, wo ich hinging.

Ich hatte nie Zeit gehabt, eine Brücke vom Nichts der leeren, gespielten Berührung zum Annehmen von Berührung und echten Gefühlen zu bauen, die angeblich aus Nähe entstehen sollten, oder zu wissen, warum ich das anstreben sollte.

Innerlich wußte ich, daß mich zu berühren bedeutete, jede Möglichkeit von Nähe zu negieren und zunichte zu machen. Eine »die Welt«-Berührung war der Tod, aber sie gab mir auch ein perverses Gefühl von Sicherheit, weil ich wußte, daß mir danach nichts mehr etwas anhaben konnte. Man kann nur einmal umgebracht werden, und danach ist man selig tot.

Ich kam in ein Leben zurück, das schmerzte. Es war die Verletzlichkeit, sich lebendig zu fühlen, die abgewehrt werden mußte. Kontrolle war für mich wichtiger gewesen als alles andere. Wer mich berührte, machte sich selbst unwirksam und überließ mir damit die vollständige Kontrolle. Man konnte mich töten, aber innerlich tötete ich dabei den anderen. Er starb in »meiner Welt« und war unfähig, sie jemals wieder zu betreten.

Während andere zugesehen hatten, wie ich ein williges Opfer wurde, hatte ich beobachtet, wie sie unwissend und bereitwillig eine stärkere Waffe aufgaben, als selbst Berührung es sein konnte — die Fähigkeit, mich durch Nähe zu berühren. Sie konnten meinem Körper physisch nah sein, aber das bedeutete nichts, wenn ich dieses Ding nicht als mein eigenes erlebte oder akzeptierte und gar nicht haben wollte. Je öfter sie es berührten, desto weiter konnte ich mich davon distanzieren. In einer perversen »meine Welt«-Art gewann ich. Sie halfen mir zu »verschwinden«.

In siebenundzwanzig Jahren hatte ich oft meine eigenen Hände berührt. Es waren einfach Fleischklumpen, Blut und Knochen, die aufgrund von Form, Position, Funktion und Aussehen etwas darstellten, was wir »Hände« nennen. Es gab keine emotionale Bindung an sie, kein Gefühl, daß sie mir persönlich gehörten, und das Berühren von Händen hatte keine Bedeutung. Es war einfach ein Zusammenstoß von zwei derartigen Objekten im Raum.

Sie mochten zu diesem verdammten Körper gehören, der mich in sich gefangen hielt, aber so lange es zwei davon gab und sie gemustert waren und als Paar zusammenpaßten, fand ich ein ästhetisches Wohlgefallen daran, sie zu haben. Ich freute mich an ihrer Symmetrie und an den Lebenskarten, die die Gene darauf eingezeichnet hatten.

Hände schienen funktional nützlich zu sein, wenn es darum ging, Selbstmißhandlung zu ermöglichen, oder wenn ich mich der Durchführung und den Prinzipien von Essen und Gesundheitspflege unterzog. Sensorisch spielten sie eine Rolle, wenn ich Haar oder Samt berührte, aber für viele Materialien benutzte ich lieber meine Füße oder meine Wangen. Hände waren Ausdrucksmittel, wenn es um Wut ging und einer oder mehrere Finger gezeigt wurden. Sie hatten ihre Funktion als Nasenpuhler oder um ein Taschentuch zu besorgen, wenn ich veranlaßt wurde, etwas kultivierter zu sein und mich nicht so in die Konsistenz des Rotzes oder in dessen Kneten, Schnippen oder Verschmieren zu vertiefen. Hände waren gut, um Geräusche zu machen, wenn Dinge *ping* machen sollten, zum Klavierspielen oder zur Interpunktion des Lebens – durch Klatschen. Sie waren nützliche Körperbeklopfer, wenn ich Angst bekam, weil ich zu gut »verschwand«, und fragte, wo ich war. Das Klopfen gab mir zu verstehen, daß ich, obwohl ich abgeschnitten war, immer noch da war. Hände warfen interessante Schatten auf die Wand und konnten vor mir zu interessanten Mustern gedreht werden. Sie waren unentbehrlich für einen sauberen Körper und ein sauberes Haus. Aber mit Nähe hatten sie nicht das Geringste zu tun.

Es waren noch zwei Wochen, bis ich Dr. Marek wiedersehen würde. Ich dachte darüber nach, seine Hand zu berühren. Mir war zumute, als wäre ich bei einer Prüfung durchgefallen, und ich lebte in der Angst, sie wiederholen zu müssen. Entweder würde ich gut vorbereitet in die nächste Prüfung gehen, oder ich würde die Sache abbrechen.

Für den Schauspielunterricht in meiner Klasse machte ich eine Handpuppe. Es war ein wuscheliger schwarzer Kater namens Musch, mit einer rosa Nase, Schnurrbarthaaren, weißen Katzenaugen und Vinylohren. Auf meiner Hand bewegte er sich wie eine echte Katze. Er versteckte sich vor den Leuten, die ich nicht ansehen wollte, auch wenn ich selbst sie weiterhin ansah. Er konnte von Menschen, die ich mochte, in einer Weise berührt und begrüßt werden, die mir nicht möglich war. Er konnte seine Katzenpfoten um meinen Hals legen und mich umarmen, so wie ich es mir nie hätte erbitten und wie ich es nie hätte ertragen können. Musch war meine Brücke zu Berührung und Nähe, so wie Reisehund meine Brücke zur Beibehaltung des Ich in Gesellschaft anderer gewesen war.

Ich nahm Musch mit zu Kerry. Musch berührte sie zaghaft mit einer Pfote. Kerry griff nicht nach ihm. Kerry war ungefährlich. Immer wenn ich zu Kerry ging, kam Musch mit. Musch begann, den Spiegel zu ersetzen.

Kerry und ich saßen in ihrem Zimmer auf dem Fußboden und lasen uns aus verschiedenen Büchern vor. »Willst du mal etwas tun?« fragte ich plötzlich und sah zu ihrem Spiegel hinübersah. »Kommt drauf an, was«, sagte Kerry. Ich bat sie, sich mit mir vor den Spiegel zu setzen.

»Berühre den Spiegel«, sagte ich zu Kerry. Sie tat es. Ich lachte und zitterte vor Angst und Aufregung. Ich streckte die Hand aus und berührte mich zaghaft selbst im Spiegel. »Berühre dich selbst, wenn ich es tue«, befahl ich. Sie tat es. Da saßen wir vor dem Spiegel, nebeneinander, und unsere Hände berührten Donna und Kerry in der Spiegelwelt.

»Geh weg«, befahl ich plötzlich Kerrys Spiegelbild. »Geh da raus.« Ich wollte sie nicht mehr bei mir im Spiegel haben. Ich sah Kerry an, nicht ganz sicher, warum ich nicht wollte, daß sie da war, obwohl ich sie darum gebeten hatte. Ich ging vom Spiegel weg und ließ sie allein darin zurück.

Ich kam wieder und streckte schnell die Hand aus und berührte sie im Spiegel. »Berühre dich nochmal im Spiegel«, bat ich, und als Kerry das tat, berührte ich mich auch. Ich sah von ihr zu mir, dann von mir im Spiegel zu ihr im Spiegel und wieder zurück. Ich schloß visuell einen Kreis zwischen den Verbindungen dieser Seite des Spiegels mit der anderen. »Jetzt berühre deine Hände da drüben«, befahl ich und machte Kerry nach, als sie das tat. Kerry und ich und »sie im Spiegel« und »ich im Spiegel« hielten uns alle an den Händen. Wir waren eine Gruppe. »Nochmal«, befahl ich und beobachtete und begann zu verstehen.

Kerry sah von sich im Spiegel fort. Ich mußte lachen. »Was ist daran so komisch?« fragte sie. »Du hast da drin weggeguckt«, sagte ich. »Was hast du denn erwartet?« fragte sie. »Also, ›du da drinnen‹ ist nicht das gleiche wie ›ich da drinnen‹«, sagte ich.

»Natürlich nicht«, sagte sie, »du siehst aus wie du, und ich sehe aus wie ich.« »Es hat nichts damit zu tun, wie wir aussehen, sondern damit, was sie getan hat, als du weggeguckt hast«, sagte ich und meinte damit die Kerry im Spiegel, »sie hat weggeguckt.« »Dein Spiegelbild guckt auch weg«, sagte Kerry. Ich lachte innerlich ein bißchen, weil ich wußte, daß sie im Irrtum war.

Ich hatte es nie weggucken sehen. Wenn ich wieder hinsah, starrte sie mich an wie immer.

Ich glaubte, was meine Augen mir sagten, und meine Augen sagten mir, daß mein Spiegelbild nicht fortsah. Ich konnte die physikalischen Regeln der Spiegelungen auswendig hersagen, aber das konnte der Logik der Wahrnehmung nichts anhaben, und so kamen die beiden nicht zusammen.

»Ich habe noch nie gesehen, daß es wegguckt«, sagte ich. »Wenn es wegguckt, warum kann ich das dann nicht sehen?« »Wo sind deine Augen, wenn du wegguckst?« fragte Kerry. »Sie gukken weg«, antwortete ich. »Womit würdest du sehen, ob das Spiegelbild wegguckt?« fuhr sie fort. »Mit meinen Augen natürlich«, sagte ich.

Immer wieder fingen wir von vorn an, wir drehten uns im Kreis in einer Diskussion um die Mathematik des Verstandes, die ich nicht ganz begriff. Immer wenn ich den zweiten Schritt erfaßt hatte, hatte ich dessen Zusammenhang mit dem ersten verloren. Ich verstand die Bedeutung der einzelnen Sätze, aber hier geschah mehr als bloße Addition, und ich kapierte es einfach nicht. Schließlich, nach etwas Gestikulieren und Rollenspiel und nachdem ich beobachtet hatte, was mit Kerry im Spiegel geschah, vertraute ich darauf, daß sie recht hatte.

Ich ging nach Hause und stellte mich vor den Spiegel. Ich nahm die Hände fort und legte sie zusammen. »Warme Hände«, sagte ich laut. Dann trat ich zur Seite, so daß ich vor der Wand stand. »So sehen andere das, was du tust«, sagte ich laut zu mir selbst. Ich konnte es kaum glauben, und es tat weh.

Jessy, die Tochter der Millers, sagte Gute Nacht. Ich studierte sie, als wäre sie ein Käfer unter Glas. Irgendwo zwischen Säuglingszeit und Erwachsenenalter hatte ich etwas verloren. Jessy war eine vereinfachte Version einer Erwachsenen. Vielleicht konnte ich, indem ich sie beobachtete, herausfinden, was ich verloren hatte.

»Gute Nacht, Mama«, sagte sie und umarmte ihre Mutter. »Gute Nacht, Papa«, sagte sie und umarmte ihren Vater. »Gute Nacht, Donna«, sagte sie zu mir und winkte, weil ihr klar war, daß ich Berührungen nicht besonders mochte und sie ganz sicher nicht spontan erwiderte.

Ich beobachtete, mit welcher Ungezwungenheit Jessy ihre Eltern umarmte. Ich beobachtete ihren Gesichtsausdruck bei den Umarmungen. Was sie da tat, tat sie nicht, um einen guten Eindruck zu machen oder um akzeptiert zu werden. Sie tat es auch nicht aus Unsicherheit, um sich zu vergewissern, daß sie sie noch gern hatten. Sie hatte keine Angst. Anscheinend tat sie es nicht bloß aus Gewohnheit und Routine. Etwas geschah dabei mit ihr, das nicht ihren Gesichtsausdruck, sondern die Veränderung ihres Gesichtsausdrucks beeinflußte. Was sie tat, entsprang aus Gefühlen, und die Veränderung ihres Gesichtsausdrucks wirkte wie ein Dialog zwischen ihr und ihren Eltern. Sie sprach durch Berührung.

Sie hatte etwas gespürt, danach gehandelt, Rückmeldung erhalten und ausgedrückt, wie das ihre Gefühle veränderte oder steigerte. Ich dachte über meinen im allgemeinen eindimensionalen Gesichtsausdruck als Reaktion auf Berührung nach, wenn ich von mir selbst und von Emotionen abgeschnitten war. Da hatte es keine Veränderung in der Reaktion gegeben und keinen Dialog. Berührung war für mich immer ein Ein-Wort-Satz gewesen, mit einer Ein-Wort-Antwort, die in taube Ohren fiel, und ein Theaterspielen, um das zu verbergen, was fehlte.

Was ich sah, bewegte mich. Ich konnte es verstehen, und ich konnte anfangen, den Unterschied zwischen dem, was ich bis jetzt gekannt hatte, und dem, was dieses Mädchen kannte, zu verstehen. Ich wußte jetzt, warum ich Berührung verstehen wollte. Diese Art der Berührung hatte überhaupt nichts mit den anderen Funktionen zu tun, die Berührung in meinem Leben gehabt hatte. Sie war nicht das Gegenteil von Nähe und deren

Aufhebung. Sie war eine Möglichkeit, die Isolation zu durchbrechen und Menschen zu zeigen, daß man etwas für sie empfand. Das Konzept der Berührung verfolgte mich nun von früher her und lockte mich gleichzeitig vorwärts.

August 1991

Dr. Marek,

... Die Richtung, in die Dinge gehen, die ich lerne, macht mir Angst. Zu lernen, meine Probleme zu erklären oder besser zu verstehen, hat mir nichts ausgemacht. Ich habe es geschafft, sie nicht mehr zu ignorieren, sondern in mir darüber nachzudenken. Ich habe es sogar fertiggebracht, sie Ihnen und dann anderen Leuten zu erklären. Aber bei all diesen Sachen konnte ich andere Menschen immer noch »da draußen« halten.

Ich bin anderen geistig nähergekommen und habe sogar angefangen, mich zu bemühen, mehr Respekt vor ihren Gefühlen zu haben, und mehr Rücksicht darauf zu nehmen, besser zuzuhören und über ihre Themen zu sprechen. Aber meine sozialen Probleme oder meine Berührungsprobleme praktisch anzugehen, wie es sinnvoll ist (ich weiß, daß ich sie in der Theorie nur bis zu einem gewissen Grad durcharbeiten kann), macht mir von allem am meisten angst.

Daß es in den letzten Jahren vor meinem Buch so schien, als wäre ich gesellig, oder daß ich anderen erlaubte, mich zu berühren, hat mir nicht geholfen, weil ich nie zugegeben habe, daß ich es war, ja nicht einmal, daß der Körper, der die Erfahrungen machte, mir gehörte.

Das klingt jetzt zwar wirklich verrückt, aber wenn ich allein war, habe ich mich innerlich gegen jede derartige Erkenntnis abgeschottet, damit ich es nicht im Bewußtsein eines Ich und keinesfalls mit Zuneigung zu anderen oder dem Gedanken an sie als Menschen erleben mußte (meistens haßte ich sie wirklich fast alle und mißtraute ihnen, und ich dachte, ein Lächeln wäre eine Wand, um sich dahinter zu verstecken, genau wie ein Körper).

Ich glaube, das Ende »meiner Welt« fing an der Außenseite meines Körpers an. Jedenfalls akzeptiere ich jetzt, daß die Außenseite meines Körpers mit dem Rest verbunden ist und daß alles zu mir gehört (und da war ich auch, bevor die Leute mir beigebracht haben, mich abzuschneiden, damit sie mich berühren konnten – sie haben allerdings nicht gewußt, daß sie mir das selbst beigebracht haben).

Jedenfalls denke ich, daß das, was Sie darüber gesagt haben, daß ich mich selbst dränge (im Gegensatz dazu, daß ich überwältigend gedrängt werde, so daß ich mich tot fühle und es mir egal ist), wahrscheinlich gestimmt hat, aber meinem Verstand fällt es sehr schwer, das psychologisch miteinander in Einklang zu bringen ... Sie müssen verstehen, daß mein Verstand an jedem Punkt große Stahltüren hat. Er läßt zu, daß ich Menschen höre, als hätten wir ein Abkommen – theoretisch gesprochen –, und wenn ich nicht gezwungen werde, wirklich zu verstehen, bleibt das Gehörte sicher »da draußen«. Mein Verstand muß mit sich selbst kämpfen und sich austricksen, damit er ruhig bleibt, aber je mehr Stahltüren der gute Teil findet und zerstört, desto mehr Angst kriegt der andere Teil ...

Mein gesamter Verstand befürwortet das Ziel, meine Probleme wirklich und dauerhaft zu lösen, aber die Angst spaltet ihn, wenn es um den Schritt von der Theorie zur Praxis geht ... Es ist so wie mit langfristig und kurzfristig, oder? Man entscheidet sich, für eine kurze Zeit etwas Schwieriges zu tun, weil man dann langfristig nie mehr darauf zurückzukommen braucht.

Ich habe es wirklich satt, mich abwechselnd wie ein vernünftiger Mensch in gestörten Verhältnissen (totale Kontrolle über meine Umgebung) und wie ein gestörter Mensch in einer »normalen« Umwelt (fehlende Kontrolle läßt mich unvermeidlich ausrasten, wie im Schwimmbecken in der Uni) zu fühlen.

Das ist wie ein Vertrag, oder? Weil Sie sagen, daß ich den Ratschlägen dazu, wie ich diese Sachen bearbeiten kann, folgen kann, und daß ich am Ende *für immer* völlig frei bin und nicht immer wieder zurückgehen muß.

Ich glaube, ich mußte die Dinge immer wieder durcharbeiten, weil ich nur mit mir selbst (als Außenstehender und als Betroffener) daran gearbeitet habe. Das war Drückebergerei ..., weil ich zuviel Angst hatte oder nicht wußte, wie ich es anders machen sollte. Es muß Täuschung gewesen sein, weil es eine Tatsache ist, daß jeder Mensch, autistisch oder nicht, ob es ihm gefällt oder nicht, im Grunde auf die gleiche Art *existiert* — als eine *subjektive* Person.

Ich kann jetzt Leute hören, ohne das Gesagte für mich zu wiederholen (»verstehen«, pardon, nicht »hören«). Das habe ich überlebt. Ich bin sogar so neugierig, daß ich jetzt viel zuhören möchte. Es kann gut sein, daß es mit den beängstigenden Dingen ganz genauso ist. Nicht leicht, aber Sie haben recht, ich kann an meinem Beispiel erkennen, daß das Muster so aussieht, daß sie leichter werden und immer leichter und leichter, bis es einfach ganz gewöhnliches Leben ist.

Ich glaube, so einen Brief wie diesen nennt man sonst psychotisch. Ich glaube, Leute werden eingesperrt, wenn sie so denken. Ich glaube, Sie wissen, daß ich geistig sehr, sehr gesund bin, und daß ich nur verrückt bin, wenn »die Welt« zu nah kommt. Ich habe fest vor, in »der Welt« gesund zu sein und gleichzeitig hellwach, und wenn ich dabei draufgehe, denn ich habe nichts zu verlieren und alles zu gewinnen.

Ich wollte Ihnen diesen Brief schicken, weil Sie dann verstehen werden, wie diese Türen besser funktionieren, und weil meine Worte vielleicht nicht nur mir helfen, sondern auch anderen Leuten, die nicht mehr weiterwissen und die eine kleine Chance hätten, wenn sie so viele Tricks finden würden wie ich, um die Wörter herauszubekommen. Die Wörter reichen nicht, aber wenn Sie sie an jemand anders schicken, können sie den besten Ausgangspunkt bilden (aber an die richtigen Leute und nicht an die falschen).

Danke,

Donna Williams

»Darf ich dich anfassen?« fragte ich Kerry. »Natürlich«, sagte sie. Es war nicht das gleiche, als wenn man Leute mit dem Gefühl anfaßt, daß sie und man selbst Gegenstände sind oder daß man als man selbst in Wirklichkeit gar nicht anwesend ist. Ich wußte nicht nur logisch, daß Kerry nicht nur ein Ding war, ich spürte es auch in meinen Gefühlen. Ich wußte jetzt, daß mein Körper mir gehörte und Teil von mir war und daß er kein Gegenstand war, und ich verstand, wozu Berührung da war. Ich streckte die Hand aus und berührte schnell Kerrys Ärmel, als sei sie eine Tarantel.

Ich packte ihren Ärmel und schüttelte ihn. Ihre Hand bewegte sich, und ich lachte. »Was spürst du?« fragte ich und berührte ihren Arm durch den Ärmel. »Du berührst meinen Arm«, sagte sie. Wie bei der Strategie, Theo Mareks Flur von seinem Haus abzutrennen und so die Verbindung zum Rest der Welt abzuschneiden, hatte ich es immer für ungefährlich gehalten, die Kleidung anderer zu berühren, weil sie das nicht selbst waren.

Menschen waren in ihren Kleidern. Auch meine Kleider waren

meine Rüstung. Wenn Leute meine Jacke berührten, konnte ich immer denken: »Haha, sie haben mich nicht berührt.« Das war eine nützliche Strategie gewesen und hatte mir geholfen, Ereignisse wie Fahrten in öffentlichen Verkehrsmitteln zu überstehen.

Was ich sah, war im Grunde alles, was da war. Ich sah einen Ärmel. Ich sah keinen Arm. Das Wissen, daß im Inneren des Ärmels ein Arm war und daß man den Arm berührte, wenn man den Ärmel berührte, fügte sich nicht automatisch zusammen. Da war der erste Teil, und da war der zweite Teil, und ich akzeptierte beide, verband sie aber nicht, um zu einer Schlußfolgerung zu kommen. Wenn ich zum zweiten Teil kam, hatte ich den ersten aus den Augen verloren. Jeder Teil wurde getrennt abgespeichert.

Ich akzeptierte, daß ich tatsächlich Kerrys Arm berührte, selbst wenn das meiner Wahrnehmung widersprach. Ich mußte akzeptieren, daß ich, wenn ich das getan hatte, ihren Arm auch ohne Ärmel berühren konnte.

Nach mehreren Besuchen berührte ich schließlich Kerrys Hand und behandelte sie mehr und mehr, als wäre sie ungiftig. Dann griff ich eines Tages nach ihrem Ärmel und hielt ihre Hand senkrecht. Ich legte meine eigene Hand gegen ihre Hand, wie ich es immer im Spiegel getan hatte. »Spiegelhände«, sagte ich, die Augen auf unsere Hände, die ich vor mir zusammenhielt, gerichtet. Ich sah von Kerrys Augen zu den Händen, von den Händen zu den Augen, nahm Kerry als ganzen Menschen wahr. Kerry lächelte sanft, mit feuchten Augen, und ich stieg ins Auto und fuhr schnell weg.

Auf dem Heimweg dachte ich darüber nach, daß Berührung nicht einfach geschieht, genauso wenig wie damals Mißhandlungen. Berühren war etwas, das Menschen aus verschiedenen Gründen taten, manchmal aus guten, manchmal aus schlechten. Diesmal war es aus guten Gründen geschehen.

Mein Termin mit Theo Marek war da. Jetzt würde ich es überleben, seine Hand zu berühren. Ich konnte die Prüfung bestehen. Aber zu meiner Überraschung gab es keine. Anscheinend hatte er beschlossen, daß es alles etwas viel für mich gewesen war. »Von mir aus«, dachte ich, »geben Sie mir Zeit, und ich bestehe mit fliegenden Fahnen.«

Am Tisch der Millers kam ich mir vor, als wäre ich der einzige Albatros weit und breit. Ich fühlte mich allein. »Darf ich etwas tun?« fragte ich Mrs. Miller. »Versprechen Sie mir, daß Sie nicht reagieren und selbst nichts tun.« Sie war inzwischen an mich gewöhnt und war mit meiner Logik und dem, was manchmal wie Unvernunft aussah, vertraut. »Okay«, sagte sie.

Ich streckte die Hand aus und berührte schnell ihren Arm, nicht wie irgendeinen Arm, sondern um Nähe zu spüren. Die Handlung sagte: »Ich vertraue Ihnen« und drückte nicht »ich kann« aus, sondern »ich möchte«. Es war die emotionale Sprache der Berührung.

»Ich will fünf!« sagte Mr. Miller und schob mir seine große Hand hin. Soweit er sehen konnte, hatte ich meinen Widerwillen gegen Berührung überwunden. »Nein«, sagte ich fest, denn ich kam mir ausgenutzt und überfallen vor. Das war einfach wieder ein Mann, größer als ich, der den ersten Schritt zur Berührung machte und erwartete, daß ich ihn spiegelte und meine »Normalität« bewies. Ich hatte es nicht nötig, Anerkennung zu suchen. Und mehr noch, ich mußte lernen, »nein« zu sagen, wenn etwas sich nicht richtig anfühlte.

Meine Tante kam auf der Farm der Millers an. Ich hatte sie in den letzten Jahren nicht oft gesehen. Sie hatte mich immer sehr gern gemocht.

Sie war ein sanfter Mensch und zärtlich zu den Menschen, denen sie nahe war. Sie hatte sich sehr bemüht, eine Beziehung zu mir aufzubauen und mich trotz meines distanzierten Verhaltens aus meiner Schale herauszuholen.

Ich pflückte Eukalyptusnüsse von dem Eukalyptusbaum vor meinem Fenster. Sie hatten so faszinierende Muster, und ich wollte sie auf meine Fensterbank legen. Meine Tante pflückte auch welche. Ihre Hand berührte zufällig meine, und instinktiv zog ich sie zurück. »Tut mir leid«, sagte sie. Diesmal ging es mir genauso.

Ich pflückte noch mehr Eukalyptusnüsse und reichte ihr eine. Meine Hand streifte ihre, und ich zog sie nicht fort. Ich sah meine Tante an und lächelte.

Wir setzten uns an den Tisch. Sie erzählte mir etwas. Ich blickte auf ihre Hand, die vor ihr auf dem Tisch lag. Ich griff hinüber und nahm sie, betrachtete sie kurz und hielt sie. Meine Tante weinte hemmungslos. »Dein ganzes Leben lang habe ich auf das hier gewartet«, sagte sie. Ich hatte siebenundzwanzig Jahre gebraucht, aber ich hatte ihr direkt und ohne Aufforderung zeigen können, daß ich sie verstanden hatte und mochte.

Eine ganze Welt schien sich mir zu öffnen. Meine Wurzeln breiteten sich in dieser neuen Erde aus, und ich nannte das »dazugehören«. Meine Äste wuchsen weit nach außen, dem Licht um mich herum entgegen, und ich nannte das »mich mitteilen«. Ich blühte auf und nannte das »den befreiten Ausdruck meines wahren Selbst«.

Mir wurde klar, wie trocken die alte Erde und wie drückend die stehende Luft in meiner kontrollierten Welt gewesen waren. Mir wurde klar, wie selten ich wirklich die Sonne gesehen hatte, jenseits der Dunkelheit, in der ich gewachsen war, so gut ich konnte: verkümmert und verdreht. Und doch mußte jedes bißchen Feiern mit ebensoviel Reue bezahlt werden.

August 1991

An Theo Marek,

schon als ich mein Buch schrieb, wurde mir klar, daß mein Krieg gegen »die Welt« viele Opfer gefordert hatte. Ich habe das aber nie so sehr bereut wie jetzt. Zumindest weiß ich jetzt wirklich, was Reue ist. Reue ist nicht angenehm. Ich vermute, sie erfahren zu haben ist nur gut, damit man sich entscheiden kann, ob man in ihr ertrinken will, oder ob man dafür sorgt, daß man nie wieder Anlaß dazu gibt.

Mir ist jetzt viel klarer, warum andere viel trauriger über meine Geschichte waren als ich. Ich habe ihre Gefühle nie so gut verstanden wie jetzt. Ich habe meine Gefühle nie so sehr akzeptiert wie jetzt; die Ereignisse – ja; die Gefühle – nein. Ich weiß jetzt, daß es dazu echte Gefühle brauchte und daß Gefühle wehtun, besonders wenn sie auf eine Mauer stoßen.

Es ist, als würde ich jetzt verstehen, was Liebe ist. Früher war sie eine Waffe, die die anderen hatten, um mir weh zu tun. Mir wird klar, daß sie meinetwegen Schmerzen hatten, wie ich jetzt meinetwegen Schmerzen habe. Ich glaube, ich habe jetzt meinetwegen und ihretwegen Schmerzen. Ich habe nie erkannt, wie wertvoll das war, was sie mir zu geben versuchten. Ich habe nie erkannt, daß sie nicht versuchten, mir wehzutun, wenn sie sich bemühten, mir beizubringen, mich zu verändern, oder mir zeigten, wie ich das anstellen sollte. Von einem Tag auf den anderen stieß ich Freunde zurück, weil ich nicht verstehen konnte. Und schlimmer noch, ich betrachtete sie ohne ein Zeichen des Wiedererkennens oder mit Haß, und sie erfuhren nie, warum. Können Sie sich die Schuldgefühle vorstellen, jetzt, da ich verstehe? Das einzige, was mich über die Schuldgefühle hinwegtröstet, ist, daß es mir aufrichtig leid tut, und daß ich damals wirklich nicht verstand.

Ich sehe, daß selbst Gespräche, bei denen ich mir die größte Mühe gebe, gewaltige Löcher haben, und das ist das Beste, was ich je geschafft habe. Doch die Menschen, die versuchten, dauerhaft Freunde zu sein, nahmen das immer wieder hin, bis ich sie wegen dieses Hinnehmens offen ablehnte. Ich war so arrogant in meiner Unwissenheit. Ich dachte, was sie zu bieten oder zu sagen hatten, hätte keine Bedeutung, und Zuhören war für mich nichts weiter als ein Akt der Toleranz. Manchmal konnte ich nur hören. Ich spielte mit ihren Wörtern wie mit Gegenständen und ließ die anderen in ihrem Versuch, mich zu erreichen, die emotionale Lautstärke ihrer Worte aufdrehen, bis sie völlig fertig waren. Ich verstehe jetzt wirklich, daß Monster eigentlich keine Monster sein wollen.

In meinem Kopf schreie ich *Es tut mir leid!*, aber ich kann mir selbst nicht verzeihen, weil siebenundzwanzig Jahre über mir zusammenfallen. Siebenundzwanzig Jahre, die ich wiedergutmachen möchte, indem ich mit dem beginne, was ich mir selbst schuldig bin.

Ich habe Terrys Gesicht (eine Freundin aus der frühen Kindheit) gesehen, nachdem sie das Buch gelesen hatte. Sie drückte wirklich allein mit ihrem Gesicht aus, wie weit ich noch zu gehen hatte. Sie fühlte sich um meinetwillen verletzt. Meine Tante auch. Beide freuten sich für mich, waren aber so verletzt, daß ich es endlich erkannte. Ich sah es in ihren Gesichtern und auch in Mr. Reynolds Gesicht (mein alter Lehrer aus der Grundschule), und ich konnte diesen Gesichtsausdruck jetzt verstehen. Ich verstand sogar die Mimik von Millers Hund, als ich ihn wegstieß. Ich verstand, wie Schmerz aussieht, und daß es kein leerer Blick ist. Früher war ich ihnen gegenüber blind. Es tut wirklich weh, ihre Schmerzen zu fühlen. Und noch mehr tut es weh, sie zu fühlen und mich trotzdem nicht berühren lassen zu können, denn jetzt weiß ich, warum sie mich in die Arme nehmen wollten. Menschen umarmen sich, wenn sie verletzt sind.

... Das war's,

Donna.

»Hallo Bryn«, sagte ich, als ich ihn eines Tages aus heiterem Himmel anrief. Er war verblüfft. Er hatte noch nie gehört, daß ich ihn so direkt, persönlich und spontan ansprach. Wenn ich seinen Namen benutzt hatte, war es immer sein ganzer Titel gewesen. Alles, was weniger formal und zu nah gewesen wäre, hätte zuviel Mühe gekostet.

Ich hatte diesen Mann, der mein Leben verändert hatte, seit etwa sechs Jahren nicht gesehen. Er war der erste Mensch, dem ich begegnet war — seit der echten Carol —, der sich so sehr in »meiner Welt« bewegte, daß ich die Möglichkeit in Erwägung ziehen konnte, daß »meine Welt« gar nicht existierte. Die Bekanntschaft mit Bryn hatte mich vor die Frage gestellt, ob es so etwas wie »unsere Welt« gab.

Die Zeit, in der ich zu Bryn Kontakt hatte, hatte zur schönsten und schmerzhaftesten gehört. Ich hatte endlich jemanden gefunden, dessen Art meiner eigenen soweit ähnelte, daß ich eine Ahnung von Zugehörigkeit bekam. Aber ein ganzes Leben ohne sie und entsetzliche Angst vor Gefühlen lähmten meine Kommunikation mit ihm, so daß ich unfähig war, ihn etwas zu fragen oder auf irgendeine Weise direkt *mit* ihm zu sprechen statt bloß vor ihm.

Bryn brauchte nicht einmal die Fassade von Willie und Carol zu zerschlagen. Bei Bryn konnte ich mich nicht einfach an den Figuren festhalten, trotz meiner Angst. Ein Vertrauen, wie man es nur in der Gesellschaft mit sich selbst (oder einem Menschen wie man selbst) findet, stand dem unverrückbar im Wege, trotz meiner größten Anstrengungen, zu »verschwinden«. Daher zitterte ich und bekam nervösen Ausschlag und war unfähig, mich hinter Wortspielen und Faktenwissen zu verstecken.

Aber das Karussell des Lebens hält nicht an, damit die Langsamen aufsteigen oder nachlaufen können, und weil ich es beherrschte, in Gestalt der Figuren Beziehungen zu anderen Menschen zu haben, war ich zu jener Zeit nicht bereit, meinen Ängsten gegenüberzutreten und für einen gewissen Zeitraum abzuspringen. Je näher ich Bryn kam, desto gefährlicher wurde die Vorstellung von einer bröckelnden Fassade. Ich hatte Bryn vor fast sechs Jahren zurückgelassen, und mit ihm hatte ich für lange Zeit auf verschiedene Weisen mich selbst verlassen.

Zitternd von Kopf bis Fuß stand ich vor Bryns Tür. Es war ein Streß, als wäre ich bei meinem eigenen Begräbnis zugegen, würde eine Klausur schreiben, bei der jemand neben mir auf und ab ging, und meine Mutter besuchen, alles gleichzeitig. Schließlich klopfte ich.

Bryn öffnete. Seine Augen waren noch so blau wie früher und sein welliges Haar und sein Akzent unverändert. Aber sechs Jahre, in denen man ihn für nichtsnutzig, hoffnungslos, verrückt und merkwürdig gehalten hatte, und dazu der ständige Gebrauch von Alkohol als emotionalem Narkotikum hatten ihre Spuren hinterlassen.

Wir saßen im Garten, umgeben von hohem Unkraut, Holz, roten Ziegelsteinen, und über uns schnitt eine Wäscheleine, mit Wäscheklammern gesprenkelt, den Himmel in zwei Teile. Nervös übersäte Bryn den Ziegelweg mit Zigarettenstummeln, während ich eine rituelle Tasse schwarzen Tee nach der anderen kalt werden ließ.

Ich war noch nie bei ihm gewesen. Vor sechs Jahren hatte ich es kaum ertragen können, mit diesem Mann Mittag zu essen, und jetzt besuchte ich ihn tatsächlich bei sich zu Hause. Was ich sagen und womit ich mich auseinandersetzen mußte, war zu wichtig, als daß Angst mich dabei hätte stören dürfen.

Bryns große Hände zitterten. Offensichtlich war es für diesen sanften Riesen immer noch genauso schwer, wie es damals für mich gewesen war und jetzt immer noch war. Doch jetzt, da ich ihm ohne meine Fassaden gegenüberstand und fähig war, perönlich und direkt mit ihm zu kommunizieren, war Bryn ein lebendes Repertoire all dessen, was ich einst gewesen war.

»Wie war ich vor sechs Jahren?« fragte ich ihn. Er lachte nervös vor sich hin. »Es war wie mit jemandem, der LSD genommen hat«, sagte er. »Warum?« fragte ich. Bryn räusperte sich und schlüpfte in die Rolle des Erzählers.

»Also, du hast in einer Weise gesprochen, die die meisten Leute nicht verstehen können. Man konnte nie ganz sicher sein, über was du sprachst, aber wenn man nicht darüber nachdachte, konnte man es verstehen. Du warst weit weg bei den Feen. Du hast intensiv in etwas hineingestarrt, das für mich wie nichts aussah, aber du warst anscheinend davon gefesselt. Ich fragte mich, ob du vielleicht Halluzinationen hättest. Du bist dann einfach deiner Wege gegangen, weil du etwas im Gras gesehen hattest oder ein Muster irgendwo.« »Hast du gedacht, ich wäre seltsam?« fragte ich. »Seltsam, aber vertraut«, sagte Bryn.

Ich erklärte ihm das mit den Figuren. »Wie war das mit Carol?« fragte ich, »Konntest du den Unterschied sehen?« »Na klar«, fragte Bryn, »aber meistens warst du nicht so, wenn wir zusammen waren. Allerdings warst du so, sobald andere Leute dabei waren.« »Wie hast du dich dabei gefühlt?« fragte ich. »Es hat mir Angst gemacht«, sagte Bryn. »Es hat mich verwirrt. Es war unkontrollierbar.«

»Weißt du, was Autismus ist?« fragte ich ihn. »Autisten sind in psychiatrischen Kliniken und so, oder?« sagte Bryn, Bestätigung suchend, »sie schaukeln die ganze Zeit und sprechen nicht.«

Bryn hatte erst als Teenager einen Freund gehabt, und bis dahin war er größtenteils unfähig gewesen, *mit* anderen Leuten zu sprechen. Weder seine Eltern noch er selbst, noch die Menschen, die ihn inzwischen umgaben, hielten ihn für normal, wenn man ihn auch als quasi normal, exzentrisch, närrisch und, wegen seiner Egozentrik, selbstsüchtig ansah.

Bryn wirkte auf die meisten Menschen merkwürdig mechanisch, und er war sich dessen bewußt. Unterhaltung war für ihn meistens eine Abfolge von gut eingeübten Zeilen, und berechnetem, gelegentlich eingestreutem »ja?« und »das ist interessant«.

Er bekam zwar im allgemeinen die Bedeutung dessen, was in Gesprächen gesagt wurde, nicht heraus, hatte aber ein gutes Gedächtnis für Wortketten, und wenn jemand ihm vorwarf, er höre nicht zu, wendete er meine Strategie an, die Worte zu wiederholen, um zu »beweisen«, daß er doch zuhörte.

»Ich bin autistisch«, sagte ich zu Bryn. »Nein«, sagte er munter, »das bist du nicht.« Die einzigen anderen gut funktionierenden Autisten, mit denen ich Kontakt hatte, waren Leute, mit denen ich brieflich gesprochen hatte. Persönlich begegnet war ich nur sogenannten »weniger fähigen« autistischen Menschen. Ich wollte auf keinen Fall streiten.

»Wann kriege ich also dieses Buch von dir zu lesen?« fragte Bryn und sah auf meine Hände, die das Manuskript auf meinem Schoß umklammerten. Da ich zuviel Angst davor hatte, ein Exemplar des Manuskriptes bei Bryn zu lassen, sagte ich mir, ich hätte genug damit getan, ihn wissen zu lassen, daß er darin vorkam. Ich hatte es ihn lesen lassen wollen, aber hauptsächlich hatte ich den Schlag abdämpfen wollen, der ihn erwartete, wenn er später vielleicht verstehen würde. »Ich kann es dir noch nicht geben«, sagte ich mit zitternden Händen. Bryn hatte keine Ahnung gehabt, wieviel er mir bedeutet hatte oder warum ich ihn in mancher Hinsicht als einen »wie ich« betrachtete.

An Bryns fröhlicher, mechanischer »Unterhaltung« konnte ich sehen, daß er noch nicht so weit war, seine Hilfsmittel aufzugeben. Früher war ich so mit meinem eigenen Krieg beschäftigt gewesen, daß ich ihn kaum »gesehen« hatte, nur eben genug, um zu spüren, daß er so war wie ich, und um zu wissen, daß ich nicht allein war. Und jetzt, da seine Strategien so offen zutage traten, als grober Hohn auf das, was »die Welt« aus ihm machte, würde ich ihn nicht fertigmachen oder bloßstellen. Doch da ich wußte, wieviel reichhaltiger die Welt ist, wenn man die Augen offen hat, wollte ich ihn auch nicht in seiner seligen Unwissenheit lassen. »Im Buch habe ich geschrieben, daß du so bist wie ich«, sagte ich zu ihm. Den Rest sollte er sich selbst zusammenreimen.

Bryn und ich standen vor seiner Haustür. Die Erde schien zu beben. Ich pflückte eine Blume und gab sie ihm. Ich sah ihm lange in die Augen, so, wie es früher nie möglich gewesen wäre. Er blickte mit einem überwältigenden Ausdruck von Verletzlichkeit zurück, den ein eben verwaister Dreijähriger nur mühsam erreicht hätte.

Ich hatte das Gefühl, ihn fallenzulassen. Außerdem hatte ich das Gefühl, im Begriff zu stehen, ihn zu befreien. »Komm mal wieder vorbei«, sagte Bryn leichthin. Echos aus früheren Zeiten gaben dem Satz einen quälenden Klang. Ich sagte nichts, drehte mich um und ging fort.

Theo Marek bat mich, vor einigen Studenten an seiner Universität einen Vortrag zu halten. Es waren Lehrer und Krankenschwestern und Leute aus dem psychologischen Bereich, die aus verschiedenen Gründen etwas über Autismus lernten.

Ich wollte für die Hilfe, die ich bekommen hatte, etwas zurückgeben. Der Vortrag wurde organisiert, und ich hielt ihn für eine gute Vorbereitung auf die Publicity, der ich bald im

Ausland gegenüberstehen würde, da die Veröffentlichung von *Ich könnte verschwinden, wenn Du mich berührst* bevorstand.

Theo Marek versprach, dafür zu sorgen, daß ich den Faden nicht verlieren würde, daher brauchte ich mir keine Sorgen zu machen, daß ich verlegen sein oder die Erwartungen der Fragenden nicht verstehen würde.

Willie hatte während meines Studiums ein paar Referate gehalten, aber dabei waren Fragen weder erwünscht noch erlaubt gewesen. Ich hatte Kinder unterrichtet, aber wenn ich sie nicht genau verstand, fiel das nicht so auf, weil man davon ausging, daß ich die Schlaue war. Ich konnte immer sagen »hm, das ist interessant« und einen anderen Schüler auffordern, das Gesagte zu kommentieren.

Nach meinem Vortrag vor Dr. Mareks Seminar fühlte ich mich großartig. Ich hatte allen Leuten deutlich geantwortet, ohne zu faseln oder allzu sehr den Faden zu verlieren. Meine Sprache war langsam und abgehackt, als würde ich durch Schlamm waten. Die Wörter waren schwer zu finden, und ich sprach eher in Bildern als in Worten. Ich sprach nicht aus gespeichertem Repertoire heraus, sondern aus mir selbst und meinen Gefühlen. Ich sprach mit einem Bewußtsein von mir selbst. Allerdings wollte ich gehen, und als die Zeit immer weiter vorrückte, wartete ich darauf, daß man mir sagte, es sei Zeit zu gehen. Niemand tat das. Es war leicht, wenn man einem Unterrichtsplan folgte, aber hier gab es keinen, und ich schien ihnen ausgeliefert zu sein.

Nach über einer Stunde war ich erschöpft. Meine Worte antworteten noch, aber ich stahl mich daraus fort, während sie am Ende jeder Äußerung in der Luft hingen. Meinem Verstand war nicht mehr gegenwärtig, was ich gesagt hatte. Meine Augen weiteten sich und suchten nach Anzeichen dafür, daß die Bedeutung der Wörter, für die ich im Moment taub war, tatsächlich einen Sinn ergab. Es war, als wenn man in einer mondlosen

Nacht im dunklen australischen Busch pinkelt. Man fragt sich und möchte wissen, ob man sich auf die Füße gepinkelt hat. Theo Marek beendete die Veranstaltung, und ich sah ihn erleichtert an.

Es war der vorletzte Unterrichtsabschnitt. Ich fühlte mich bei dieser Rückkehr zur Schule sicher. Ich brauchte keine Angst wegen irgendwelcher Kommilitonen zu haben, und ich würde den beruhigenden Abstand haben, Kinder auf deutsch zu unterrichten, denen das Deutschsprechen die gleiche Mühe machte, die ich damit hatte, die Bedeutung ihrer englischen Wörter zu verstehen. Es schien ein fairer Tausch; neutrales Gebiet. Ich fühlte mich fast zu Hause.

Aber die Rückkehr an diese Schule war eine zweischneidige Sache. Es war ein schönes Gefühl, mit der physischen Umgebung vertraut zu sein, aber die persönliche Vertrauteit mit den Kindern bedeutete die Gefahr, gekannt zu werden, Kontinuität von Beziehungen war nie meine starke Seite gewesen, auch wenn ich jetzt zielstrebig daran arbeitete, das zu ändern. Ich hatte Anonymität und Gleichgültigkeit immer vorgezogen.

Als ich das Lehrerzimmer betrat, verkrampfte sich mein Magen, denn ich sah in die lächelnden, grüßenden Gesichter von drei anderen Praktikantinnen, die ich nicht kannte. Ihre lächelnden Gesichter und ihre bohrende Neugier schienen wie ein Virus über den Tisch zu kriechen, das meine Anonymität und meine Distanziertheit bedrohte.

Die drei lächelnden Gesichter wurden mir vorgestellt. Ich gab mir einen Ruck, um jedem einzeln zu antworten. Ich fragte mich, ob eine von ihnen mich so behandeln würde, wie Vanessa es getan hatte, die mir mein fehlendes soziales Empfinden überdeutlich klargemacht hatte. »Hallo«, antwortete ich mechanisch auf jede einzelne und würgte dabei an dem Wort wie an einem Scheiße- Sandwich.

Diese Gesichter versuchten, Konversation zu machen, und es fühlte sich an, als wenn der Zahnarzt versucht, Konversation zu machen, bevor er einem die Zähne zieht, in einem Raum, in dem es nach dem bevorstehenden Ereignis stinkt. Ich antwortete jeder einzelnen, dabei war mir schlecht, und ich brauchte eine Klopause und geistig Raum. Ihr Lächeln vermischte sich mit der Erinnerung an Vanessas Lächeln und wurde in meinem Kopf zu einer Kategorie, die Gefahr signalisierte.

Als ich am nächsten Tag ins Lehrerzimmer mußte, wußte ich nicht, ob ich den Lehrerzimmer-Soziabilitäts-Test bestanden hatte oder nicht, aber die Atmosphäre hatte sich verändert. Ich war nicht sicher, ob ich es als Zeichen eines Versagens in »der Welt« oder als Erleichterung in »meiner Welt« deuten sollte, daß nur noch wenige Versuche unternommen wurden, mich anzusprechen.

Das Lehrerzimmer-Zahnarzt-Gefühl hatte sein Opfer gefordert. Mein Selbstvertrauen sank auf Null. Man hätte ein Lächeln auf mein Gesicht meißeln müssen, damit ich zumindest nicht mehr unnahbar wirkte. Ich war völlig verkrampft; es war, als stünde ich wieder am Anfang meines Lehrerstudiums.

Meine Mentorin an dieser Schule war krank, so daß sie an diesem ersten Tag nicht da sein konnte. »Danke, lieber Gott«, sagte ich zu mir, dankbar, weil sie nicht sehen würde, daß ich so schlecht funktionierte, daß ich es kaum in einer Fabrik am Fließband geschafft hätte, und schon gar nicht in einem Klassenzimmer. Ich war wie ein Aufziehspielzeug und brauchte ständig neue Anstöße, um mich auch nur daran zu erinnern, in welchem Raum ich sein sollte, oder wann die nächste Stunde war, oder welche Klassenstufe ich in der jeweiligen Stunde unterrichtete. Ich hatte ununterbrochen Lampenfieber, und wenn die Unterrichtsvorbereitungen nicht gewesen wären, die ich mit in die Stunden nahm, hätte ich keine Ahnung gehabt, was ich hätte machen sollen.

Als meine Mentorin am zweiten Tag kam, muß ich ausgesehen haben, als hätte ich einen Nervenzusammenbruch. Sie erholte sich gerade von einer schweren Krankheit und halste sich das schlechte Gewissen für mein offensichtlich bevorstehendes Versagen auf. Das half mir nicht, aber ihr schlechtes Gewissen verursachte wiederum mir ein schlechtes Gewissen.

Ich quälte mich durch den zweiten Tag, mit unaufmerksamen Zombie-Augen, tauben Ohren und ausdruckslosem Gesicht. Ich ging aus den Stunden raus, ohne mich erinnern zu können, was ich unterrichtet hatte. »Und wie war's?« fragte ich meine Mentorin und zog in Erwartung der Antwort schon den Kopf ein. »Also, die Stunden waren ohne Zusammenhang. Sie haben kaum wahrgenommen, daß die Schüler da waren. Sie haben die Schüler in keiner Weise beteiligt«, sagte sie sanft, aber ehrlich.

Jeden Tag lächelten die drei anderen Praktikantinnen mehr, plauderten mehr miteinander, und ich saß da und fühlte mich immer hoffnungsloser und in meiner ganzen Hoffnungslosigkeit bloßgestellt.

Vanessa und ihr freundliches Benehmen, während sie mir diesen Brief wie einen Skorpionstich überreicht hatte, wollten mir nicht aus dem Kopf. Tag für Tag wartete ich auf einen weiteren Brief, der mir sagen würde, was für eine Versagerin ich sei, und wie peinlich meine Gegenwart sei, und auf die Verkrampfungen, die das Verbot, das anderen gegenüber zu erwähnen, bei mir auslösen würde.

Als die Woche halb um war, tat mein Magen ständig weh. Ich war voller Tränen, die nicht herauskommen konnten, weil mein Verstand nicht erkennen konnte, welches Gefühl ich hatte. Ich fragte mich, ob ich krank sei.

Die Grippe überfiel mich wie ein Tornado. Meine Nase lief wie ein Wasserhahn, meine Lungen standen unter Wasser, mein Kopf fühlte sich an wie eine verstopfte Toilette, und meine Glieder waren so schwer, als wären sie in Blei eingegossen. Ich war so desorientiert, daß es nicht schlimmer hätte sein können, wenn ich mit Tranquilizern vollgestopft gewesen wäre.

»Du verdammtes Biest, du kriegst mich nicht«, sagte ich zur Grippe. Aber da war noch etwas. Dieses schmerzende Gefühl in mir ängstigte mich, und ich zitterte vor Angst, wie jemand, der sich einem Geist gegenübersieht: dem Geist meiner Gefühle.

Die Mareks und ich waren uns sehr nahe gekommen. Wir redeten uns jetzt mit Vornamen an (was für mich eine große Sache war, weil es ewig dauern konnte, bis ich jemanden locker und vertraut mit dem Vornamen ansprach). Ich liebte ihr Haus. Es war zu einem meiner hochgeschätzten Gegenstände geworden und stand für meine Nähe zu ihnen. Ich konnte ihre Sachen berühren und meine Neugier und meine Freude daran auf eine Art und Weise ausdrücken, die im direkten Umgang mit ihnen noch zu schwierig war.

Ich sollte bald abreisen. In acht Wochen würde ich ins Ausland fahren, um Werbung für mein Buch zu machen. Ich spürte das schwere Gewicht dieser Tatsache, und es erinnerte mich quälend an zu viele andere »zu spät«. Es war schlimm für mich, meine Freunde zu verlassen, ohne das physisch-emotionale Gefühl, für das ich noch keinen Namen hatte, direkt ausdrükken zu können.

»Ich hab dieses schreckliche Gefühl im Magen«, sagte ich zu meiner Mentorin, »es fühlt sich an wie Steine.« Sie war großartig, meine Seele war ihr wichtiger als meine Ausbildung. Sie war die einzige von meinen Mentorinnen an den verschiedenen Schulen, der ich von Autismus und meiner bevorstehenden Auslandsreise erzählt hatte.

»Ich glaube, Sie werden die Menschen vermissen, die Sie bald verlassen«, sagte sie. »Heißt das Gefühl ›vermissen‹?« fragte ich. »Bedeutet das, daß ich die Leute ›gern habe‹?« »Ich glaube ja«, sagte sie.

Ich grinste über beide Backen. Unglaublich. Es war unglaublich, wie schlimm ein gutes Gefühl sich anfühlen kann, wenn man nicht weiß, wie es heißt oder warum es da ist. Ich war außer mir vor Freude über mein Menschsein.

Ich hatte jahrelang versucht, so zu wirken, als hätte ich jemanden gern. Ich hatte so viel dafür getan und mich dabei so sehr verletzt und trotzdem hartnäckig weitergemacht, denn ich wollte aussehen, als hätte ich Gefühle und als wäre ich wie alle anderen. Ich konnte es nicht ertragen, gesagt zu bekommen, daß mir nur an mir selbst etwas lag. Ich hatte eine große Fähigkeit zu geistigen Emotionen entwickelt, aber sie waren fast nie mit diesen schrecklichen Gefühlen verbunden, die sich auf mein Herz, meinen Magen, meine Kehle und meine zitternden Hände auswirkten.

Als Lehrerin hatte ich an diesem Tag elend versagt. Als Lehrerin hatte ich in der ganzen blöden Woche elend versagt. Aber als Mensch hatte ich mit fliegenden Fahnen bestanden. Glücklich darüber, daß ich real und vollständig war, ging ich nach Hause.

Die Mareks waren in keiner Weise Spiegel. Sie waren nicht im geringsten so wie ich, und trotzdem hatte ich sie gern. Ich bewegte mich über den Spiegel hinaus in die richtige Welt hinein.

Den ganzen Abend saß ich bei den Millers und machte Zeichnungen und Diagramme, die in einem Dialog über Emotionen und die Wirkung, die Menschen auf einander ausüben, hin- und hergereicht wurden. Trotz Grippe, einem halben Dutzend Taschentüchern, mehreren Tränenausbrüchen und häufigem Hin- und Hergehen und Tischdeckenmuster-Nachziehen verließ ich ihr Haus mit Seiten voller Leben auf Papier, um die flüchtigen Begriffe in meinem Kopf festzuhalten, darauf aufzubauen und sie zu verstehen. Ich stahl eine Stunde von meinem dringend benötigten Schlaf für eilige Unterrichtsvorbereitungen für den nächsten Tag und nahm eine Handvoll Vitamin C.

Der Unterricht in der Klasse schien weit entfernt zu sein von den Lektionen, die ich in meinem eigenen Leben durchmachte. »Bodenstation an Donna, Donna an Bodenstation, bitte kommen, ist jemand zu Hause?« »Häh?« kam die Antwort.

Die lächelnden Gesichter im Lehrerzimmer waren fort. Die Studentinnen von den anderen Universitäten waren fertig und hatten die Schule verlassen. Doch die Erleichterung überrollte mich zu sehr. Als die Schleusentore sich öffneten, brach ich zusammen, und schließlich erzählte ich meiner Mentorin von Vanessa. Das war alles, was ich brauchte. Als es einmal heraus war, konnten die Angst und das Gefühl der Unzulänglichkeit nicht mehr an meinem Inneren herumnagen. Wir sprachen darüber, warum andere Menschen Dinge sagen oder tun. Ich hatte es alles mir selbst zugeschrieben, wie früher das Verhalten der Männer, die aus meiner Situation Kapital geschlagen hatten. Es war Vanessas verdammter Ego-Packen gewesen, und auch die Männer hatten versucht, ihren bei mir abzuladen. Von jetzt an konnten sie ihren Mist selber schleppen.

Während ich unterrichtete, erwachte ich wieder zum Leben. Die Stunden wurden mit den vorhergehenden und den folgenden besser verknüpft. Ich erkannte die Zusammenhänge zwischen einzelnen Elementen meines Unterrichts. Bis jetzt waren diese Verbindungen mechanisch, wirr und ganz und gar von detaillierten, schrittweise aufgebauten Unterrichtsvorbereitungen abhängig gewesen. Ich bezog die Kinder wieder ein, brachte Musik und Leben und Farbe und Gegenstände in die Stunden zurück. Ich war gerade dabei, zu meinem alten Selbst zurückzufinden, als meine Prüferin von der Universität kam, um meinen Unterricht zu beobachten und zu entscheiden, ob ich bestehen oder durchfallen würde.

Meine Prüferin war, wie sich herausstellte, eine strenge, energische Gastdozentin, die mich zufällig in Theo Mareks Fachbereich gesehen hatte, als ich vor seinen Studenten den Vortrag gehalten hatte. Sie war auf eine höfliche, matronenhafte Weise freundlich, und ich war, trotz meiner Befürchtungen ihr gegenüber, auch freundlich gewesen.

»Wie war die Stunde?« fragte ich sie. »Sie war okay«, antwortete sie und zeigte mir ihre Notizen. Ich hatte glänzend abgeschnitten im Vergleich zu der überhaupt nicht funktionierenden, tagträumenden, zerstreuten Zombie-Lehrerin, die ich in der Woche vorher gewesen war.

Meine Mentorin war stolz auf mich. Ich war auch stolz auf mich. Anscheinend hatte sie mir gerade rechtzeitig dabei geholfen, mich aus dem Treibsand zu ziehen.

Die Millers luden die Mareks zum Abendbrot ein (nach mehreren Anstößen und mir am Telefon, damit es so aussah, als wäre es meine Einladung). Ich war nervös, weil das ein Zeichen dafür war, daß die Mareks jetzt persönliche Freunde waren, aber auch, weil ich noch nie gemeinsam mit so vielen Menschen gegessen hatte (Essen in Gesellschaft, nicht einfach Essen in der Anwesenheit von Körpern).

Ich saß am Tisch der Millers und verbrachte Ewigkeiten damit, die Muster im Tischtuch nachzuzeichnen, die Ecken zu falten und die winzigsten Fältchen zu glätten. Es klingelte an der Tür. Ich wäre am liebsten »verschwunden«.

Die Mareks kamen ins Zimmer. Ich kannte sie nur in ihrem Haus, und es erschien mir wie eine Komödie, daß sie hier waren. Ich bemühte mich, nicht zu lachen, und doch wollte ich ihnen sagen, daß sie nicht hierher paßten. Aber ich wußte, daß ich das nicht durfte, daher kicherte ich nur vor mich hin und dachte, daß sie gar nicht merkten, wie komisch es war, daß sie hier waren.

Theo Marek wollte ein Foto machen. Ich hasse Fotos. So sehr ich mich auch anstrenge, ein Auge dazu zu bringen, aufmerksam zu sein, das andere kann mir einfach nicht untreu werden, und schon wandert es davon, so daß ich wie eine Idiotin aussehe, oder aber ich gucke weg.

Ich hatte das Gefühl, daß man mit Fotos eingefangen wurde. Die Leute konnten einen auf dem Papier festhalten und einem in die Augen gucken, um zu sehen, ob man da war. Auf dem Papier ist man bloßgestellt und in der Zeit erstarrt. Man kann nicht weg. Schlimmer noch, daß man auf dem Foto ist, heißt noch lange nicht, daß es einem gehört. Was mich anging, gehörten Dinge, die mich enthielten, nicht mir, sondern zu mir.

Ich hatte nichts dagegen, daß andere so eingefangen wurden. Sie waren Teil »der Welt«, und ich hatte gelernt, daß viele Dinge, die mich verstörten, ihnen nichts ausmachten, aus was für irrationalen Gründen auch immer. Fotos von ihnen anzuschauen gab mir etwas wie Macht und Kontrolle — eine flüchtige Vertrautheit ohne Konsequenzen, von der Art, die sie sich ohne Entschuldigung oder Überlegung jeden Tag zu nehmen schienen.

»Warum willst du ein Foto machen?« fragte ich Theo Marek. »Weil wir dir nahestehen«, erwiderte er, als würde ich das Konzept sofort verstehen. Der abwehrende, »meine Welt«-Teil in mir schauderte, während die Ranken der Nähe drohten, in mich einzudringen und mich wie feuchte Tentakeln zu umschlingen.

Der »die Welt«-Teil fühlte sich so zerbrechlich wie sprödes Glas. Die beiden rangen miteinander und ließen mich schließlich als emotional erschöpftes Häufchen Gleichgültigkeit im Stich. Ich willigte in das Foto ein.

Auf dem Weg durch den Flur hielt ich meine Hand vor Theo Mareks Gesicht und spreizte meine Finger zu einem Fächer. Ich lachte still vor mich hin, weil er sicher »hinter Gittern« war.

»Was bedeutet das?« fragte er. »Der Donna Williams Zoo«, sagte ich. »Aber wer ist im Zoo?« fragte er, »du oder ich?«

Er hatte recht, er war es, den ich in einen Käfig gesteckt hatte. Aber ich tat das nur so offen, wenn ich jemanden gern hatte und versuchte, mir zu versichern, daß ich bedenkenlos eine Beziehung herstellen konnte. Über Mauern und Gitter, die man nicht sehen kann, kann man nicht miteinander sprechen. Ich hatte ihn »in einen Käfig gesteckt«, weil ich ihm vertrauen konnte.

Ich machte mir Gedanken über die Sitzordnung am Eßtisch. Ich wollte nicht, daß jemand mir zu nah saß, und ich wollte nicht irgendwo sitzen, wo man mich ansehen würde. Nicht viele Möglichkeiten. Alle setzten sich und sahen mich an. Am liebsten wäre ich unter den Tisch gekrochen. »Na, was wird dir passieren, fällt dein Kopf ab?« fragte Theo Marek. Ich mußte lachen. Nein, mein Kopf würde nicht abfallen, sagte ich mir. Ich würde es schaffen.

Und los geht's ... Sie schossen alle davon in ihr Blabla, wie Pferde aus der Startmaschine. Ich versuchte, Anschluß zu halten, kam aber nicht mit. Wenn ich etwas gefunden hatte, was ich hätte sagen können, war es normalerweise ein Kommentar zu einer linguistischen Eigenheit, die ich in ihren Worten aufgeschnappt hatte, und nicht zum Gegenstand selbst. Aufgrund der vielen Wechsel von einem Sprecher zum anderen, und der von den anderen bestimmten Themenwahl, war ich bei jedem Themenwechsel mehrere Sätze im Rückstand.

Carol hätte sich einfach selbst ein Thema ausgesucht und eine Vorstellung geliefert, um die Tatsache, daß sie nicht mitkam, zu vertuschen. Sie hätte entweder versucht, sie zum Lachen zu bringen, damit sie wenigstens sicher sein konnte, daß sie nicht ärgerlich waren, oder sie hätte sich einfach selbst unterhalten. Aber statt dessen vertraute ich darauf, daß die anderen sich gut unterhielten, und beobachtete sie einfach schweigend. Ich fühlte mich nicht übergangen und empfand es nicht als Bedrohung, daß meine Freunde sich kennenlernten. Ich sah sie an und freute mich, daß sie meine Freunde waren. Ich spürte eine Art von Geborgenheit. Ich lächelte vor mich hin, während sie mit ihrem Blabla fortfuhren. Ein Wort blieb hängen, und mein Verstand leuchtete auf, und meine Gefühle breiteten ein Lächeln über mein ganzes Gesicht aus. Das Wort hieß »dazugehören«. Ich spürte, daß ich »dazugehörte«.

Es waren Semesterferien, und meine australische Verlegerin, Holly Hobby, hatte mich gebeten, diese Pause in meiner Lehrerausbildung zu nutzen, um für mein erstes Presse-Interview über das Buch in einen anderen Bundesstaat zu fliegen.

Die Jouranalistin saß Willie gegenüber und befragte ihn zu seinen Ansichten über Erziehung. Das war eins von Willies Themen. Er hatte Zeitungsausschnitte gesammelt und viele Bücher über Erziehung und Ungleichheit gelesen.

Nachdem ich ein Jahr als externe Schülerin in der weiterführenden Schule ohne jede Unterstützung überstanden hatte, war mir jetzt, mit zweiundzwanzig Jahren, eine Auszeichnung für ehrenamtliche Tätigkeit und akademische Leistungen verliehen worden. Die Auszeichnung bestand aus einem Scheck über fünfhundert Dollar. Willie konnte die Scheinheiligkeit und das wohltätige Schulterklopfen für den heldenhaften Märtyrer kaum ertragen.

Das Interview fand im Freien statt, und Willie hatte bereits am Telefon mit der Jouranalistin gesprochen. Er gab ihr drei Sätze, die sie zitieren konnte (darunter einen darüber, daß ich den Scheck, den ich erhalten hatte, als so scheinheilig ansah, daß er meinte, am angemessensten wäre es, ihn als Toilettenpapier zu benutzen, sich aber dann doch bereiterklärt hatte, statt dessen Bücher dafür zu kaufen). Willie war wachsam und ausweichend. »Sie sind der ausweichendste Mensch, den ich je interviewt habe«, sagte die Journalistin.

Willie dachte, er wäre großartig gewesen. Er hatte ihr eine Probe von seiner Stammtischpolitik gegeben. Die Journalistin stand auf, und ohne zu fragen oder vorzuwarnen, schoß sie ein Foto.

Mein Vater hatte das Foto gesehen. »Ich konnte sehen, daß du fast auf sie losgegangen wärst«, sagte er, denn er erinnerte sich an Willies Gesichtsausdruck vor gewalttätigen Attacken.

Dieser Journalist heute war hier, um mit *mir* über mich zu sprechen. Es gab keine Figuren, um sich dahinter zu verstecken, keine großen Reden über gut eingeübte, spektakuläre Themen wie soziale Ungleichheit oder Unterstützung für die Obdachlosen oder Bildungspolitik, die manchen Benachteiligten kaum eine andere Wahl ließ, als Fabrikarbeiter zu werden.

Dieser Journalist war hier, um mit mir über eben die Gestalten zu sprechen, hinter denen ich mich mein Leben lang versteckt hatte, über die Strategien, die ich angewendet hatte, um so »normal« zu erscheinen, wie das möglich ist, wenn man es in Wirklichkeit nicht ist. Dieser Mann war hier, um gerade über die Fäden und die Struktur »meiner Welt« mit mir zu sprechen und sie offenzulegen, damit man sie in meinem Land gründlich betrachten konnte (und ab und zu ein Mensch mit schwerem Ego-Packen versuchen konnte, davon zu profitieren).

Ich machte einen Zwischenstopp in einer fremden Stadt, ungefähr achthundert Meilen von der Stadt entfernt, in der mein nächstes Interview stattfinden sollte. Ich wartete mitten in der Stadt auf meinen Flug. Ich fragte nach dem Weg zu dem Bus, der mich zum Flughafen bringen sollte.

Die Frau, mit der ich sprach, war alt, fröhlich und ein bißchen zu gesprächig, obwohl ich ihre Stimme mit den abgeschliffenen Kanten mochte. »Sie sind nicht von hier«, sagte sie, »Sie müssen in die Kunsthalle gehen, bevor Sie weiterfahren.«

»Ich weiß nicht, wie man dahinkommt«, sagte ich. Sie ging mit mir zu dem Bus, der zur Kunstgalerie fuhr. In einer halben Stunde sollte ich ins Flugzeug steigen.

Ich saß vergnügt im Bus und fühlte mich wohl, weil die Sonne durchs Fenster schien und mir das Gesicht wärmte. Ich hatte für diese Reise durch zwei Staaten nur eine dünne Strickjacke bei mir, und es war windig. Es machte mir nicht so viel aus. Selbst wenn ich physische Empfindungen hatte, war ich im allgemeinen nicht in der Lage, Kälte von Hunger oder Angst oder dem Bedürfnis, zur Toilette zu gehen, zu unterscheiden. Im allgemeinen fühlte sich das alles gleich an, daher ignorierte ich es einfach.

Mir wurde klar, daß ich nicht wußte, an welcher Haltestelle ich aussteigen mußte, um zur Galerie zu kommen. Durchs Fenster sah ich leuchtend bunte Blumen. »Ist das ein Garten?« fragte ich die Fremde hinter mir. »Ja«, sagte sie, »es ist eine Gartenschau.« »Ist es von hier aus noch weit bis zur Kunsthalle?« fragte ich. »Wo möchten Sie denn hin?« fragte sie. »Ich will zur Kunsthalle«, erklärte ich, »und dann fliege ich in einen anderen Bundesstaat.« »Wann geht ihr Flugzeug?« fragte die Frau.

»In fünfzehn Minuten muß ich einchecken«, sagte ich, sah flüchtig auf die Uhr und sagte ihr genau, wann ich ins Flugzeug steigen sollte.

Die Frau sah aus, als hätten ihre Hosen Feuer gefangen. »Schnell«, sagte sie gehetzt, wobei ihre Stimme immer höher stieg, während ich mich anstrengte, um in dem Chaos ihrer quiekenden Intonation die Bedeutung ihrer Worte zu verstehen, »steigen Sie sofort aus und nehmen Sie sich direkt ein Taxi.« Sie sprang auf und zog an der Schnur. »Lassen Sie sie aussteigen«, befahl sie dem Fahrer. Dann erklärte sie mir, wo das nächste Telefon war und wo ich war. Ich sprang aus dem Bus und rannte los.

Ich wußte, daß ich ganz schön in der Klemme steckte. So schnell ich konnte lief ich zum Telefon. Ich suchte nach der Nummer der Taxizentrale und fand sie schließlich, stellte dann aber fest, daß ich kein Kleingeld hatte. Ich schaffte es, mir welches zu besorgen. Innerhalb von wenigen Minuten war das Taxi da. Der Fahrer schien nicht sehr überzeugt zu sein, daß ich rechtzeitig zum Flughafen kommen würde.

Fünfzehn Minuten vor dem Start kam ich im Flughafen an. Die anderen Fluggäste hatten eingecheckt, waren eingestiegen und saßen im Flugzeug. Holly Hobby hatte fein säuberlich die Check-in-, Boarding- und Startzeit für mich aufgeschrieben und wartete geduldig und zuversichtlich in achthundert Meilen Entfernung.

Dann wurde der Start wegen technischer Probleme abgesagt. Ich konnte es nicht glauben. Es war, als würde alles zerfallen. Ich rief Holly Hobby an und sagte ihr, daß ich später käme.

Ich ging zur Toilette, bespritzte mich mit Wasser und steckte mein Haar auf, versuchte, mich abzukühlen, während ich innerlich vor Nervosität und Frustration glühte. Es war zu spät. Ich war außer mir. Ich nahm meine Tasche mit und setzte mich in die Toilettenkabine, unhörbar schreiend im Großen Schwarzen Nichts.

Ich kam rechtzeitig aus der Toilette, um in ein anderes Flugzeug gesetzt zu werden. Holly Hobby und ihr leuchtend rotes Haar warteten am Ausgang auf mich. Sie war ein Stück Vertrautheit in dem Chaos. Sie war Bedeutung nach der Leere.

Ich hatte den Journalisten, den ich treffen sollte, bereits telefonisch und brieflich gesprochen. Ich fühlte mich einigermaßen verstanden und empfand ihn als »ungefährliche Person«. Ich ließ zu, daß dieser Mensch mich ohne meine Rüstung und meine Waffen sah. Ich versuchte, ihm zu helfen, sich verständlich zu machen, und ich bemühte mich, beim Sprechen die Verbindung zu meinen Worten zu behalten, auch wenn ich sie von einem Manuskript ablas. (Ich bestand darauf, daß die Journalisten mir vor den Interviews ihre Fragen gaben, damit ich mir Zeit nehmen konnte, sie zu verstehen und meine Antworten aufzuschreiben).

Diesmal wollte ich nicht taub für meine Worte sein. Dies hier war zu wichtig. Dies war keine abwehrende Denkspielsitzung von jemandem, der herauszubekommen versuchte, wer Donna war. Dies war Donna, die erklärte, wer Donna war. Dies war keine voyeuristische Übung des Interviewers. Es gab einen Grund dafür, warum es nützlich sein konnte, zu verstehen, wie ich Dinge *erlebte*. Der Interviewer hatte kein Interesse daran, mich auf eine Bühne zu stellen und eine Vorstellung geben zu lassen oder mich aufzuziehen wie eine mechanische Puppe, um zu sehen, wie gut ich ein intellektuelles Thema bewältigte. Er war hier, um mit mir darüber zu sprechen, wer ich war und wie ich funktionierte.

Da war nichts von der Verschlossenheit, den übereinandergeschlagenen Beinen, dem Laß-uns-Psychiater-spielen, das Willie so gut beherrschte. Da gab es keine Imitation meiner Mutter (die sogar mir selbst Angst einjagte) und auch nichts von dem Mir-kann-keiner-was-Schlägertyp, den Willie den Jungen in der weiterführenden Schule abgeguckt hatte. Da gab es kein Nachahmen endloser amerikanischer Sitcoms und kein Nachspielen von »Familien finden«, das Carol so gut konnte. Und es gab auch keine von Carols überlebensgroßen, Mittelpunkt-der-Party und Cartoonfiguren-Bühnenvorstellungen nach dem Vorbild ihrer Teenager-Freundinnen. Dieser Mann war nicht hier, um sich von ihr in ihren billigen Rollen unterhalten zu lassen, und ich auch nicht.

Es kam mir nie in den Sinn zu fragen, ob ich interviewt werden wollte, und ich dachte nicht daran, daß ich die Folgen meines Bekanntwerdens hätte verstehen oder abschätzen sollen. Ich akzeptierte einfach, daß ich interviewt werden sollte, und gab mir Mühe, das Beste daraus zu machen.

Ich zeichnete das Muster der Gardine zu oft nach. Ich versuchte, mich hinzusetzen, konnte aber vor Unruhe und Nervosität nicht sitzenbleiben. Meine Wahrnehmungen waren zu überwältigend für mich, und meine Emotionen, jetzt ohne den betäubenden Schutz durch die Figuren, stiegen himmelhoch, und meine Empfindlichkeit für Helligkeit und Tonhöhe stieg mit. Ich war nicht so beeindruckend, wie ich als eine der Figuren gewesen wäre. Aber ich versuchte zuzuhören. Ich versuchte zu verstehen. Ich versuchte, da zu sein, mit intakten Gefühlen, und mir meiner Worte bewußt zu sein, statt den verbalen Hahn aufzudrehen und zu hoffen, daß etwas Sinnvolles und nicht verbaler Durchfall herausfließen würde.

Ich war nicht glänzend, aber Plastik glänzt, und ich hatte nicht das Bedürfnis, Plastik zu sein. Im Moment war ich stolz auf mich, weil ich sehr wirklich war.

Ja, dachte ich, es würde wieder mal Skeptiker geben. Ich hatte genug von meinem Leben damit verloren, sie bei ihren Denkspielchen, ihren Egospielchen, ihren Machtspielchen, ihren Gewaltspielchen und ihren Schlafzimmerspielchen zu unterhalten. Um es mit den Worten eines sehr eloquenten Straßenjungen, den ich gekannt hatte, zu sagen: Von mir aus konnten sie »Scheiße fressen«.

Die Ferien waren vorbei, und ich war wieder nach Hause gefahren, weil mein Studium weiterging. In einer der Gastvorlesungen vor Semesterende war zwischen mir und einem anderen

Studenten ein Platz frei. Joe kam und ließ sich mit einem breiten Grinsen darauf nieder.

Der unvertrauten Stimme des Gastdozenten war schwer zu folgen, und ich hatte Schwierigkeiten, seine Worte zu kapieren. Der Student neben Joe zeichnete mir graphische Darstellungen, um zu erklären, was ich nicht verstanden hatte. Sie ergaben für mich mehr Sinn als die Vorlesung.

»Psst«, zischte Joe. Ich bat ihn, mit dem anderen Studenten den Platz zu tauschen, was er schnaufend und keuchend tat.

Ein paar andere Studenten diskutierten in einer Ecke über verschiedene Dinge, und wieder ein anderer war kurz vor dem Einschlafen. Der Student neben mir und ich kommunizierten durch Schreiben und Zeichnen. Joe drehte sich zu mir und fuhr mich an: »Ich hab gesagt, du sollst ruhig sein.« Seine Stimme bebte vor Haß und Empörung.

Der Student neben mir rollte die Augen, denn Joes wöchentliche, wenn nicht tägliche Konfrontationen mit mir waren ihm bestens vertraut. Er sprach weiter leise mit mir, aber Joe unterbrach.

»Hör zu, du Nutte, ich hab gesagt, du sollst ruhig sein«, sagte er laut und deutlich, so daß alle es hören konnten.

Ein paar Studenten drehten sich um und guckten mich böse an. Niemand warf mir einen tröstenden Blick zu. Warum sollten sie auch? War nicht ich die Verrückte, die zur falschen Zeit redete und in der Hälfte der Fälle vergaß, das rituelle »Guten Morgen«, »Auf Wiedersehen« und »Hattest du ein schönes Wochenende?« zu sagen?

Ich verkroch mich in mir und sank in meinen Stuhl. Doch ich konnte die Ungerechtigkeit nicht ertragen und platzte genauso laut und deutlich heraus: »Es ist nicht meine Schuld, wenn Joe sagt: ›Hör zu, du Nutte, ich hab gesagt, du sollst ruhig sein.‹«

»Warum gehst du nicht einfach raus? Keiner von uns will dich hierhaben«, sagte Joe voller Überzeugung. Die Gesichter um uns herum blieben ausdruckslos. Niemand wies ihn zurecht, niemand versuchte es auch nur. Ich hielt das für die Bestätigung, daß sie ihm zustimmten.

Ich stand auf. »Danke«, sagte ich mit aller Liebenswürdigkeit, die ich aufbringen konnte. »Ich wollte schon seit einiger Zeit gehen, aber da ihr mir jetzt die Erlaubnis gegeben habt, werde ich es wohl tun.«

Ich ging direkt ins Sekretariat. »Kann ich die Arbeiten haben, die ich bis jetzt abgegeben habe?« fragte ich die Sekretärin, »ach, und ich werde für den Rest des Tages nicht da sein.« Ich konnte nicht denken. Ich wollte einfach alle meine Sachen aus diesem Gebäude mitnehmen und das Universitätsgelände verlassen. Wenn das künftige Lehrer sein sollten, dann hatte sich seit den Tagen, da ich der Unwissenheit einer Handvoll meiner eigenen Lehrer gegenübergestanden hatte, nicht viel verändert.

»Ist alles in Ordnung?« fragte die Sekretärin. »Ich kann in kein Seminar mehr gehen«, erklärte ich.

»Sehen Sie mal«, sagte sie, »das hier ist Joe. Er ist ein Käfer auf dem Teppich. Treten Sie drauf.« »Nein«, sagte ich, weil ich dachte, das wäre das gleiche, als wenn jemand es mit mir machen würde, »das kann ich nicht.« »Stellen Sie ihn sich als Clown vor«, sagte sie. »Wenn Sie ihn sich so vorstellen, macht er ihnen keine Angst mehr. Es wäre ihm sogar selbst peinlich.« Das half. Wie jemand, der von einem Pferd abgeworfen wird, trank ich eine Tasse schwarzen Tee und ging in mein nächstes Seminar. Joe war nicht da.

*D*er letzte Unterrichtsabschnitt war gekommen. Als wäre es mein Schicksal, soviel Mist wie möglich abzukriegen, stellte ich fest, daß ich mit Angie zusammen war, der Frau, die nach der Geschichte im Schwimmbecken auf mir herumgehackt hatte.

Das ganze Jahr hatte ich Ärger mit ihr gehabt. Ich merkte,

daß sie mich die ganze Zeit anstarrte, und wenn ich sie dann wieder anstarrte, damit sie wegguckte, warf sie mir komische Blicke zu.

Ihre großen runden Augen und der Klang ihrer Stimme ängstigten mich. Sie schien die Kontrolle zu übernehmen, so daß ich mich in ihrer Gesellschaft machtlos fühlte. Wenn ich etwas tat, was ihr seltsam vorkam, ritt sie darauf herum und forderte mich direkt heraus. Ihre Gegenwart war für mich erdrückend. Ich traute mich nicht, eine Bewegung zu machen oder ein falsches Wort zu sagen, aus Angst, daß sie nach dem Wie, Was, Wo, Wann oder Warum dessen, was ich gesagt oder getan hatte, fragen würde. Vor lauter Frustration war ich kurz davor, Türen zuzuknallen. Es gab viele Pausen mit schwarzem Tee und eine Menge Spiegelgespräche in der Einsamkeit der Toiletten.

Angie überraschte mich. »Ich sehe, daß wir in der letzten Unterrichtsphase zusammen sind«, sagte sie. Sie war in der Abschlußphase von ihrer besten Freundin getrennt worden und war froh, mit jemandem zusammen zu sein, den sie kannte.

Ich verglich das damit, wie ich mich fühlen würde, wenn ich ohne Reisehund irgendwo weit weg von zu Hause übernachten müßte, und sie tat mir leid. Angies beste Freundin hatte sie viele Jahre hindurch begleitet, und während des Studiums hatten sie füreinander Stärke und Zusammengehörigkeit bedeutet. Ich bewunderte ihre Freundschaft, wenn ich mir auch, lächerlich gemacht und ausgeschlossen, manchmal als ihr Opfer vorgekommen war. Angie konnte erreichen und aufrechterhalten, was mir nicht möglich war: eine dauerhafte Freundschaft mit jemandem, dem sie emotional nah war.

In meiner letzten Unterrichtsphase würde ich wieder mit jenen arbeiten, die für ihre hohen Stimmen und ihren manchmal übergroßen Hang zum Berühren bekannt waren, nämlich mit den jüngsten Kindern in der Schule, mit Vier- und Fünfjährigen. Ich würde mit jenen arbeiten, die berüchtigt dafür waren, daß sie die Streßkapazität bis zum äußersten ausschöpften und nach dem Du da drinnen suchten.

An der Schule empfing mich die Frau, die mich betreuen sollte. Sie wirkte wie der Inbegriff der strengen, steifen Lehrerin, von den gut gebügelten Kleidern bis zur wohlgeordneten Frisur. Willie wäre beeindruckt gewesen.

Ihr Klassenzimmer war ordentlich und kategorisiert, und dafür war ich äußerst dankbar. Zumindest würde ich in diesem Raum visuell funktionieren können, ohne die durch Ablenkungen verursachte Blindheit.

Die Fensterwand ließ Tageslicht in den Raum, und die Tischreihen auf beiden Seiten und der viele Platz zum Arbeiten gaben mir das Gefühl, frei und nicht so eingeschlossen zu sein.

Es gab eine große Tafel und eine riesige Zahl von Gegenständen und visuell-taktilen Lernmitteln. Außerdem hatte ich auch noch meine Gitarre, die Kinder würden also durch Musik und Bewegung lernen können.

Wörter wurden mit Rhythmus, Musik, Handlungen und Bildern verwendet. Die Kinder und ich konnten »durch« Wörter sprechen und nicht nur »mit« ihnen. Wir erforschten sie nicht nur als bloße Angriffe auf die Ohren, distanzierende Waffen oder Vehikel für anderes Wissen, sondern viel weiter. In dieser Klasse benutzte ich Wörter mit der Liebe und Vertrautheit, die ich zu ihnen als Objekten empfand und die zu meiner eigenen zwanghaften Erforschung dessen, wie sie sich anfühlten, ihrer Varianten, ihrer Kategorien und ihrer Verwendung als Spielzeuge geführt hatten.

Die Kinder hatten immer eine Extra-Pause zum Spielen. Da ich nicht viel Ahnung davon hatte, wie man direkte Interaktionen zwischen Menschen als Menschen (im Gegensatz zu Menschen als Fällen oder menschlichen Objekten) anleitet, ließ ich die Kinder einfach tun, was Kinder so oft von sich aus tun: sich miteinander beschäftigen.

Statt mich während dieser Zeit in ein Buch zu vergraben, blieb ich bei ihnen und suchte nach Mustern in dem, was sie taten. Außen auf meinem Gesicht lächelte ich für sie. Innen in meinem Gesicht weinte ich um mich. Manchmal rollten Tränen über mein friedlich lächelndes Gesicht, und ich schob meine Brille nach oben und wischte sie fort. Ich war ihre Lehrerin, und doch war mir bewußt, wie sehr ich hier war, um von ihnen zu lernen, und ich war tief bewegt davon.

Ich versuchte, im Lehrerzimmer zu sitzen. Ich versuchte, daran zu denken, selbst Fragen zu stellen, statt einfach die zu beantworten, mit denen ich bombardiert wurde. Ich versuchte, zuzuhören und höflich zu sein. Ich beschäftigte mich in den Pausen eifrig mit meinen Unterrichtsvorbereitungen.

»Hi«, sagte Angie und rief mich zu sich hinüber. Ich hatte Angst. Sie hatte so unberechenbar gewirkt. Im Moment aber war sie nervös wegen dieser Abschlußphase und fühlte sich ohne ihre Freundin isoliert. Schließlich vertraute ich ihr an, welche Angst ich vor ihr gehabt hatte.

Sie schien überrascht, als sie erkannte, daß sie so furchterregend und einschüchternd gewirkt hatte, und ich war erleichtert, als ich erfuhr, daß das nicht Absicht gewesen war und meistens an Mißverständnissen gelegen hatte.

Sie war verwirrt gewesen, weil ich unfähig war, herauszufinden, wann ich aufhören mußte, jemanden anzugucken, und einige der subtilen Botschaften aufzunehmen, die sie und andere ihrer Meinung nach aussandten. Deswegen hatte sie sich gefragt, ob ich wohl ganz richtig im Kopf sei. Meine Intelligenz andererseits schien eher dafür zu sprechen, daß ich bloß unverschämt war und nicht unwissend oder mit einem kommunikativen Verarbeitungsproblem kämpfte.

Angie erzählte mir auch, daß sie viele Studenten als bedrohlich erlebt hatte, und mich vielleicht besonders. »Du hast so viel mit deinem Leben gemacht«, sagte sie, »was habe ich gemacht?

Nichts. Ich habe mein ganzes Leben lang zu Hause bei meiner Familie gewohnt. Ich bin nach der Schule direkt auf die Universität gegangen. Ich habe immer noch dieselben Freunde, die ich schon mein Leben lang habe.« Als ich zuhörte, wie sie darüber sprach, daß sie bei ihrer Familie zu Hause lebte, über ihre Nähe zu dieser Familie, darüber, daß sie jahrelang dieselben Freunde gehabt hatte, die Schule glatt durchlaufen hatte und gleich auf die Universität gegangen war, und als ich sah, wie sie in ihrem kulturellen Umfeld engagiert war, war ich von ihren Leistungen beeindruckt, die für mich zu den schwersten Dingen überhaupt gehörten.

Die Dozentin kam zur letzten Lehrprobe, die über unsere Zukunft als Lehrer entscheiden würde. Unsere Universitätsdozentin für Schauspiel sollte die Beurteilung machen. Sie war das ganze Jahr lang verständnisvoll gewesen, aber sie war keineswegs eine nachsichtige Prüferin.

Ich begegnete einer der Mitstudentinnen im Flur. Ihre Noten waren streng, aber gerecht. Eine andere war überrascht, daß sie aufgrund der Beobachtungen, die ihre Mentorin im Unterricht gemacht hatte, gute Noten bekommen hatte. Angie und ich sollten als letzte beurteilt werden.

Es war ein ekelhaft heißer Sommernachmittag, und die Kinder waren verschwitzt, nörgelig und müde. In der Lehrprobe an diesem Nachmittag ging es um Naturwissenschaften. Fünfundzwanzig Paar zerstreute kleine Knopfaugen guckten in der Klasse herum, und ich verlangte Aufmerksamkeit von ihnen, indem ich meine Gitarre spielte und beim Sprechen sanft den Rhythmus schlug.

»Ich fühle mich nicht wohl, Fräulein«, ertönte ein jammerndes Piepsstimmchen, verbunden mit einer Hand in der Luft. Anscheinend hatte sie beschlossen, daß die beiden Kinder, die sich bereits ausruhten, etwas Sinnvolleres machten, als am Unterricht teilzunehmen. Noch ein Kind hielt das für eine gute

Strategie und sagte das gleiche. Nachdem ich sie in verschiedene Ecken des Raums dirigiert hatte, wo sie sich in Knautschsesseln ausruhten, sprach ich darüber, was wir als nächstes tun würden, damit die Kinder wußten, wohin ich sie mitnahm.

Während ich sprach, fing ich wieder an, rhythmisch Gitarre zu spielen, dabei hob und senkte ich meine Stimme wie Meeresrauschen. Die Stunde war meine eigene Komposition, für die ich Handlungen choreographiert hatte. Die Kinder würden durch Musik, Singen, Bewegung, Theaterspielen und Kunst lernen. Sie würden durch ihre Augen und Ohren und durch Berühren lernen.

Während wir etwas über den Lebenszyklus der Pflanzen lernten, schienen die Kinder in der »Krankenstation« zum Leben zu erwachen. »Mir geht es jetzt besser«, sagte eins und kam wieder in die Gruppe. »Mir geht es jetzt auch besser«, sagte ein anderes. Ich spielte und sang weiter und dirigierte die Körper um mich herum, während ich die Störenfriede und die Krankheitsfälle ab und zu mit dem Zeigefinger oder einem Blick anwies.

Ich wußte intuitiv, was überall am Rand der Gruppe und sogar hinter mir vorging und sprach Kinder mit Namen an, die ich nicht sehen konnte. Ich war so ruhig und hatte so abgeschaltet, daß ich ganz und gar auf sie eingestellt war. Ich hatte das Gefühl, nicht zu unterrichten, sondern zu dirigieren und mit den Kindern zusammen zu lernen.

Meine Stunde lief ab wie ein Uhrwerk, und die Kinder wurden Schritt für Schritt hindurchgeführt. Indem ich mich am Gesamtbild orientierte und es immer wieder aus verschiedenen Richtungen anging, bekamen die Kinder die Möglichkeit, sich zu Wort zu melden und ihr Wissen zu demonstrieren.

Ich bekam eine ausgezeichnete Beurteilung. Die Dozentin war erstaunt, nicht, weil sie das von mir nicht erwartet hatte, sondern über die Art, wie ich unterrichtete, mein enormes Gespür für die sich bewegenden Teile im Klassenzimmer, die

Kinder, meine Konzentration auf gut durchdachte Ziele und mein gutes Tempogefühl. Meine Stunde hatte Struktur und Rhythmus, sie war visuell und konkret, und alle lernten für sich und konnten ihre eigenen Fähigkeitsgrade finden, während sie weiter übten und von ihren Schwächen ausgingen. Das Tanzen und die Musik, die Logik und der Fluß, die Struktur und die Konsequenz gaben mir alles, was ich brauchte, um gut zu unterrichten.

Angie hatte ebenfalls gut abgeschnitten. Diese Frau, vor der ich mich gefürchtet hatte, und ich gratulierten einander, und unsere Gesichter führten dabei einen Dialog aus echtem Lächeln.

Trotz meiner ausgezeichneten Beurteilung hatte ich nicht das Gefühl, wirklich etwas erreicht zu haben. Ich hatte zwar ohne die Hilfe von Willie und Carol unterrichtet, aber ich benutzte immer noch gespeicherte Stimmen, gespeicherte Mimik und gespeicherte Gestik. Ich bewegte mich immer noch zu schnell, um zu merken, wie ich tat, was ich tat. Wie ein körperloser Geist hatte ich immer noch den Autopiloten eingestellt. Ich war Kapitän des Schiffes, aber ich benutzte immer noch Kontrollen, um das Schiff zu führen, und hatte wenig Zeit gehabt, diese Kontrollen kennenzulernen oder mir zu eigen zu machen. Die Beurteilung bestätigte, daß ich die Befähigung zum Unterrichten besaß, aber ich fühlte mich deswegen nicht als Lehrerin. Ich konnte bildhauern, malen, komponieren und sogar Fremdsprachen sprechen, aber ich kam mit der Geschwindigkeit, mit der diese automatischen Fähigkeiten arbeiteten, nicht mit. Ich war ein Computer mit langsamer Anzeige, sowohl innerlich als auch äußerlich. Ich war in bestimmten Dingen gut, aber das hieß nicht, daß mir etwas daran lag. Ironischerweise konnte es mir persönlich mehr geben, den Fußboden zu fegen, als etwas zu tun, dem »die Welt« Beifall zollte.

Es waren nur noch ein paar Seminarsitzungen zu besuchen, um das Studium abzuschließen. In dem Gefühl, die Endrunden überstanden zu haben, hatten viele mit ernsthafter Arbeit nichts mehr im Sinn, darunter auch ich. Ich bekam einen Brief vom Fachbereichsleiter. Ich öffnete ihn und mir wurde schlecht. Ich sollte zu einem Termin mit ihm kommen, um meine Abschlußnoten zu besprechen. In dem Brief stand, daß die Gastdozentin, die mich in der vorherigen Unterrichtsphase in Deutsch gesehen hatte, mich hatte durchfallen lassen. Doch damals hatte die Dozentin mir gesagt, die Stunde sei in Ordnung gewesen. Ich verstand das nicht.

Ich klopfte an die Tür der Dozentin. Sie öffnete, sah mich kurz an und wandte sich ab, um weiter ihre Sachen für den Tag zusammenzupacken. »Ich bin in Eile«, sagte sie. »ich habe keine Zeit, darüber zu sprechen. Ich werde nicht da sein. Mein Kollege wird in meinem Auftrag mit Ihnen darüber sprechen und über das weitere Vorgehen entscheiden.« Der Termin mit dem Fachbereichsleiter war für die folgende Woche festgesetzt.

Ich sprach mit ein paar anderen Studenten. Sie waren erstaunt. Ich sprach mit der Dozentin, die meinen letzten Unterrichtsabschnitt beurteilt hatte. Sie hatte meinen Unterricht einwandfrei gefunden und mich ausgezeichnet benotet. Sie war verblüfft. Ich sprach mit Kerry, die meinte, es hätte vielleicht etwas damit zu tun, daß die Gastdozentin meinen Vortrag in Theo Mareks Fachbereich gehört hatte.

Ich klopfte wieder bei der Dozentin. Ich bestand darauf, zu erfahren, aus welchen Gründen sie beschlossen hatte, mich durchfallen zu lassen. »Sehen Sie, das ist ein Zeugnis, das zum Unterrichten qualifiziert«, sagte sie. »Es ist nicht einfach ein Stück Papier, das jemandem das Recht gibt, da draußen eine verantwortungsvolle Position einzunehmen und Unterricht zu geben. Wir wollen nicht, daß irgend jemand Schüler umbringt.«

Ich war schockiert und durcheinander. Ich hatte die Kinder

nie geschlagen. Ich hatte nie auch nur damit gedroht. Meine Art, Disziplin zu wahren, bestand vielmehr darin, nach der Stunde mit den Kindern ihr Verhalten zu besprechen, zu versuchen, ihre Sichtweisen zu verstehen, und sie zu fragen, ob sie es für fair hielten und was nun unternommen werden sollte.

Im Unterricht stellte ich Disziplin her, indem ich zu Beginn jeder Stunde die Regeln erklärte, Rückmeldung bekam, daß die Regeln verstanden worden waren, Störenfriede verwarnte und sie dann von den anderen Schülern trennte, damit der Unterricht weitergehen konnte. Ich behielt die Klasse unter Kontrolle, und der kräftige, tiefe, ruhige Tonfall, in dem ich bei Störungen des Unterrichts sprach, war wirksamer als jede erhobene Stimme oder Drohung. Ich war immer konsequent – systematisch, aber fair. Disziplin zu erreichen war, meinen Beurteilungen zufolge, eine meiner stärksten, gerechtesten Seiten als Lehrerin und hatte mir den Respekt sowohl der Schüler als auch der Mentorinnen eingebracht. Ich konnte mir nicht vorstellen, daß irgendein Lehrer oder Schüler jemals Angst gehabt hatte, daß ich jemanden umbringen würde. Konnten mein Vortrag über Autismus im Fachbereich für die Erforschung kindlichen Verhaltens solche abstrusen Vorstellungen erweckt haben?

Eine Woche später hatte ich meine Besprechung mit dem Fachbereichsleiter. In dem Unterrichtsabschnitt, in welchem die Gastdozentin mich beurteilt hatte, war in deutscher Sprache gearbeitet worden. Das war Teil einer zusätzlichen Lehrqualifikation, die ich anstrebte, um andere Sprachen als Englisch unterrichten zu können. Es bestand kein Zweifel, daß ich auf diesem Gebiet etwas konnte. Trotzdem, erklärte der Fachbereichsleiter, wenn ich akzeptieren würde, bloß als normale Lehrerin abzuschließen und die zusätzliche Qualifikation aufzugeben, könnten sie über dieses Hintertürchen diese eine mangelhafte Beurteilung außer acht lassen. Mir blieb kaum etwas anderes übrig. Ich nahm den Vorschlag an und bestand nur mit der Qualifikation zum Unterrichten auf Englisch. Ich erzählte dem Fachbereichsleiter nicht, was die Dozentin zu mir gesagt hatte. Für Diskussionen schien kein Platz zu sein, und niemand fragte mich nach meiner Ansicht. Die Dozentin selbst war bei der Besprechung nicht anwesend.

Die Mareks hatten ein Abschiedsessen bei sich zu Hause für mich vorbereitet. Ich sollte bald nach Großbritannien reisen, um Werbung für mein Buch zu machen. Die Millers kamen auch, und ich konnte mir ungehindert Gedanken darüber machen, ob das alles zuviel sein könnte. Meine Gefühle überwältigten mich, mein Gehör wurde schmerzhaft scharf, und alles, was die anderen sagten und taten, verlor seine Bedeutung.

Ich stürzte kopfüber in einen Stummfilm, bei dem die Bedeutung abgedreht und die Lautstärke voll aufgedreht war. Ich fing an, von Kopf bis Fuß zu zittern, und Tränen stiegen auf, während die Muskeln in meinen Ohren sich bei dem verstärkten Geräusch von rauschendem Blut verkrampften, das zu der sinnlosen Kakophonie noch hinzukam.

»Steck dir Watte in die Ohren«, sagte jemand, weil sie inzwischen die Anzeichen erkannten. »Nein«, fauchte ich still für mich, »ich bin keine Verrückte.«

Ich war so wie alle anderen Anwesenden. Und doch neigte mein Körper dazu, dem zu widersprechen. Ich ging ins Wohnzimmer, um nicht die Kontrolle zu verlieren. Es war, als griffe mein Körper sich selbst an. Er machte ein Nadelkissen aus mir, in das immer tiefer Nadeln hineingesteckt wurden, bis ich aufgab oder die Konsequenz des Abschaltens ertrug. Aber ich wollte mit meinen Freunden zusammenbleiben.

Theo Marek verließ das Zimmer, ich streckte die Hand nach

seiner Frau aus. Ich hatte Vertrauen zu ihr gefaßt und fühlte mich in der Vertrautheit mit ihr sicher. Sie wirkte ziemlich überrascht, aber erfreut, als ich ihr die Hand schüttelte, und ich war genauso erfreut über mich selbst.

Ich hatte lange Zeit damit zugebracht, den Übergang von den Spiegelhänden zum Schütteln meiner eigenen Hand zu üben, um die Handlung zu begreifen und mir der Empfindung voll bewußt zu sein, ohne sie abzuschneiden. Ich hatte mein Leben damit verbracht, aus dem Leben anderer Menschen zu verschwinden, um dem Abschiednehmen und den damit verbundenen Gefühlen (oder dem frustrierenden Fehlen davon angesichts von Erwartungen, sie zu haben) aus dem Weg zu gehen. Ich war den unvermeidlichen Berührungsversuchen ausgewichen. Bis jetzt hatten solche Berührungen Nähe immer unmöglich gemacht und dazu geführt, daß ich ach so froh darüber war, daß ich fortging. Es erschien mir jetzt so befreiend, mich endlich auf die gleiche Art wie die anderen mit Gefühlen verabschieden zu können.

Theo Marek kam wieder ins Zimmer. Ich sah ihn an, als wäre er ein Löwe, nach dem ich gleich greifen würde. Zähne und Klauen waren seine Fähigkeit, mich zu verstehen und auf mich einzuwirken.

Ich streckte ihm meine Hand entgegen. Er mußte lächeln. Ich schüttelte ihm die Hand, ohne ihn wie einen Aussätzigen zu behandeln. Der Ausdruck in meinen Augen war echt. Das schcue Lächeln, das mit meinem Gesicht kämpfte, war von Plastik weit entfernt. Ich bedeutete den Mareks inzwischen sehr viel, und Theo Marek wußte, daß dieses Händeschütteln mit Vorbedacht und Bedeutung und Vertrauen und Freundschaft geschah.

Es ging auf Weihnachten zu. Mir blieben nur zehn Tage zwischen dem Ende meines Lehrerstudiums und meinem Abflug nach Großbritannien, wo ich meinen dortigen Literaturagenten und eine Verlegerin kennenlernen sollte. Ich räumte die Unterrichtsmaterialien des vergangenen Jahres auf, packte ein Drittel in Kartons, verschenkte ein zweites Drittel und warf den Rest weg. Den größten Teil meines Lebens hatte ich mich bemüht, Erwartungen zu erfüllen und mich anzupassen. Ich hatte mein Lehrerstudium begonnen, um mir die Zeit zu vertreiben, aber auch, um meine Abwehrmechanismen herauszufordern, indem ich meine Probleme direkt anging. Die Tatsache, daß ich eine gute Lehrerin war, war gleichzeitig wichtig und unwichtig. Für die Entscheidung, weiterzumachen oder nicht, hatte sie keine Bedeutung, aber sie schaffte etwas, mit dem ich mich nur zu leicht in Szene setzen und in und hinter dem ich mich verstecken konnte: Erwartung. Das Unterrichten hatte seinen Zweck erfüllt, und es als »Donnas Lebensziel« aufzustellen würde bedeuten, daß es mit der Zeit gespeichert, mechanisch und automatisch werden würde. Es war eine gute Brücke gewesen, aber es gab größere Herausforderungen. Irgendwo und irgendwann würde ich nicht eine Sache finden, sondern einen Ort, nicht eine Gruppe, sondern einen besonderen Jemand, dessen Erwartungen und Bedürfnisse ich nicht befriedigen würde, sondern der Bedürfnisse in mir finden, zulassen, verkraften und befriedigen würde. Klassenzimmer waren nicht so viel anders als Publikum. Ich brauchte es nicht, daß ich angehimmelt, gebraucht oder erwünscht wurde, sondern ich brauchte, daß ich selbst aus ganzem Herzen brauchte und wünschte. Es ist schwer, die eigenen Wünsche herauszubekommen, wenn man vor einem Raum voller Hündchenaugen und ausgestreckter Hände steht. Ich hatte meine Wünsche mein ganzes Leben lang verleugnet. Hier würde ich sie nicht finden. Autistische Kinder würden im allgemeinen nicht mit diesen

Hündchenaugen und ausgestreckten Händen nach mir greifen, aber mein Zwang, ihre Bedürfnisse zu erfüllen, würde sicherlich meine eigenen Wünsche überdecken, und genau das wollten meine Abwehrmechanismen. Zum Teufel mit meinen Abwehrmechanismen. Das hier war mein Leben.

Das Studium war vorbei, und ich widmete mich ernsthafteren Dingen und bastelte zusammen mit der Tochter der Millers einen hohen, lebensgroßen, aus Pappe ausgeschnittenen Weihnachtsbaum. Wir dekorierten ihn mit Glanzpapierstückchen, Glitzerzeug und ausgeschnittenen Sternen. Dann hängten wir ihn an meine Wohnungstür. Kerry würde einziehen, wenn ich fort war, und er würde sie willkommen heißen.

Mein Freund Tim erschien rechtzeitig, um mir zu helfen, den Baum für die Millers aufzustellen. Wir beide und die Tochter der Millers waren hingerissen (ich vor allem) von dem Flitterkram und dem bunten Plastikschmuck. Ich rannte hinaus, um ein paar Geschenke zu holen, die ich schon gekauft und eingepackt hatte. Ich gab Tim das, was ich für ihn eingepackt hatte. Es war ein Bild von der Landschaft, die ich vermissen würde: Ein See bei Sonnenuntergang, umringt von Schatten, die sich im hohen Gras fingen. Es war ein Bild, das den Klang von Vogelgezwitscher in der Frühe und das Gefühl von bloßen Füßen auf trockenen Grasstoppeln und goldener Erde heraufbeschwor. Das war früher das schönste Weihnachten für mich gewesen: Ein Weihnachten, zu dem ich nicht da sein würde. Doch es hatte sich viel verändert. Jetzt wünschte ich, ich könnte hier sein, um zu feiern.

Tim und ich saßen zwischen den abgefallenen, orangefarbenen Kiefernnadeln in dem kleinen Kiefernwäldchen unterhalb der Farm. Es war ein warmes Gefühl: ein Gefühl von zu Hause, und ich fühlte, daß ich es verlassen würde. Ich sah ihm in die Augen, sprach und fühlte als ich selbst — alles gleichzeitig. Wir sprachen darüber, wie weit wir auf unseren Wegen gekommen waren. »Sechs Jahre ist es her«, sagte ich. »Danke, daß du geglaubt hast.« Danke, daß du es ausgehalten hast. Danke, daß du mein wirkliches Ich sehen kannst. Danke, daß du darauf bestanden hast, daß ich mit mir lebe, dachte ich für mich.

Als ich mich von Tim verabschiedete, wollte ich nicht mehr, daß er versuchte, mich zu umarmen. Ich wollte wissen, wie es war, wenn es einem nicht aufgedrängt wurde (obwohl ich mit Tim besser zurechtgekommen war als mit allen anderen). Ich wollte wissen, wie es war, diesen Menschen, für den ich etwas empfand, umarmen zu wollen. »Darf ich dich umarmen?« fragte ich, nicht sicher, wie man solche Dinge ankündigt, aber mit dem Gefühl, daß es jedenfalls fair sei, das zu tun. Ich hatte irgendwie das Gefühl, daß der Wunsch mit dieser Ankündigung nicht mehr zu verleugnen war und daß ich die Sache bis zu Ende durchstehen müßte. »Natürlich darfst du«, sagte Tim. Ich schaffte es, so lange bei dem Gefühl zu bleiben, bis ich es kannte. »Das ist das erste Mal, daß ich mich zuerst losgemacht habe«, sagte Tim anschließend. Wir lächelten beide.

Es war der letzte Tag, bevor ich ins Flugzeug steigen und zum erstenmal, seit ich *Ich könnte verschwinden, wenn du mich berührst* geschrieben hatte, ins Ausland fliegen sollte. Unterwegs würde ich in einem anderen Staat in Australien zwischenlanden und weitere Werbung für Holly Hobby machen.

Am Abend ging ich spazieren und verabschiedete mich von der Farm und der Stadt, in der ich aufgewachsen war. Etwas in mir wußte, daß ich eigentlich nur zurückgekommen war, um zu ein paar Begräbnissen zu gehen und mich zu verabschieden.

Manche Dinge sind Teil des Weges. Manche Dinge sind Teil des Ziels.

Der Abschied von den Millers hatte mitten in den Weihnachtstagen und anderen Verwirrungen stattgefunden. Sie waren mir eine große Hilfe gewesen und waren viele lange Abende mit mir aufgeblieben, um hunderteins schwer zu erfassende soziale und emotionale Konzepte, Erwartungen, Konventionen und Regeln zu definieren und zu illustrieren. Wir waren alles durchgegangen, von gespielten Interviews bis zu Herdenmentalität.

Die Millers wollten mich zum Flughafen bringen. Tim hatte das auch immer gewollt, aber ich hatte es ihm nie erlaubt. Aber jetzt gab es keine Gefechtslinien mehr. Sowohl Tim als auch die Millers konnten mich zum Flughafen bringen. Ich warnte sie alle: »Vielleicht fühle ich nichts. Vielleicht verabschiede ich mich knapp und beiläufig und gehe, als wollte ich bloß was einkaufen.« Sie verstanden und akzeptierten.

Es war zu viel. Ich war benommen von dem vielen Neuen und den beinahe unvereinbaren Bildern von Tim und den Millers, die beieinander standen und gelegentlich plauderten. Diese Menschen kamen aus verschiedenen Lebensabschnitten, aus verschiedenen Situationen, und sprachen verschieden. Seltsamerweise bestand die einzige Übereinstimmung darin, daß ich mit allen die Gleiche gewesen war. Trotzdem konnte ich nicht zusammenhalten, was geschah, und auch nicht sonderlich gut folgen. Ich beschloß einfach, etwas Vertrauen zu haben und es geschehen zu lassen.

Es war Zeit, durch die Abflugsperre zu gehen. Ich hatte genug Probleme damit, drei Erwachsenen und zwei Kindern beim Sprechen zu folgen und die Reihenfolge der Schritte zu beachten, die zum Besteigen eines Flugzeugs gehören. Ich stand an der Sperre und schüttelte den Millers die Hände.

Ich sah Tim an. Er wußte, daß ich es bedauerte, daß in der

ganzen Verwirrung und Überlastung meine Fähigkeit zu Gefühlen mich einfach verlassen hatte. Es gab keine Deutung dessen, was sich abspielte. Ich hatte es nicht geschafft, so weit zu kommen, weil alles gleichzeitig passierte. Und trotzdem erschienen keine Figuren. »Du wußtest, daß das wahrscheinlich passieren würde«, sagte ich zu ihm, und benutzte damit eine Sprache, die er bereits ohne Erklärung verstand. »Wahrscheinlich zerfließe ich auf dem Klo im Flugzeug, in ungefähr einer Stunde, wenn mir alles klar wird.« Dann würde er nicht mehr da sein.

So lange würde es dauern, bis der verstopfte Ausguß wieder frei sein würde. Bis dahin würden alle Emotionen aus ihrem Kontext gerissen worden sein. Es würde keine Millers mehr geben, keinen Tim und keine Mareks. Es würde nur noch mich mit mir selbst geben, im unmittelbaren Kontext einer Flugzeugtoilette, mehrere tausend Meter hoch in der Luft. Stummes Schreien und verständnislose Tränen würden meine Reisebegleiter sein, und nur befreiendes Schaukeln würde mich trösten und bei Verstand halten.

Kontextlose Gefühle. Gott mußte eine unglaubliche Phantasie haben, um so etwas zu erschaffen. Aber Gott wußte wahrscheinlich, wohin ich in diesem Leben ging. Wahrscheinlich konnte es keine bessere Garantie gegen eine beunruhigende Umwelt geben, in der ich immer distanziert und in meiner Unverwüstlichkeit beinahe fremdartig geblieben war.

Die hellen Lichter einer Stadt in einem anderen australischen Staat waren ein guter Übergang zu den gewaltigen Veränderungen, die mir bevorstanden. Der Bundesstaat war mir so fremd, daß er mich aufrüttelte, und doch auch so vertraut, daß ich mich nach und nach daran gewöhnen konnte.

Es war eine Sache, große Sprünge mit dem Flugzeug zu machen, wenn ich allein und frei wie ein Blatt im Wind war. Das war immer Teil der Freiheit der Unberührbarkeit und der Flucht gewesen. Jetzt aber begab ich mich auf Reisen, bei denen andere jede meiner Bewegungen mitverfolgten. Meine Tage würden durchgeplant und mit Menschen ausgefüllt sein, mit denen ich auf lange Sicht als ich selbst verkehren müßte. Mein Leben lang hatte ich geplante Treffen und Verabredungen vermieden; sie waren wie gesellschaftliche Käfige, in denen ich an Zeit und Ort gebunden war und genau erforscht werden konnte. Ich konnte den Journalisten und Verlegern nicht einfach in meiner von früher her gewohnten flüchtigen Art sagen, wir würden uns sicher irgendwann mal treffen.

In meinem Hotelzimmer entdeckte ich den Zimmerservice, und das Drama, alle Etappen beim Kochen zu bewältigen, wurde plötzlich unglaublich einfach. Die Speisekarte war mir fremd, das Essen war mir fremd, daher kaufte ich Lebensmittel und machte mir mein Essen manchmal selbst.

Meine Wäsche wurde wie üblich mit meinem Körper zusammen in der Badewanne gewaschen, dann ausgewrungen und zum Trocknen im Zimmer verteilt aufgehängt. Nach und nach verstand ich die Hinweise auf den Wäschedienst, aber ich dachte lange darüber nach, ob ich es ertragen könnte, daß andere meine Kleider mitnahmen und wiederbrachten, wann es *ihnen* paßte. Ich blieb bei der Badewannen-Methode.

»Gehen Sie abends nicht in der Stadt spazieren«, hatten die Millers und die Mareks und meine Verlegerin gesagt. Statt dessen stand ich barfuß auf dem kiesbestreuten Balkon. Ich betrachtete die Symmetrie verschiedener Muster aus Lichtern der Stadt, ihre Farben und den scharfen Kontrast zwischen der Lebendigkeit der Stadt und dem ernsten und immer gleichbleibend tiefen Blau des Nachthimmels, der über mir hing. Es regnete. Hartnäckig blieb ich stehen; große Tropfen frischen Wassers fielen auf meine ausgestreckten Hände.

Holly Hobby wartete im Hotelfoyer. Ich war froh, ihr vertrautes Gesicht zu sehen. Ihr rotes Haar war eine Garantie dafür, daß sie ein netter Mensch war, selbst wenn die Farbe aus einer Flasche stammte. Es war beängstigend, mit Menschen zu sprechen, ohne daß ich jemanden kopieren oder spiegeln konnte und ohne die richtige oder erwartete Antwort zu suchen und ständig vorauszuberechnen. Wie wurde sie sie selbst und begrüßte mich hier jetzt so selbstverständlich, so munter? Ich hatte Ehrfurcht vor der Unbefangenheit, mit der andere anscheinend die schwierigsten Dinge bewältigten, und doch waren das die Dinge, die sie als »einfach«, »natürlich« und »instinktiv« bezeichneten.

Die erste Journalistin erinnerte mich an eine meiner Freundinnen. In der Ego-Übung, zu sehen, »wie gut wir die autistische Frau zum Sprechen bringen können«, schien mir kein Sinn zu liegen. Ich wußte verdammt gut, daß das für Zehnminuten-Treffen oder intellektuelles Herunterrasseln von gut eingeübten Themen reichen würde. Nicht reichen würde es für persönliche Themen aus einem Leben, das meinem Gefühl nach jetzt mehr war als bloß »der Fall Donna«.

Ich wollte die Fragen der Reporter nicht auf einer Verständnisgrundlage von fünfzehn bis fünfzig Prozent beantworten. Ich wollte sichergehen, daß ich auf einer Basis von mindestens achtzig Prozent antwortete. Da ich die Fragen in meiner eigenen, vertrauten, ungestörten Umgebung auf einem Blatt Papier vor mir sah, konnte ich die Folgen von Angst, Ablenkung und verwirrendem Gefasel ausschließen. Ich konnte sehen, was ich sagte und was ich sagen wollte. Ich würde nicht gezwungen sein zu sprechen, taub für die Bedeutung meiner eigenen Worte. Ich war kein Monstrum im Zirkus und kein ausgebeutetes Zirkustier, das gezwungen wurde, menschliche Kunststückchen zu imitieren, ohne zu verstehen, warum. Ich verdiente nicht weniger Menschlichkeit als andere, selbst wenn meine Behinderung nicht sofort ins Auge fiel.

Es war Zeit, nach Großbritannien abzufliegen. Ich rief Theo Marek an, um mich zu verabschieden, bevor ich mein Land verließ. Das Gewicht von »traurig« erfüllte mich. Die Wirkung des verstopften Ausgusses ließ allmählich nach. Ich spürte die Folgen der Ereignisse von zwei Tagen und mehreren zurückliegenden Abschieden. Ich dachte darüber nach, warum ich dort war und warum ich mich entschlossen hatte, das Buch veröffentlichen zu lassen. Ich würde es schaffen. Ich würde es schaffen müssen.

Auf dem Weg nach Großbritannien landete ich in Sri Lanka. Ich wußte nicht, wo ich übernachten sollte. Ich wußte nur, daß ich irgendwo einen Zettel hatte, der kein Flugticket war, und daß dieser etwas mit einem Ort namens Goldy Sands zu tun hatte. Nachdem ich mit der Masse schweißfeuchten Gepäcks und den verschwitzten Leuten, die es trugen, durch den Zoll gelangt war, stand ich in der Gegend herum und wußte nicht, was ich tun oder wohin ich gehen sollte.

Ich folgte ein paar Leuten, die Zettel in der Hand hatten, die aussahen wie meiner. Sie wurden durch ein Tor gebracht und zu Trauben zusammengeschoben. Sie hielten ihre Zettel hoch. Ich guckte von ihnen zu den Reisebegleitern und hielt meinen auch hoch. Ich wurde in eine Menschentraube hineingeschoben.

»Kommen Sie«, sagte der Reisebegleiter, und ich folgte.

Herdenmentalität. »Bleib bei der Herde, Donna.« Wir wurden in die srilankische Version eines Taxis geleitet.

Wir wurden ins Hotel gefahren und bekamen Schlüssel. Ich

flüchtete mich in mein Zimmer wie eine Maus, hinter der die Katze her ist, ins Mauseloch. Mein alter Freund das Meer war vor meinem Fenster. Ich stimmte mich auf den Rhythmus der Wellen ein, bis ich selbst dazu wurde, während ich auf dem Balkon stand und die Sonne unterging.

Ich wußte nicht, was man an einem Ort wie diesem bezüglich des Essens unternahm. Wie sich herausstellte, hatte ich bereits Essensgutscheine. »Sie sollten eine Tour mitmachen«, sagte der Reisebegleiter. Ich vergaß, die »kleine, alte Dame, Busse und Kunstgalerie«-Regel und fuhr mit einem einheimischen Fremden in seinem »Taxi« mit.

»Verheiratet? Haben Sie einen Freund? Gefällt Ihnen Sri Lanka? Mögen sie srilankische Männer? Mögen Sie Männer? Haben Sie schon mal einen Freund gehabt? Haben Sie Angst vor AIDS? Wollen Sie heiraten? Wollen Sie mich heiraten?« fragte der Taxifahrer immer weiter, während ich jede Frage ehrlich beantwortete. Erst als er zur letzten Frage kam und seine Absichten offenlegte, verstand ich, was vor sich ging. Ich hatte gedacht, es wäre eine Art Tatsachen-Quiz, eine Kulturstudie seinerseits, oder er würde sich vielleicht für Soziologie oder sowas interessieren.

Mir war daraufhin so ängstlich zumute und so schlecht, daß ich nicht richtig wahrnahm, wo wir entlangfuhren, und die Sehenswürdigkeiten Sri Lankas nicht richtig sah. Ich versuchte, mich auf das zu konzentrieren, was Mr. Miller gesagt hatte: »Herdenmentalität.« Das hatte ich falsch gemacht. Verdammt noch mal, ich hatte mich von der Herde entfernt.

»Antworten Sie nicht auf Fragen«, hatte Mr. Miller gesagt, »und wenn sie hartnäckig sind, sagen Sie, daß Sie kein Interesse an einem Gespräch haben.« »Ich habe kein Interesse an einem Gespräch«, sagte ich mechanisch zum Fahrer, Mr. Millers guten Rat befolgend. Der Fahrer blieb hartnäckig. »Ich habe kein Interesse an einem Gespräch«, sagte ich noch einmal, guckte dabei aus dem Fenster und dachte: »Danke, Mr. Miller.« Der Fahrer hielt endlich den Mund. Wieder am Hotel bezahlte ich ihn und lief in mein Zimmer zurück.

Das Leben war ein Brettspiel, der Würfel war gefallen, und ich sollte ein paar Felder vorrücken.

Das Flugzeug landete in London, und der Weihnachtsmann war da, um mich zu begrüßen, als ich durch den Zoll kam.

Mein Literaturagent war ein weißhaariger alter englischer Gentleman, der sich anhörte wie der König von England und aussah wie der Weihnachtsmann nach dem Rasieren. »Sie zittern«, sagte ich zu ihm. »Das stimmt«, antwortete er.

Er war ein herzlicher Mensch mit roten Backen, einer fröhlichen Natur und einem sehr merkwürdigen Sinn für Humor. Er brachte mich zu dem Hotel, das man für meinen Aufenthalt ausgesucht hatte. Es war ein kleines Hotel im Landhausstil, bis zu den Gardinen mit Blümchenmuster, mitten in London. Es hatte *klack-klack-klack* Geburtstagskuchen-Kronleuchter und Spiegel.

Es gab soviel aufzunehmen. Mir schwirrte der Kopf. Ich sollte mich mit meiner englischen Verlegerin, mit meiner englischen PR-Frau und mit meinem Auslands-Agenten, der mich in Großbritannien vertrat, treffen, und diese Leute würden sich alle kennen und ständig in Verbindung stehen. Zum ersten Mal sollte ich für mehr als einen Chef gleichzeitig arbeiten und im Zusammensein mit jedem von ihnen die Gleiche sein. Ich würde lernen, was es bedeutete, mich selbst durchgängig zu erfahren und Sicherheit darin zu finden, ein Netzwerk von Menschen zu haben, die mich auffangen würden, wenn ich fiele. Ich tanzte nicht mehr auf einem ganz so hohen Seil, daher würde ich nie wieder so tief fallen.

Meine Tage waren verplant, mein Terminkalender war voller fremder Namen, die Zwischenräume unter den Daten waren mit Terminen und Namen von Bahnstationen ausgefüllt, mit Wegbeschreibungen und Dingen, die ich mitbringen sollte.

Carol hätte in das Verlagshaus hineinspazieren und »gesellig« spielen können. Willie hätte im Interviewton mit ihnen sprechen können. Aber diese Menschen waren da, um sich mit mir zu treffen. Ich war es, die sie durch mein Schreiben, meine Faxe und meine Telefonanrufe kannten. Jedem auf der Straße hätte man beibringen können, Carols Papageienart oder Willies Der-Affe-sicht's der-Affe-tut's nachzumachen. Man reist nicht zehntausend Meilen weit, um eine billige Bühnenshow abzuziehen.

Meine englische Verlegerin war der erste Mensch, der mit mir arbeiten sollte, der nicht zitterte, als er mich kennenlernte. Ich war beeindruckt. Ich hatte mich daran gewöhnt, daß Leute in meiner Nähe unsicher waren, ja sogar verwirrt oder verdutzt, aber das Zittern war einfach zuviel. Ich konnte doch nicht so unberechenbar, seltsam oder ehrfurchtgebietend sein, oder?

Carol stand auf dem Bahnsteig in Waterloo Station. Sie war einem Fremden an diesen Ort gefolgt, wie sie so vielen anderen Fremden an so viele andere Orten gefolgt war. Es war alles zu viel. Hinter der Fassade hatte sie alles satt. Sie hatte es tödlich satt. Das Gefühl, hinter einer Fassade gefangen zu sein, hinter der sie nicht hervorbrechen konnte, fand seinen Weg in die verlockenden Eisenbahngleise hinein. Sie hatte gehört, daß in Großbritannien pro Tag zehn Menschen auf die Schienen sprangen. »Hmmm, stell dir mal vor, alle meine Teile da unten verspritzt«, dachte sie belustigt, während sie dicht am Rand am Ende des Bahnsteigs stand und der Zug sich näherte. Er zischte an ihrem Gesicht vorbei, und sie lächelte, als hielte sie das Gesicht bloß in den Wind. »Heute nicht«, dachte sie, »ich sollte bei der Arbeit sein. Ich muß zur Arbeit.« Statt vor den Zug zu springen, sprang sie hinein und fuhr zu ihrer Arbeitsstelle, wo sie als Aushilfssekretärin beschäftigt war.

Die Lichter waren verdammt hell. Durch meine Adern floß Adrenalin, und die Geräusche waren kaum noch zu ertragen, trotz der Watte in den Ohren. Es wäre so leicht gewesen zu »verschwinden«. Es wäre zu leicht gewesen. Gefühllos und nicht betroffen zu sein, jemand anders als man selbst zu sein, macht einfach zu süchtig, während betroffen sein so schwer und sensorisch so überwältigend ist.

Meine Verlegerin hatte das verstanden. Ich hatte ihr die Vorgänge erklärt und verlangt, daß wir die Umgebung meinen Notwendigkeiten anpaßten, bis ich mich daran gewöhnt hatte, damit ich ein Gefühl dafür entwickeln und erfahren und völlig verstehen konnte, was ich tat und warum. Ich wollte dafür garantieren können, daß ich nicht plötzlich einen Rucksack packte und mich dem ganzen Unternehmen entzog und damit ihr Geld und ihre Anstrengungen wegwarf wie Abfall durch eine gut gespülte Toilette.

Mein Krieg war so komplex und intensiv geworden, daß er eine Eigendynamik entwickelt hatte und nicht einmal ich ihn mehr beenden konnte. Er hatte jedes Erfahren meiner eigenen Handlungen abgewürgt, und das Leben war einfach ein großes, langes Spiel aus Strategien und Kampftaktiken, die die Fehler, Löcher und Defizite verstecken sollten. Die Leere war so umfassend, daß das Leben ein lebendiger Tod geworden war. Ich wußte, daß der Krieg eines Tages dazu führen würde, daß ich vor einem Zug enden und ich und der Krieg in weniger als einer Minute verschwunden sein würden. Die Veröffentlichung des Buches würde mich zwingen, meine Waffen niederzulegen.

Ich wußte auch, daß es da draußen andere wie mich gab, die von Tag zu Tag so weiterleben würden, weil auch ihre Kriege niemand verstehen konnte. Auch wenn ich mich selbst verdammen konnte, würde ich es doch nicht verantworten können, vor der Entscheidung gestanden und beschlossen zu haben, auch sie zu verdammen. Es wäre die Verdammung einer Welt von symbolischen »Ichs« gewesen. Es stand einfach zu viel auf dem Spiel.

Geld und die schwer faßbaren Scheiß-Begriffe »Erfolg« und »Berühmtheit« bedeuteten nichts. Sie waren reine Theorie. Jenseits davon konnte ich sie nicht verstehen. Diese Begriffe gehörten auf Fernsehbildschirme. Aus solchem Blödsinn hätte ich ohne jede Überlegung aussteigen können. Aber wenn ich mich entschied, die Veröffentlichung des Buches aufzugeben, würde ich mich selbst aufgeben. Ich würde auf die Bahngleise zusteuern, und noch soviel »die Welt«-Geld oder -Versprechungen würden mich nicht zurückholen können.

Ich muß ausgesehen haben, als würde ich die Wände hochgehen. Die Verlegerin meinte, es wäre eine gute Idee, zu unserer ersten Besprechung in den Park zu gehen. Draußen würden weder Licht noch Geräusche von Wand zu Wand springen und die Besprechung noch schwieriger machen, als sie sowieso schon werden mußte.

Der Mangel an Kontrolle, der durch bewußtes Wollen entstand, und das Fehlen von Fluchtstrategien, um Überladung zu verringern oder mir aus der Patsche zu helfen, verknoteten meinen Magen. Ich schien mich auf dem Weg zum Abschalten zu befinden. Während ich an den bunten Lichtern und den Regenbogen vorbeiging, die im reflektierten Licht eines Kronleuchters in einem indischen Take-Away hell leuchteten, brannte meine Sicherung durch.

Alle sichtbaren Dinge verloren völlig ihre Bedeutung. Ich wußte nicht mehr, was das sichtbare Bild der Gestalt neben mir, die vor wenigen Sekunden noch meine Verlegerin gewesen war, bedeutete. Ich sah verzweifelt auf dieses Bild und bemühte mich, die Bedeutung wiederzufinden. Ich wußte nur, daß das

Bild eigentlich vertraut sein sollte. Ich fand den Namen für das Bild. Der Name hatte keine Bedeutung. Er sagte mir nichts über seine Wichtigkeit oder seine Beziehung zu mir. Ich wußte nur, daß es dort bleiben mußte und sich nicht bewegen durfte. Ich war blind, und selbst dieses Stückchen bedeutungsloser Vertrautheit war besser als gar nichts.

Ich sah auf die glatte, kalte Fläche neben mir und klopfte darauf. »Fenster«, sagte ich, bezeichnete es in dem Versuch, die Wörter wieder mit den Gegenständen zu verbinden. *»Ping, ping«*, sagte die kalte, glatte Fläche, und die Wörter fielen aus meinem Mund ohne einen anderen Zusammenhang zwischen Wort und Gegenstand als meinen sturen, beharrlichen Glauben, daß die beiden in Beziehung stehen mußten. Die leeren Wörter fielen in meine tauben Ohren, und ich weinte. Ich fühlte mich völlig hilflos bei dem Versuch, mein Gehirn dazu zu bringen, die Zusammenhänge wieder herzustellen.

»Lichter«, sagte ich, indem ich in das Ladenfenster sah, und stellte einen Zusammenhang her. Ich wandte mich ab. Ich spürte, wie meine Nackenmuskeln sich anspannten. Es war, als hätte ich eine Tüte Zitronen gegessen. Ich zuckte zusammen.

»Wir wollen gehen«, befahl ich, überrascht, daß ich einen Satz gefunden hatte. Toll, ich kam zurück.

Ich schämte mich so furchtbar. Ich fühlte mich, als hätte ich mich in aller Öffentlichkeit naßgemacht. Ich fühlte mich von mir selbst so abgestoßen, so blamiert. Doch ich konnte meine Verlegerin ansehen und mit Namen ansprechen. Ich spürte, daß ich ihr vertrauen konnte. Sie war nicht ausgerastet. Sie war nicht wie ein verrücktes Huhn herumgerannt. Sie hatte kein Blabla angefangen und damit die Überladung verschlimmert oder die Dissoziation erzwungen. Sie hatte mich nicht geohrfeigt, um mich zum »Zurückkommen« zu bewegen. Sie stand einfach da und wartete auf mich.

Wir gingen zwanzig Minuten lang, und jeder Schritt war ein weiterer Schritt zurück in »die Welt«. Die Bedeutungen und die

Ganzheitlichkeit von Erfahrungen rückten wieder an ihre Plätze, Stück für Stück, zum Muster und Rhythmus meiner Schritte und in der Vertrautheit der ungefährlichen Gegenwart meiner Verlegerin. Wenn sie damit zurechtgekommen war, war das Schlimmste überstanden. Ich würde vor diesen Leuten nicht fortzulaufen brauchen. Wenn ich nicht zurechtkam, würden sie es verstehen.

Meine PR-Frau hatte seidiges, blondes Haar und eine sanfte, aber sichere Stimme. Sie war schön und nett, aber sie zitterte. Allmählich gewöhnten wir uns aneinander. Sie wurde zu meinen »die Welt«-Augen und -Ohren. Ich konnte alles, was gesagt wurde, nur als Feststellung auffassen, aber sie war fähig, subtile Bedeutungen und Doppeldeutigkeiten zu erkennen und die relative Bedeutung von Journalistenfragen und »worauf sie abzielten« einzuschätzen.

Ich wurde gefragt, was mit Willie und Carol geschehen sei. Ich wurde nach Sex, Sexualität und Männern gefragt. Ich wurde nach meiner Familie gefragt. Ich wurde nach Kindesmißhandlung gefragt. »Aber Sie sind doch bestimmt der Ansicht, daß die Mißhandlungen Auswirkungen auf Sie gehabt haben?« wurde ich immer und immer und immer wieder gefragt. Vor meinem inneren Auge sah ich meine Mutter. Ich sah die fünfzehn Jahre, in denen ich keine direkte Beziehung zu ihr herstellen konnte, und ich sah, wie ich sie manchmal, wenn ich zur Beziehung fähig war, als für »meine Welt« unwichtig ignorierte. »Aber Sie sind doch bestimmt der Ansicht, daß die Mißhandlungen Auswirkungen auf *sie* gehabt haben?« dachte ich. Manchmal sind Mißhandlungen weder sichtbar noch beabsichtigt.

Schließlich machte ich es ihnen deutlich. Ich hatte mich vor Nähe gefürchtet, deswegen litt ich nicht so sehr unter Ablehnung. Ich war äußerst selbständig und unabhängig gewesen, daher litt ich nicht so sehr unter Vernachlässigung. Ich war mir selbst eine Welt gewesen, und ich war meine eigene Familie, daher litt ich nicht so sehr unter der fehlenden Zugehörigkeit. Meine Peiniger hatte diese Vorteile nicht.

Ich ging mit den Journalisten spazieren. Sie konnten mein Denken und meine Worte durch mein Schreiben kennenlernen, sie konnten mich kennenlernen, indem sie mit mir gemeinsam draußen Zeit damit verbrachten, »einfach zu sein«.

Es war der erste Weihnachtstag, und der Weihnachtsmann machte Urlaub von der Literaturagentur. Meine Verlegerin, der Auslandsagent und die PR-Frau waren alle verschwunden, um ihre eigenen Leben zu leben. Nun verstand ich den Unterschied zwischen Geschäft und Freundschaft. Es lief darauf hinaus, daß Freundschaft zu Weihnachten keinen Urlaub macht, Geschäft aber sehr wohl.

Ich saß allein in meinem gemütlichen Schuhkarton-Zimmer im Hotel auf dem Fußboden. Mein Magen schmerzte vor Heimweh nach einem Zuhause, das ich nicht hatte. Ich malte ein Bild und nannte es »Zuhause«. Ich stellte mir vor, an diesem schwer definierbaren Ort zu sein. Es war ein Bild von einem Ort, an dem ich nie gewesen war, außer in meiner Vorstellung. Da gab es wilde Blumen und in der Ferne Hügel, hohes Gras, um darin zu tanzen, und wilde Vögel, die durch einen rosa Sonnenaufgangshimmel flogen.

Ich ging in den Straßen spazieren, zwischen den Leuten auf der Straße in der weihnachtlichen Atmosphäre der Londoner Innenstadt.

Als ich in London ankam, hatte ich scharenweise Bettler gesehen, und nachdem ich jeden Tag ungefähr drei Pfund verschenkt hatte, wurde ich schließlich von meiner Verlegerin und meinem Agenten aufgeklärt.

Nicht, daß ich freigebig gewesen wäre. Es war einfach so, daß die Bettler zu dem Zeitpunkt, wenn ich darum kämpfte, ihre Worte zu erfassen, schon die Einzelheiten ihrer gut eingeübten Geschichten ausbreiteten und genau sagten, wofür sie das Geld brauchten. Wieder und wieder kam es soweit, daß ich ihnen tatsächlich sagte, sie sollten einen Moment warten, und ihnen dann etwas zu essen kaufte, nachdem sie mir erzählt hatten, daß sie Geld brauchten, weil sie Hunger hatten und Essen kaufen wollten.

Nach Tagen voller Termine und Zusammensein mit Menschen war ich in eine totale Strukturlosigkeit hineingestürzt und schwamm nun in einem überwältigend freien Raum. In meinem vordiabetischen Zustand vergaß ich etwas. Ich vergaß völlig zu essen. Mit meiner schweren Hypoglykämie sollte ich alle zwei bis vier Stunden essen.

Ich ging in einen Weihnachtsfilm. Allein und in einer der hinteren Reihen war ich verloren und in einem Traum. Während das Tempo des Films zunahm, sackte mein Blutzuckerspiegel ab.

Ich trat aus dem Kino und wußte nicht genau, wo ich war. Ich driftete in einen Schlafzustand ab. Meine bewußten Gedanken waren wie Wolkenfetzen, die vorbeizogen und schwer zu fassen waren. »Das sieht hier sehr merkwürdig aus für Australien«, kam einer meiner ziehenden Wolkenfetzen-Gedanken. »Das ist London. Das ist London«, erinnerte ich mich und versuchte, das Wort »London« zu verstehen, während es vorbeizog. »Die Zeitumstellung kann doch nicht so lange dauern. Irgendwas stimmt nicht«, dachte ich plötzlich. Ich fühlte mich geohrfeigt durch die Andersartigkeit dieses Gedankens, der mich plötzlich mit Gefühl und Bedeutung traf. Angst füllte meinen Magen mit Steinen. »Oh mein Gott«, dachte ich, »ich schlafe.«

Ich fürchtete mich. Ich wußte, daß ich in der Klemme steckte, aber meine Wolkengedanken ließen mir nicht genug Konzentration, um herauszufinden, warum. Wo wohnte ich? Wie ging es nach Hause? Was bedeutete »zu Hause«? Nein. Bedeutungsabschaltung. Scheiße.

Weinend wanderte ich in den winterlichen Straßen umher und fühlte mich heimatlos und hilflos. Das Gefühl löste eine Erinnerung aus: streunende Katzen, Kopfsteinpflastergäßchen, mein Dufflecoat um mich herum, um die Kälte draußen zu halten.

Carol zog sich die Kapuze ihres »Wohnwagens« über den Kopf und vergrub die Hände in den Taschen. Sie hatte den Mantel, seit sie zwölf war, aber jetzt, mit siebzehn, paßte er ihr immer noch. Sie sang beim Gehen, jede Straße schloß an die nächste an, weiter und weiter und weiter ohne ein bestimmtes Ziel. Sie fand sich auf einem Schulhof wieder. Ein Stück einer bernsteinfarbenen Flasche stand vor ihren Füßen. Sie hob es auf, hielt es sich vor die Augen und sah hindurch zum Mond auf. »Buntes Glas«, dachte sie. Sie warf es auf den Boden, wo es zerbrach. Sie bückte sich und sammelte die Scherben auf, um sie mit nach Hause zu nehmen und in einen Schuhkarton zu legen. Sie würde alle Splitter in einen Schuhkarton legen und einen Deckel aus Cellophan dafür machen, und sie würde alle möglichen bunten Glasscherben sammeln und sie schütteln und dabei auf ihr Klimpern horchen und beobachten, wie die Farben durcheinanderflossen, so als wenn man mit den Fingern durch bunte Perlen fährt.

Ich trug einen langen schwarzen Mantel. Darauf lag meine Hand, und ich erschrak zutiefst. »Wie habe ich bloß meinen Dufflecoat wiedergekriegt?« kam ein dichter Wolkengedanke. »Nein, das ist mein langer schwarzer Mantel«, antwortete ich mir, während der wache Teil meines Geistes mit dem Teil rang, der in die Traumwelt abdriftete. Puh! »Langer schwarzer Mantel«, »London« – ich versuchte, die Begriffe zu verbinden, in einem Verstand, der plötzlich die Türen geschlossen und die

Lichter ausgeschaltet hatte und sich in einem Vakuum befand. Ich stürzte weiter in eine Leere, auf deren Boden mich, wie ich wußte, das Große Schwarze Nichts erwartete. In einen tiefen Schlaf zu fallen und währenddessen in einer fremden Stadt zu schlafwandeln und im Schlaf zu sprechen, das ist der Stoff, aus dem die Alpträume sind.

Ich kam zu einem Hotel, das mir bekannt vorkam. »Das ist dein Zimmer«, sagte ich zu mir. Meine Worte waren Wolkenfetzen und stellten keine Verbindung zu irgendwelchen Kosequenzen her, da sie in taube Ohren fielen. Ich ging an meinem Hotel vorbei und hatte kein Ziel. »Steig nur nicht in einen Zug ein«, sagte ich zu mir, eine dichte Wolke, die eine Spur von Wirkung hinterließ, »fahr *nicht* ans Meer.« Wenn ich eins von beiden tat, das wußte ich, konnte in diesem schwebenden, schlafwandlerischen Zustand alles geschehen.

Ich wanderte noch eine Straße entlang. Es war dunkel. Ich ging schon ewig. Ich hatte den ganzen Tag nichts gegessen. Bei meiner Hypoglykämie muß mein Blutzuckerspiegel gefährlich niedrig gewesen sein, und meine Konzentrationsfähigkeit war nahezu gleich Null. Mein Gehirn war ein Sieb. Wenn mir das Wort »Essen«eingefallen wäre, hätte ich nicht herausbekommen, was es bedeutete, und schon gar nicht, was ich deswegen hätte unternehmen sollen.

Ein paar Männer hatten sich vor einem Haus versammelt, als ich auf meinem Weg nach Nirgendwo vorbeikam. Das Muster der schwarzen und weißen Vierecke, auf denen sie standen, fesselte mich. »Scatar!« höhnte einer von ihnen. »Scatar!« gab ich mit seinem eigenen Akzent zurück und spuckte plötzlich automatisch auf den Bürgersteig, ohne mir bewußt zu sein, daß ich gerade »Nutte« auf mazedonisch gerufen hatte. Benommen ging ich weiter. Die Männer stiegen in ein Auto. Ihre Worte und Handlungen waren tausend Meilen weit fort.

»Malaka«, brüllte einer böse aus dem Fenster, während sie langsam neben mir herfuhren. »Scheiße« nannte er mich in seiner Sprache. »Malaka«, schrie ich mit seinem eigenen Akzent zurück.

Ein Gefühl von Gefahr erinnerte mich plötzlich an etwas. Ich konnte es mir nicht erklären. »Geh weiter«, hörte ich mich innerlich sagen, in einer Version der Stimme meiner Mutter, der Donnerschlag eines Gewitterwolken-Gedankens. Wenn irgend etwas mich motivieren konnte, mich zu bewegen, und zwar schnell, dann dies. Willie war wieder da, und wahrscheinlich gerade noch rechtzeitig. »Geh zum Hotel«, sagte er innerlich zu sich selbst, in einem scharfen, schneidenden Befehlston, der mein wolkenverhangenes Bewußtsein aufrüttelte wie kaltes Wasser einen Schlafenden. Es war, als wäre ich wieder in meiner Familie. Verstehen und Angst waren belanglos. Meine Füße gehorchten automatisch.

Ich ging wie ein Roboter, schnell und mechanisch. Meine Füße hielten mit meinem Herzschlag Schritt, der sich von einem tödlich langsamen Tempo zur Geschwindigkeit eines auf »Allegro« eingestellten Metronoms steigerte. Das war vermutlich der erste Adrenalinstoß, eine Reaktion des Gehirns, die die Leber veranlaßt, Nahrungsspeicher anzubrechen, damit der Mensch bei Bewußtsein bleibt. Der Zeitpunkt hätte nicht günstiger sein können. Die Männer waren an mir vorbeigefahren und hatten hoffentlich aufgegeben.

An jeder Ecke rief Willie, mit den Augen in der Dunkelheit, mir innerlich zu, wie ich abbiegen sollte. Ich schlief halb in den Schatten. Meine Füße bogen ab. Vor dem Hotel sagte Willie innerlich zu sich: »Das ist es.« Ich stand da und kämpfte mit mir, ein Soldat, der sich unverständlichen Befehlen seines Vorgesetzten widersetzt. »Das ist was?« dachte ich in Wolkenfetzen-Gedanken, ohne die Bedeutung herauszubekommen. »Geh rein«, sagte Willie zu sich, indem er innerlich meine Mutter nachahmte. Wieder war ich wie vom Donner gerührt.

Ich wußte, daß dies ein vertrautes Hotel war. Ich wußte, daß ich hier wohnte. Aber »ich« und »Hotel« und »wohnen« waren alles schwebende Begriffe, rein theoretisch, völlig ohne persönliche Bedeutung und ganz und gar unverbunden.

Mit dem Schlüssel in der Hand öffnete ich die Tür zu dem Zimmer, von dem ich wußte, daß theoretisch die Person mit meinem Namen es bewohnte. Ich wußte nicht mehr, als daß die Dinge in diesem Zimmer theoretisch dieser Person gehörten, und daß das im Moment der sicherste Aufenthaltsort war.

Mir wurde klar, daß mein Blutzuckerspiegel wahrscheinlich gefährlich niedrig war, aber ich konnte das nicht weiter umsetzen als bis zu dem Wort »Gefahr«. Ich konnte nicht herausbekommen, welche Konsequenzen das eigentlich für Kochen und Einkaufen hätte haben sollen, und schon gar nicht hätte ich in diesem Zustand die Reihenfolge und den Ablauf dieser Tätigkeiten bewältigen können.

Ich wußte, daß mein Blutzuckerspiegel nach dem Adrenalinstoß fast so hoch sein würde wie bei Hyperglykämie und Diabetes, daß er dann aber wieder auf ein gefährliches Stadium der Hypoglykämie absinken würde. Man hatte mir gesagt, daß ich, wenn das passierte, möglicherweise einschlafen und nicht mehr aufwachen würde. Aber mein Verstand war überhaupt nicht in der Lage, sich an solche vollständigen Zusammenhänge zu erinnern oder entsprechend zu handeln. Wahrscheinlich tat ich das Gefährlichste, was ich tun konnte. Ich legte mich schlafen.

Ich wachte schweißgebadet und mit Herzjagen auf. Diesmal, ohne die Ablenkung durch widerliche, aus dem Autofenster fluchende Typen, die mich verfolgten, konzentrierte ich mich auf das, was zu tun war. Ich stand auf und aß einen Berg trockener Kekse und Brot, trank Orangensaft, nahm Vitamine und fiel dann wieder in Schlaf. Am nächsten Tag machte ich es mir zur Regel, nie wieder mein Hotelzimmer zu verlassen, ohne etwas gegessen zu haben.

Die Weihnachtspause war vorbei, und ich begrüßte die bevorstehende Beanspruchung meiner Zeit und die Struktur, die sie mit sich bringen würde. Langsam wuchs meine Fähigkeit, persönlich, mit einem Gefühl von mir selbst und mit intakten Emotionen zu sprechen, nicht nur mit meinen neuen Arbeitskollegen, sondern auch mit den Journalisten. Ich hatte irgendwie das Gefühl, daß die meisten von uns auf einer Seite waren.

Ich reiste nach Frankreich und Deutschland, um für die dortigen Ausgaben meines Buches zu werben. Die Länder flogen vorbei, mit Ansichten von Paris und den Lichtern der Stadt und von Spiegelungen, die auf dem Fluß in Hamburg tanzten. Statuen, schöne Parks, alte Holzkirchen und Marmorskulpturen, Gemälde von Renoir und Szenen von Monet nahmen mich gefangen und zeigten mir die Schönheit »der Welt«. Das waren die Dinge, an denen wir alle teilhaben konnten, und über die wir uns alle voller Bewunderung unterhalten konnten, mit oder ohne Worte, ganz gleich, wer wir waren.

Mein ganzes Leben lang hatte ich darauf gewartet, einen zugefrorenen Teich zu sehen (in dem australischen Bundesstaat, in dem ich aufgewachsen war, frieren Seen nicht zu), und jetzt wartete er auf mich. Vögel spazierten wie Schlittschuhläufer auf dem Eis herum. »Jesus-Christus-Vögel« nannte ich sie. Sie konnten übers Wasser gehen. Die Ansichten von Paris und Hamburg, von bereiften Bäumen und vereisten Wiesen, zeigten Landschaften in Pastelltönen. Die Schönheit bewegte mich so tief, daß ich merkte, wie ich weinte, während sie durch eine endlose Folge von Zugfenstern an mir vorbeisauste. »Hallo, Gefühle«, sagte ich sanft zu mir.

La Géode in Paris, ein riesiger Spiegelball von mindestens zehn Metern Höhe, stand draußen im Freien. Der Klang der Musik, die daraus ertönte, ließ mich nicht los, und die ganze Szene schien jenseits der Begriffe von Raum und Zeit. Ich befreite mich von der ständig lächelnden Übersetzerin, die beim Übertragen ins Französische mein Buch gelebt hatte, und lief zu dieser Spiegelwelt, als wäre ich endlich zu Hause angelangt. Das Wasser der Becken ringsherum, die Lichter von nahegelegenen Gebäuden, das Muster von Violett und Blau am bewölkten Abendhimmel, alles war darin gefangen, und ich auch.

Ich sah zum echten Himmel hinauf. Er war im Vergleich so zweidimensional und platt. Mit den Händen auf den Händen des Ich im Spiegel betrachtete ich die Person dort in der Spiegelwelt eingehend. Diese Welt erschien mir soviel realer als der freischwebende Ort, an dem ich stand. Ich konnte ihre Welt mit einem Blick aufnehmen. Für meine war ich so blind. Ich konnte meine nur in schönen Teilen sehen. In ihrer sah ich das ganze Bild.

Beim Klang der Musik liefen mir Tränen übers Gesicht, und das Ich im Spiegel und ich weinten zusammen. Ich sah auf und entdeckte eine Tür in der Spitze der Spiegelkugel, mindestens sieben Meter hoch. Ich lachte. »Typisch«, dachte ich, »sie machen dir eine Tür, damit du reinkommst, aber sie bauen sie außer Reichweite.«

»Möchtest du in die Kuppel gehen, Donna?« wollte meine Übersetzerin wissen, »da gibt es alle möglichen Ausstellungen zu sehen.« »Nein«, sagte ich. Ich wollte nicht. Ich wollte nicht, daß irgend etwas diese Fähigkeit, eine ganze Welt mit einem Ich darin wahrzunehmen, störte, selbst wenn es nur vorübergehend war, selbst wenn ich niemals dort hineinkommen würde.

Ich hatte endlich hinter den Raum gesehen, in dem mein Spiegelbild lebte. Ich hatte sie in »der Welt« stehen sehen. Ich konnte mein kaputtes Gehirn, das es mir schwer machte, ganze Szenen intensiv aufzunehmen, nicht reparieren. Aber ich hatte mein ganzes Leben lang darauf gewartet, dieses Gefühl zu erfahren. Im Vergleich dazu wirkten Ausstellungen und Bilder, wie großartig sie auch immer sein mochten, so blaß.

New York war die nächste Station auf dem Weg zurück nach Australien. Unterwegs würde ich dann noch in St. Louis Halt machen und mich zum ersten Mal mit zwei autistischen Brieffreunden treffen.

New York war voller Brücken. Die Blocks aus Türmen symbolisierten meine Fähigkeiten, die offene, ebene Fläche des Central Parks mein Vermögen, bisher unberührtes inneres Potential zu aktivieren und zu entwickeln, und die Brücken die Mittel, dies auch außerhalb des Zusammenseins mit mir selbst anderen mitzuteilen.

Eine große, lebendige, feenhafte Frau holte mich ab. Sie würde meine amerikanische Lektorin sein. Sie sprach leise, war ruhig und vermied es, mich anzusehen, was es so viel leichter machte, da zu sein. Wir waren bei einem riesigen Hotel am Central Park angekommen. Es war, als wäre ich in einen Film geraten. Der Broadway war um die Ecke und die Zweiundvierzigste Straße nur ein Stückchen weiter.

Als ich mein Zimmer im fünfzehnten Stock betrat, ging gerade die Sonne unter. Der Himmel war violetter und blauer Dunst, und vor diesem Hintergrund ergaben die Lichter der Stadt über der Weite des Central Parks ein wunderschönes Bild. Mich überfiel Panik. Ich lief zu meinem Koffer.

Ich hatte auf der Rückreise nach Australien meine Bilder bei mir. Darunter war eine Kopie des Bildes, das ich meiner Rechtsanwältin geschenkt hatte. Es war eine Stadtszene mit einem dunstverhangenen, blauvioletten Himmel, und die Spiegelungen der Lichter aus den Gebäuden tanzten auf dem Wasser, das sich davor hinzog. Ich lief mit dem Bild zum Fenster. Mein Herz klopfte. Fünfzehn Stockwerke hoch stellte ich fest, daß ich die Szenerie vor diesem Fenster gemalt hatte, Gebäude für Gebäude, Kirchturm für Kirchturm, in der gleichen Anordnung, mitsamt der Baukräne, die sie überragten. Nur eins stimmte nicht. Ich hatte das Bild vier Monate, bevor ich nach New York kam, gemalt, und ich war vorher nie dort gewesen.

Am nächsten Tag erschien eine ziemlich stattliche Putzfrau, um das Zimmer aufzuräumen. Nachdem ich in London schließlich nachgegeben und den Zimmermädchen erlaubt hatte, mein Zimmer sauberzumachen, war ich jetzt daran gewöhnt, daß sie meine Sachen sahen und herumschlurften.

»Gucken Sie sich mal dieses Bild an«, sagte ich zu der Putzfrau. »Wo ist das?« fragte ich sie. »Das ist da draußen«, antwortete sie, »das ist der Central Park. Haben Sie das hier gemalt?« »Ich hab es vor vier Monaten gemalt«, sagte ich. »Ach, dann waren Sie also schon mal hier«, bemerkte sie. Ich erklärte, daß das nicht der Fall sei.

Ihr wurde klar, was ich gesagt hatte. Plötzlich sah sie aus, als hätte sie ein Gespenst gesehen. Ihre Stimme wurde hoch, und sie wurde lebhaft und munter. Eine zweite Putzfrau kam herein, und die beiden standen da und hielten mein Bild hoch, zeigten aus dem Fenster und sprachen mit so hohen Stimmen, daß ich mir die Ohren zuhielt.

Meine amerikanische Literaturagentin kam zu dem Spektakel hinzu. Ohne zu wissen, wer sie war, sprachen die beiden Putzfrauen sie an und vereinnahmten sie mit ihrem Zeigen und Bildschwenken, bevor sie auch nur die Chance hatte, sich mir vorzustellen.

Die Putzfrauen gingen. »Da unten im Central Park ist aber kein Wasser«, sagte ich, »und auf meinem Bild wohl.« Meine Agentin erklärte, daß sich direkt hinter den Bäumen, die an die Straße vor den Gebäuden grenzten, ein großer See befinde, der von hier aus nicht zu sehen sei. Das Licht spiegelte sich darin genau so, wie ich es gemalt hatte.

Meine kanadische Verlegerin und die Pressefrau waren auch nach New York geflogen, um sich mit mir zu treffen. Während stundenlanger Spaziergänge durch den Central Park, unterbrochen von gelegentlichen Begegnungen mit Eichhörnchen, und angesichts der Schönheit des jetzt zugefrorenen Sees kam ich zu dem Schluß, daß ich mit diesen Menschen arbeiten konnte.

Mein Flugzeug landete in St. Louis. Als ich durch die Sperre kam, entdeckte ich eine dünne, kleine, dunkelhaarige Frau in meinem Alter. »Donna!« kreischte sie.

Es war Kathy, die Autistin, die mich in ihrem Bemühen, »Kameraden« zu sammeln, vor fast einem Jahr in Australien aufgestöbert hatte. Seitdem hatte sie mir regelmäßig geschrieben.

Ich hatte sie von ihrem Foto her erkannt. »Wie geht's, Kameradin?« fragte sie im breiten, schleppenden Akzent des Mittleren Westens, der mich (als Liebhaberin von Akzenten) tief beeindruckte. Mein Akzent begeisterte sie genauso, während wir Gott weiß wohin gingen und ich unter der Wirkung des schrecklichen, grellen Lichts der Neonröhren und ihrer hohen Stimme schielte.

Wir gingen zu ihrer Wohnung, wo sie mit ihrer Katze Obie lebte und als Sekretärin mit Universitätsabschlüssen in Geschichte und Politik arbeitete.

Ich war riesig erleichtert, daß ich sie kennenlernte. Ich hatte nicht glauben können, daß ich jemals einer anderen Autistin begegnen würde, die so große Fähigkeiten hatte wie ich. Es gab noch eine weitere Überraschung. Jim, ein Autist aus Kansas, war auf dem Weg hierher, um ein paar Tage zu bleiben und mich kennenzulernen. Jim und ich hatten uns auch geschrieben. Es sollte eins der schönsten »Familientreffen« werden, die ich je erlebt hatte.

Kathy und ich hatten eine Menge, worüber wir reden wollten, und Kathy konnte reden, und wie! Sie war, wie Carol, nahezu manisch und redete buchstäblich ununterbrochen, und ich mußte ihr sagen, daß ich nicht folgen konnte. Wir tauschten Briefe, Bücher, Informationen und Lebensgeschichten aus. Kathy war eine Informationsquelle in bezug auf Autismus, und sie hatte so viele Kontakte, daß sie mir das Gefühl gab, nicht allein zu sein — das hatte sie schon in ihrem ersten Brief geschrieben.

Kathy gehörte zu einer Gruppe von Brieffreunden, die aus »leistungsfähigen« Autisten bestand. Die Gruppe war in den letzten beiden Jahren von zwanzig auf etwa zweihundert Mitglieder gewachsen, Menschen aller Altersstufen und Fähigkeitsgrade, mit den verschiedensten familiären Hintergründen und Ausbildungen. Bei den meisten war in der Kindheit Autismus diagnostiziert worden, bei manchen mit hoffnungslosen Prognosen. Andere, wie Kathy, waren in der späten Kindheit und wieder andere als Erwachsene als autistisch diagnostiziert worden. Manche hatten den größten Teil ihres Lebens über eine gute funktionale Sprache verfügt. Andere hatten spät angefangen zu sprechen, und einige, wie Jim, hatten erst spät eine funktionale Sprache besessen.

Jim bereitete sich auf den Magister in Psychologie vor, hielt Vorträge, gab Rundschreiben heraus und unterrichtete in einer religiösen Schule Religion. Er erschien in Begleitung seiner drei Hunde. Seine vier Katzen hatte er zu Hause in seiner kleinen Wohnung unter der Obhut einer Nachbarin gelassen. Er war so klein wie Kathy und ich. Ich fragte mich, ob Autismus wohl etwas mit Elfen zu tun hatte.

Jim hatte fast sofort etwas Vertrautes. Zuerst fiel mir auf, daß er Willie sehr ähnlich war. So rein sachlich und logisch, daß er ein wandelndes Wörterbuch war und in seinen eigenen Verstand hineinklettern und ihn mit der Distanziertheit eines Bauleiters beschreiben konnte.

Es war, als benutzten wir das gleiche System. Wie sich herausstellte, hatten Jim und ich beide Probleme mit sensorischer Überlastung und Abschaltung durch unsere Augen und Ohren.

Jims Schwierigkeiten bestanden darin, daß er für die Bedeutung von vielem, was er sah, blind war. Trotzdem konnte er Autofahren, Gefahren ausweichen und die Spur halten, selbst wenn er die Bedeutung anderer Dinge nicht rausbekam.

Jim und ich gingen mit den Hunden spazieren. Die Vertrautheit zwischen uns, das Gefühl, in seiner Gegenwart »normal« zu sein, überwältigten mich genauso wie bei Bryn und dem Waliser. Aber diesmal hatte ich keine Angst vor Emotionen. Sie wurden akzeptiert. Ich sah Jim in die Augen, während er in meine sah, und hatte das Gefühl, getroffen zu sein. Es war, als ginge die Wirkung, die Menschen täglich aufeinander haben, für mich verloren, weil ich mit ihrem System ihrer »Normalität« kämpfte. Jim aber hatte sofort eine Wirkung auf mich, und eine umso stärkere, da ich das so selten erlebte.

Bis ich Jim kennenlernte, war mir nicht vollständig klar gewesen, welche vielfältigen Formen Autismus annehmen kann. Im Zusammensein mit ihm erkannte ich, daß er und ich innerhalb dieser umfassenderen Kategorie »gleich« waren. Wie ich hatte er die Kunst erlernt, »zu sprechen, um die Wörter herauszubringen«, obwohl er für sich selbst bedeutungstaub war. Wie ich war er fähig, trotz physischer, stimmlicher, emotionaler und sogar Ich-Dissoziation weiter zu funktionieren. Wie ich konnte er mit Überlastung und Abschaltung auf eine Weise umgehen, die verhinderte, daß eins der Systeme auf Dauer abgeschaltet blieb, bei der es aber einen ständigen Wechsel beim Verlieren von Systemen gab. Wir bezahlten dafür beide mit einer bruchstückhaften Wahrnehmung unserer selbst, unseres Lebens und unserer Umgebung. Und doch, trotz aller Widersprüche und fehlenden Zusammenhänge, waren wir beide im innersten Zentrum unseres eigenen Wesens mit uns selbst verbunden geblieben. Trotz des Chaos konnten wir Vertrauen bewahren und waren nie völlig verloren.

Trotz einer Entfernung von Tausenden von Meilen hatten unsere »unsere Welt«-Konzepte, -Strategien und -Erfahrungen dazu geführt, daß wir sogar die gleichen Wörter erfunden hatten, um sie zu beschreiben. Zusammen fühlten wir uns wie ein verlorenes Volk. »Normal« heißt, in Gesellschaft eines Menschen zu sein, der so ist, wie das eigene Ich.

Jim blieb ein paar Tage, und zwischen uns dreien gab es kaum einen Augenblick Schweigen. Wir hatten alle so viel zu sagen. Während der drei Tage schafften wir es gerade eben, drei Tassen Tee zu kochen und zu trinken; wir aßen kaum. Trotzdem war die Atmosphäre einfach toll. Niemand kritisierte uns hier, weil wir eine heiße Tasse Tee anstarrten und erst überlegten, was wir damit anfangen sollten, wenn sie drei Stunden später eiskalt war.

Wir alle hatten das Gefühl, dazuzugehören, verstanden zu werden und normal zu sein ... all das, was wir von anderen im allgemeinen nicht bekommen konnten. Es war so traurig, daß wir abreisen mußten. »Warum können wir nicht alle zusammenleben?« hatte jeder von uns irgendwann einmal gefragt. Jim und ich hatten die gleiche Abneigung gegen Berührungen, und Kathy auch, aber nicht so stark. Wir verabschiedeten uns mit den Augen, und es bedeutete soviel mehr.

Zurück in Australien ging ich mit einem Exemplar meines Buches zu Bryn. Ich konnte ihn ansehen und es ihm schenken und zeigen, was ich fühlte, sowohl mir als auch ihm gegenüber.

Nachdem er das Buch gelesen hatte, besuchte er mich. Es gab soviel zu sagen, und das war alles, was er tun konnte, um seine Emotionen für sich zu behalten. Ich hatte recht damit gehabt, daß er so war wie ich. Im Alter von achtunddreißig Jahren hatte man bei Bryn ein Asperger-Syndrom diagnostiziert, eine leichtere Form des Autismus.

Bryn blickte mit Tränen und Wut, voller Bedauern und

Scham zurück. Er blickte zurück auf jahrelange Schikanen in der Schule, weil er »tagträumte«. Er blickte zurück auf die Isolation, die darin bestand, nie Freunde gehabt zu haben, und auf das Gefühl, daß seine Eltern aufdringlich waren, und er versuchte, zu verzeihen. Er blickte auf sein Gefühl der Unzulänglichkeit zurück, weil er nicht die sozialen Fertigkeiten entwickelt hatte, um über das Wie und Warum von Beziehungen und Berührungen Bescheid zu wissen, und er versuchte, das zu akzeptieren. Bryn blickte auf sechs Monate in einer psychiatrischen Klinik zurück, weil er ein verschlossener Heranwachsender gewesen war und sich für geselliges Beisammensein nicht interessiert hatte, und er versuchte, Verständnis dafür zu haben. Er blickte auf die gutgemeinten vierzig Behandlungen mit Elektroschocktherapie zurück, die man ihm dort in dem Bemühen verabreicht hatte, seinen »Verstand klar zu kriegen«, und versuchte zu lachen.

Er blickte darauf zurück, wie er an Stelle des Ich, dem Ausdruck zu geben er noch nicht gelernt hatte, eine Figur entwickelt hatte; eine mechanische, automatische, endlos plappernde, allem Anschein nach perfekte »die Welt«-Version von sich selbst, um von da aus seinen Weg zu finden. Er hatte diese Figur für sich als den »perfekten Bryn« bezeichnet, aber immer gewußt, daß sie eine Fassade war. Er blickte auf zehn Jahre zurück, die er im Alkoholismus begraben verbracht hatte, unfähig, das Geheimnis preiszugeben, daß sein Ich schon lange tot und begraben gewesen war, und er versuchte, nicht zu weinen. Er sah auf fast dreieinhalb Jahrzehnte der Folgen von Unwissenheit zurück. Als er auf alles zurückgeblickt hatte, konnte er sowohl sich selbst und seinem Leben als auch den daran Beteiligten vergeben. Er war einfach froh, daß er ein paar Antworten gefunden hatte. »Keine Carols mehr«, sagte ich zu ihm.

Bryn und ich fuhren an das Flußufer, wo wir einmal zusammen Kaffee getrunken hatten. Wir lagen im hohen Gras und zitterten beide. Jetzt waren die Gefühle heraus. Wir sahen uns in die Augen. Bryns Augen waren voller Tränen, die still über sein Gesicht und ins Gras rollten. Zum ersten Mal spürte ich den Wunsch, ihn zu berühren. Ich hatte keine Angst vor ihm, und obwohl meine eigenen Gefühle meinen Körper von Kopf bis Fuß zittern ließen und mein Gehörsinn unerträglich empfindlich wurde, streckte ich die Hand aus und legte sie an die Hand dieses großen Riesen wie an meinen Spiegel. Ich sah ihm in die Augen, während ich meine Finger mit seinen verschränkte. Ich hielt den Bryn da drinnen fest, damit er nicht allein in die Leere fiel. Ich zitterte heftig. Wir gaben uns beide gegenseitig Kraft.

Es war Abend. Wir gingen durch die Dunkelheit, und Bryns große Gestalt sah so verletzlich aus in meinem schwarzen Mantel, den ich ihm gegen die Kälte gegeben hatte. Seine langen Arme guckten ein ganzes Stück aus den Ärmeln heraus. Er war mein Kamerad, ein Bruder, ein Freund, und der erste Mann, den ich mit Gefühlen geliebt hatte. Er gehörte in meinen schwarzen Mantel.

Zum ersten Mal in den sechs Jahren, die ich Bryn kannte, erzählte er mir alles, was es über ihn zu wissen gab. Wir gingen in der Dunkelheit nach Nirgendwo, tranken Unmengen von Tee und Kaffee, fuhren mit dem Wind in den Haaren und aßen auf meinem roten Teppichboden bis zum Morgengrauen Fisch und Chips. Diese Augenblicke waren beängstigend aber schön, und sie waren gezählt.

Ich würde bald für immer nach Großbritannien zurückgehen. Große Tränen füllten still Bryns Augen. »Jetzt fährst du weg«, sagte er, »jetzt, wo ich endlich gemerkt habe, daß ich ich selbst sein kann, fährst du weg.« »Ich komme zu Besuch«, sagte ich. »Ich schreibe«, sagte ich. »Ich vergesse es nicht«, sagte ich. Aber Bryn hatte recht. Ich war eigentlich nur zum Begräbnis meiner Vergangenheit zurückgekommen. Ich ging fort, und ich würde nicht wiederkommen.

Ich besuchte noch einmal die Schule für autistische Kinder, bevor ich aus Australien abreiste. Diesmal mußte ich nicht erklären, warum ich sie besuchen wollte. Da man in der Schule von meinem Buch wußte, wurde angenommen, daß die Mitarbeiter von meinem Besuch profitieren würden.

Jody war noch dort und hatte jetzt eine neue Lehrerin. Vor sechs Monaten hatte ich sie zuletzt gesehen. Ich betrat den Raum, in dem sie sich befand. Sie sah mich eindringlich an und lächelte.

Ihre Sandwiches mit Hefepaste wurden ihr auf einem Teller gebracht. Sie saß neben mir vor einem Spiegel. Sie nahm ein Sandwich und fütterte sich selbständig und ohne Schwierigkeiten. Währenddessen sah sie mir lächelnd tief in die Augen, streckte eine Hand nach mir aus und fing an, mich zu beklopfen, so wie ich sie vor sechs Monaten beklopft hatte. Ich spürte, daß sie sagte, sie erinnere sich. Es gibt andere Formen von Sprache, jenseits der Wörter.

Jenny war von der anderen Sonderschule auf diese Schule umgeschult worden. Nachdem sie von der Sonderschule gekommen war, wo sie nur die Aussicht auf ein Leben am Fließband gehabt hatte, war sie neu beurteilt worden.

»Hallo Süße«, sagte sie mit dem gleichen, lächelnden, sommersprossigen Gesicht. Ich ging in das Zimmer, in dem sie allein an einem Tisch saß. »Ich hab Ärger«, sagte sie. »Geh lieber raus.«

Später traf ich sie draußen. »Wo wohnst du?« fragte sie, »hast du heute abend etwas vor?« »Hast *du* heute abend etwas vor?« fragte ich zurück. Wir antworteten beide. Ich war so froh, sie hier zu sehen, wo sie zumindest ein gewisses Maß an Ausbildung bekommen würde. In ihr steckte so viel mehr, als einfach in einem Raum mit anderen, wie ein Kleinkind beaufsichtigt, dahinzuvegetieren, ohne eine andere Zukunft vor sich, als Plastikbesteck in Tüten zu stecken. Der Öffentlichkeit, die es benutzt hätte, wäre ihr verlorenes Potential oder ihre vergeudete Menschlichkeit wahrscheinlich völlig egal gewesen.

Ich ging zu den Mareks, um mich von ihnen zu verabschieden, und entschloß mich dann, meine letzte Nacht dort zu verbringen. Tim fuhr mich hin, und nachdem er mit reingekommen war, um meine Taschen abzustellen und kurz Guten Tag zu sagen, verabschiedeten wir uns draußen.

In meiner letzten Nacht in Australien war ich von blauer Blumentapete umgeben und nahm mir die Freiheit, mich mit den Mustern und Linien, die sie erzeugen konnte, zu vergnügen. Im Hinterkopf wußte ich irgendwie, daß ich mich von diesem Land verabschiedete.

Ich hatte noch etwas in einem anderen australischen Bundesstaat zu erledigen, bevor ich nach Großbritannien abflog. Ich hatte darum gebeten, eine Schule für Taube und Blinde besuchen zu dürfen. Ich hatte bereits eine besucht und hatte gehört, daß mein eigenes Verhalten dem Verhalten einiger von ihnen ähnelte. Die Art, wie ich das, worüber ich sprach, unter Verwendung von Gegenständen und Zeichnungen illustrierte, wie ich so vieles, mit dem ich in Kontakt kam, berührte und nachzeichnete, wie ich meine Augen so oft als Ohren verwendete und meine Hände als Augen, ähnelte dem, was einige dieser Kinder taten. Ich war neugierig darauf, selbst Ähnlichkeiten zu entdecken.

Manche Kinder hier waren taub und blind und andere waren eins von beiden. Es gab auch einige wenige, die weder taub noch blind waren. »Warum sind sie dann hier?« fragte ich. Der Schulleiter erklärte, daß sie sich so verhielten, als wären sie taub oder blind, und daher von diesen Schulen aufgenommen wurden. »Sind es Autisten?« fragte ich. »Nun, sie kommen mit allen möglichen Bezeichnungen her, manche gelten als ›autistisch‹, manche als ›zurückgeblieben‹, manche haben angeblich ›Züge von Autismus‹.« Einige dieser Kinder, wie Kathy, meine autistische Freundin in St. Louis, hatten als Babys Röteln gehabt.

Es gab »blinde« Kinder, die zum Lernen und zur Verständigung Computer benutzten. Es gab »taube« Kinder, die auf gesprochene Worte mit Bildsätzen antworteten, manchmal sogar selbst Bildkarten für ihre Sätze malten, wenn keine passenden Karten vorhanden waren. Ich sah außerdem taube und blinde Kinder, die Gegenstände als Wörter oder Erfahrungen einsetzten, so wie ich es getan hatte. Sprechen durch Gegenstände.

Ich erinnerte mich an meine Wörter »bedeutungstaub« und »bedeutungsblind«. Ich dachte über Jody nach, die so war wie diese Kinder. Ich dachte darüber nach, daß es möglicherweise eine bestimmte Gruppe von autistischen Menschen gab, deren Hauptschwierigkeiten sensorischer Art waren. Es gab solche, die gleich große Schwierigkeiten beim Verkraften wie beim Verstehen der Welt hatten. Wurden Kinder wie Jody schneller als hoffnungslose Fälle angesehen und als zurückgeblieben abgestempelt, wenn sie Schulen besuchten, die, anders als diese hier, nicht speziell auf Wahrnehmungsschwächen eingingen?

*B*ei meiner Rückkehr nach Großbritannien empfing mich das Rosa und Weiß blühender Bäume. Ich wurde sofort von einem Presse- und Werbewirbel mitgerissen. Obwohl ich aus dem Koffer lebte, kam mir das kleine englische Hotel im Landhausstil allmählich wie ein Zuhause vor. Die kristallenen Geburtstagskuchen-Kronleuchter in der Eingangshalle mit ihren vertrauten Regenbogen und dem *Klack-klack-klack*, wenn die Kristalle (man mußte etwas nachhelfen) gegeneinanderklirrten, der große antike Spiegel an der Wand und mein eigener hoher Drehspiegel gaben mir das Gefühl, »Gesellschaft« zu haben. Ich hatte sogar begonnen, gelegentlich die Portiers zu begrüßen.

Weil ich Dauergast war, hatte das Hotel mir erlaubt, die Personalküche zu benutzen. Oliver war einer der Angestellten. Er vermied es, mich anzusehen, wenn wir uns dort begegneten. Sein flüchtiges Lächeln drang fast bis zur Oberfläche vor, bevor es hinter dem Vorhang verschwand, der sich über sein Gesicht zog. Gelegentlich entwischte seine Stimme ihm zu einem beinahe ausdruckslosen, aber völlig echten »Hallo«, das fast so abgehackt war wie mein eigenes. Er war groß und schlank, und seine Schritte waren ein sanftes Tappen. Es war, als würde er überall schleichen. Er schien ein ausgeprägter Einzelgänger zu sein.

Jeden Tag hatte er beobachtet, wie ich das Hotel verlassen und in meinen langen schwarzen Mantel gehüllt in den Frost des Wintermorgen hinausgegangen war. Jetzt war ich zum Frühling wiedergekommen und schlenderte unbekümmert auf die von rosa Blüten gesäumte Straße hinaus.

Ich stand im Hotelfoyer und überlegte, ob ich weggehen sollte. Oliver machte gerade nach einer langen Schicht Feierabend. »Warum muß ich mein ganzes Leben lang in einem Käfig herumlaufen?« sagte er verzweifelt vor sich hin. Er sah niemanden dabei an. Die Wörter wurden in eine Leere hineingesprochen, die rein zufällig Menschen enthielt. Es war, als beobachtete ich ein Gespenst. Es war, als stünde das Ich, das ich gewesen war, bevor ich das Buch geschrieben hatte, jetzt vor mir. Oliver ging rasch fort, ein Vampir, der in den englischen Spätnachmittag entfloh.

»Hallo«, sagte ich zu Oliver, wenn ich durch das Foyer eintrat. Immer gefaßt und völlig kontrolliert sah er mich dann mit toten Augen an, die Tag für Tag, mit jedem »Hallo«, ein bißchen lebendiger wurden.

Ich hatte Oliver beobachtet und war jetzt fast sicher, daß er mich verstehen würde. Ich hatte gehört, wie er mit sich selbst über die Qualen sprach, sich der sinnlosen Aufgabe des Essens unterziehen zu müssen, um seinen Körper am Leben zu erhalten. Ich hatte gesehen, wie er auf dem Rand des Perserteppichs im Foyer entlangging – immer weiter in die Runde, stundenlang. Ich hatte gesehen, wie er gebannt auf den Bergkristall starrte, den er an einer Kette um den Hals trug, und ihn vor seinen Augen immer wieder drehte, so daß sich Regenbogen darin fingen. Als sein Dienst vorbei war, fragte ich ihn, ob ich ihn sprechen könnte.

Wir trafen uns unten im Flur. Oliver war wieder in Zivil, von Kopf bis Fuß in Schwarz.

»Ich möchte dich ein paar Sachen fragen, die dir vielleicht etwas seltsam vorkommen werden«, sagte ich. Oliver sah aus, als würde er gleich weglaufen. Für mich war der zentrale Punkt, der »meine Welt« so wichtig gemacht hatte, die Schwierigkeit gewesen, in dem was ich sah oder hörte, eine zusammenhängende Bedeutung zu erkennen.

»Wie ist es für dich mit Sprache?« fragte ich ihn, darauf achtend, daß ich seine Antworten nicht vorherbestimmte. Oliver schien überhaupt nicht zu merken, welchen Zweck meine Fragen hatten oder worauf sie abzielten. »Ich habe Probleme mit Sprache«, sagte er. Dann, als würde er meine nächste Frage schon kennen, sagte er: »Das ist aber im Deutschen das gleiche wie im Englischen.« Ich fragte ihn, warum. »Ich habe Probleme, die Wörter rauszubringen«, sagte er. »Ich kann sie nicht finden. Es geht, wenn ich die Situation kenne«, erklärte er, »wenn es eine praktische Situation ist und man mir beigebracht hat, was ich sagen muß oder ich geübt habe, was ich sagen werde. Aber bei anderen Arten von Sprechen, wie Unterhaltungen, habe ich Probleme, zu verstehen, was andere zu mir sagen, und ich bekomme nicht heraus, was ich tun soll, wenn sie etwas zu mir sagen.«

»Kommt es manchmal vor, daß mit deinem Hören etwas Seltsames passiert?« fragte ich. Oliver sah mich überrascht an, und ein schwaches Lächeln erschien. »Manchmal wird es lauter«, flüsterte er zitternd. »Glaubst du, daß du das, was du hörst, besser verstehst, oder eher das, was du siehst?« fragte ich ihn. »Ich habe keine Ahnung, was Leute fühlen«, sagte er. »Ich weiß nie, was sie von mir erwarten. Ich gerate immer in Schwierigkeiten, weil die Leute glauben, sie hätten mir Zeichen gegeben, und ich sie nicht verstehe.« »Passiert manchmal etwas Seltsames mit deinem Sehvermögen?« fragte ich ihn. »Manchmal erscheint alles plötzlich näher. Manchmal wird alles plötzlich heller«, antwortete er.

Ich fragte ihn nach Beziehungen und Berührung. Mir fallen diese Dinge sehr schwer«, sagte er. »Manchmal bin ich jemandem so nah, so nah, daß es wehtut, aber ich bin hinter einer Maske. Manchmal, wenn ich jemandem nah bin, möchte ich angefaßt werden, aber wenn sie dann mit meinem Körper schlafen wollen, fühle ich mich elend. Sie können mich nicht sehen.« Oliver empfand die Erwartung, daß Sex Teil einer Beziehung sei, von jemandem, dem er sich nah fühlte, als Verrat an seiner Nähe.

Er war in einem abgelegenen kleinen Bergdorf in Süddeutschland aufgewachsen. Als Kind war er außerordentlich still und schüchtern gewesen und hatte bis weit in die Grundschuljahre hinein in seine Decke gewickelt in einer Ecke des Klassenzimmers geschlafen. Er hatte vor den anderen Kindern Angst gehabt und noch als Heranwachsender am Daumen gelutscht.

Oliver hatte in Erinnerung, daß sein Vater sadistisch gewesen war und ihn mißhandelt hatte. »Mein Vater ist der Grund, daß ich so bin«, sagte er. Es war ihm nicht in den Sinn gekommen, daß das vielleicht eher Zufall war als Ursache.

Oliver hatte mein Buch nicht gelesen, und wir hatten auch nicht darüber gesprochen. Er las sowieso kaum auf Englisch. »Ich möchte dir etwas zeigen«, sagte ich und gab ihm die deutsche Übersetzung meines Buches. Er nahm sie voll Anspannung entgegen, und ich ging in mein Zimmer.

Ein paar Tage später bekam ich einen Brief. Er war unterschrieben mit »Dein Freund und Spiegel ... Oliver.«

Ich konnte es kaum ertragen, mich mit Oliver zu treffen, nachdem ich den Brief bekommen hatte. Er lächelte, und ich verstand sein Lächeln. Es berührte mich. Ich zitterte am ganzen Körper, als wir im Hotelfoyer saßen, ich in meinem langen schwarzen Mantel und er in seinem schwarzen Anzug. Er zitterte auch.

Oliver liebte seine Emotionen. Er liebte sein »fröhlich«, er liebte sein »traurig«, er liebte sein »ängstlich«, und er saß da und wurde von Meereswellen überspült. »Wie kannst du das aushalten?« fragte ich ihn. Es war klar, daß seine Emotionen so intensiv waren wie meine. »Ich habe viel mehr Angst davor, nichts zu fühlen«, sagte er. »Manchmal kann ich überhaupt keine Gefühle finden.« So wie ich erst spüren konnte, daß ich zur Toilette mußte oder essen mußte, wenn ich kurz davor war, mich naßzumachen oder in Ohnmacht zu fallen, war Oliver für alles emotionstaub, außer für die intensivsten Schichten seiner Gefühle. Wenn die Gefühle nicht überwältigend waren, konnte er nichts damit anfangen oder registrierte sie nicht. Alle Zwischenstufen sagten ihm so wenig wie das Konzept von Farbe einem Menschen, der von Geburt an blind ist. Wenn er Emotionen spürte, wußte er, daß er lebte.

Ich hatte Vertrauen in meinen Verstand, hatte aber schreckliche Angst vor meinen Emotionen. Oliver fürchtete sich vor dem Ich-Gefühl, das er darin fand, einen Verstand zu haben, konnte sich aber bereitwillig in die Arme so starker Emotionen begeben, daß er die Fassung verlor.

»Heute habe ich meine Beine verloren«, sagte Oliver aufgeregt, »von der Taille abwärts hatte ich kein Gefühl für meinen Körper. Es war ein Gefühl, als würde ich fliegen. Es war herrlich.« Zu hören, daß es ihn so begeisterte, Dinge zu erleben, die mir angst machten, war seltsam. Ich »verschwand« gern, aber ich haßte es, mich »tot« zu fühlen.

Ich verstand Oliver. Für uns beide war Funktionieren ein Teilhabenlassen an knappen Beständen in einem Menschen, der nur auf wenigen Spuren gleichzeitig funktionieren kann. Wahrscheinlich konnten wir Dinge nicht durchgängig auf der gleichen Integrationsstufe erleben wie andere, aber unsere Erlebnisse schienen besonders intensiv zu sein, gerade weil sie nicht integriert und einspurig waren.

»Ich habe mich heute in meinem Spiegelbild verloren«, sagte Oliver. Es war eine Obsession, die wir teilten. »Ich hatte mich in meinen Augen verloren, und als ich ›aufwachte‹, war es ein paar Stunden später. Aber das Verrückte daran war, daß ich so tief ›geschlafen‹ habe, daß ich erst wußte, auf welcher Seite des Spiegels ich war, als ich mich bewegt habe.« Oliver war in »Carols Welt« (den Spiegelwelt-Teil »meiner Welt«) hineingelangt und zurück, und das immer wieder, und hatte das überlebt. Es heißt, man könne mit einem physischen Körper nicht fliegen. Ebensowenig kann man in einen Spiegel hineingehen. Es gab jedoch Wahrnehmungsgrenzen, hinter denen so etwas wie eine Dämmerzone lag. Oliver war geistig gesund. Er hatte keine Halluzinationen oder Sinnestäuschungen, und doch konnte er diese Grenzen beinahe nach Belieben überschreiten (mit dem Willen, abzuschalten, nicht mit dem Willen, sich in die andere

Welt einzuschalten). Es waren Illusionen, aber keine Wahnvorstellungen. Wenn man ihn gefragt hätte, ob Menschen fliegen können, hätte er sofort »Nein« gesagt.

Oliver hatte seine ersten Freundschaften als Jugendlicher geschlossen, und etwa zu dieser Zeit hatte er seine Version von »Carol« geschaffen, die er Bettina nannte.

Bettina war eine alternative Persönlichkeit, die ursprünglich Boy George nachgebildet war. Boy George war eine erprobte und bewährte Persönlichkeit, deren Popularität garantiert war. Indem er Boy George war, konnte Oliver seiner unentwickelten und nicht ausdrückbaren wahren Persönlichkeit entkommen. Indem er über Boy George sprach, hatte er endlich ein »die Welt«-Thema, das er benutzen konnte, um dadurch zu sprechen und Freunde zu gewinnen. Unter Make-up und extremer Kleidung konnte er seine Angst vor unbekannten Orten und Menschen überwinden. Wenn er seine ganze Energie darauf konzentrierte, Bettina zu sein, konnte er jeder sein, so lange er nicht er selbst war. Gelassen konnte er hinnehmen, daß Leute ihn berührten, denn er war nicht da.

Bettina war eher die Verkörperung eines Angstmechanismus als eine echte Persönlichkeit. Ihre Bewegungen, Vorlieben, Abneigungen, Wünsche und mentalen Emotionen waren alle gespiegelte Antworten auf das, was andere taten oder zu wünschen schienen. Oliver wurde Boy George, und Boy George verließ das kleine Dorf, kam nach München und wurde von der Schwulenszene mitgerissen. In München erhielt Boy George den Spitznamen Bettina, und Popularität war damit verbunden, daß man zu Sex benutzt wurde. Olivers Schutzraum wurde sein Gefängnis.

Bettina besaß verbale Ausdrucksfähigkeit auf Kosten von Olivers Selbstausdruck. Sie hatte Beziehungen um den Preis, daß er kein Ich hatte, das Beziehungen hätte haben können. Sie wurde akzeptiert um den Preis, daß seine Emotionen nicht viel davon profitierten. Bettina gab Oliver eine Identität und ein System von Glaubenssätzen, die er wie Gepäck mit sich herumschleppte, während er darauf wartete, daß seine eigenen sich eines Tages zeigen würden.

Olivers andere Figur war männlich. Sein intellektuelles Ich, den Speicher für alles, was praktisch, logisch, vernünftig oder auswendig gelernt statt erfahren war, hatte er den »Manager« getauft.

Abend für Abend brachten Oliver und ich uns gegenseitig Dinge mit, um sie zu erleben. Durch das Medium gemeinsam erlebter Gegenstände kommunizierten wir, »berührten« uns und ließen uns bewegen. Oliver hatte Sammlungen von Pailletten und Perlen und verbrachte Stunden damit, sie in komplizierten Mustern aufzunähen. Ich brachte ihm Blumen mit, und er sprach durch sie mit mir. Ich brauchte ihm nicht zu erklären, daß Gegenstände für Menschen standen oder sie symbolisierten. Oliver benutzte dieses System bereits.

Oliver und ich sprachen unhörbar und indirekt durch die Musik, die wir gemeinsam hörten. Mit unseren Walkmans ausgerüstet traten wir in den Abend hinaus.

Wir konnten in Gesellschaft »einfach sein«. Wir hoben Blätter auf und schenkten sie einander, samtige zum Anfühlen und vertrocknete, um sie knistern zu hören. Wir zerknickten Zweige an den Ohren des anderen und wurden von dem Geräusch gekitzelt. Wir pflückten Grashalme und ließen sie auf den anderen hinabschneien und lachten, während wir sie im Wind forttreiben ließen. Wir beobachteten, wie das Licht auf Gegenständen spielte, und lachten manchmal, wenn wir die unerklärlich merkwürdigen Reaktionen von Leuten beobachteten, die so eindeutig »da draußen« in »der Welt« standen.

Oliver sah mich tieftraurig an. »Warum sind die anderen nicht auch so?« sagte er. »Sie kennen nur billigen Nervenkitzel, Nachtklubs, Blabla. Sie wollen einen nur besitzen und mit dem Körper schlafen.«

Er hatte zwei Kassetten mit dem Lied »Victims« von Boy George. »Das Lied schildert mein Leben«, sagte er und gab mir eine Kopie, damit ich sie in meinem Walkman hören konnte. Zusammen spielten wir dieses Lied immer wieder. Wir lachten in der U-Bahn vor uns hin; »die Welt« wurde spielerisch in Schach gehalten.

Jeden Abend gingen wir nach draußen und wanderten durch die Straßen. Wladimir war eine alte Statue aus der Ukraine, die ich immer begrüßen mußte, wenn wir an ihr vorbeikamen. Wir blieben stehen, um den glänzenden Marmorblock zu berühren, auf dem er stand. Es war wie ein religiöses Ritual. Wir gingen in die Straße hinein, die er schweigend zu bewachen schien.

Von dieser Straße zweigte ein gewundener Weg ab. Der Kopfsteinpflasterweg führte in Spiralen in die Dunkelheit und endete unten in einem Torbogen. Er stand für die Tiefe unserer Emotionen. Ein bodenloser Abgrund, der um so beängstigender war, als wir nicht wußten, wo er endete oder ob man den Sturz und die völlige Aufgabe von Selbstkontrolle, die damit verbunden war, überleben konnte.

Bedrohlich ragten die hohen Häuserreihen in dieser unheimlichen, aber schönen Straße, die wir »den Tunnel« genannt hatten, neben uns auf. Der Nachthimmel umschloß uns mit Sternen, und ein sanftes Spiel von Violett- und Blautönen umgab den Mond, der uns mit den Echos unserer eigenen erzwungenen inneren Einsamkeit verfolgte.

Unter unseren Füßen war Kopfsteinpflaster. Oliver geriet in Verzückung über das *klack-klack-klack* beim Gehen. Ohne Erklärung hatte er mir seinen besonderen Bergkristall in einem Brief geschickt. Ich behielt ihn, fasziniert vom bloßen Gedanken an seine feurigen Farben und an das *grrrrr*, das er von sich gab, wenn er an seiner Kette entlanggeschoben wurde.

Wir setzten Kopfhörer auf und legten »Victims« in unsere Walkmans ein. Wir sahen uns wild an und rannten dann schweigend durch die ganze Länge unseres Tunnesl bis zum Licht am anderen Ende.

Zusammen liefen wir durch den Torbogen und erreichten schließlich jene andere Seite. Wir waren auf der anderen Seite unseres Tunnels. Von dem, was jetzt die Sicherheit der anderen Seite war, sahen wir dorthin zurück, wo wir gewesen waren. »Du und ich werden nie wieder Opfer sein«, sagte ich laut zur Nacht und brach erschöpft zusammen.

Die Presse-Werbe-Tour durch Europa war vorbei, und ich hatte sechs Monate Pause. Ich war auf dem Weg zurück nach Australien. Meinc Koffer waren gepackt und schon losgeschickt worden. Olivers Herz war schwer und meins auch.

Wir hatten über mein Fortgehen gesprochen und wußten beide, daß unsere Freundschaft es überleben würde. »Du wirst immer bei mir sein, wohin du auch gehst«, sagte Oliver, »du bist mein Spiegel.« Aber die Tage bis zu meiner Abreise waren wie ein Countdown.

Ich nahm Musch, den schwarzen Handpuppen-Kater, den ich für den Unterricht gemacht hatte. Ein Meer von Tränen war über ihn geweint worden. Schweigend schenkte ich ihn Oliver und ließ damit einen Teil von mir zurück, auch wenn ich fortging. Ich fuhr aufs Land, um nachzudenken.

Ich sollte in zwei Tagen abreisen. Mein Gepäck war bereits fort. Ich hatte viele Gründe zurückzufahren. Ich hatte sogar noch mehr Gründe zu bleiben. Eine Freundin setzte sich mit mir zusammen, und wir reihten Streichhölzer auf, jeweils eins für ein »Für« oder ein »Gegen«.

Als ich wieder im Hotel war, waren Olivers Augen voll Abschied. »Ich habe mein Ticket zurückgegeben«, sagte ich, »ich fahre nicht.« Sein Gesicht leuchtete auf wie ein Kronleuchter.

Ich mußte etwas zum Wohnen finden. Ich hatte nicht die geringste Vorstellung wo. Ich hatte mit einer Familie in Südengland Bekanntschaft geschlossen. Sie hatten einen fünfzehnjährigen autistischen Sohn, den ich kennengelernt hatte. Ich fragte sie, ob sie mir helfen könnten, eine Bleibe zu finden. Die Frau machte eine Liste mit Angeboten in ihrer Nähe. Ich hatte ein Bild von dem Haus im Kopf, in dem ich wohnen würde, wie es aussah, wo es stand, welche Farbe es hatte. Das erste Haus, das sie fanden, war ein kleines, altes, freistehendes Häuschen für eine Person.

Ich konnte mir vorstellen, in diesem kleinen Häuschen zu leben. Ich rief den Makler an. Am Tag vorher hatten Leute es besichtigt und gesagt, sie würden einziehen.

Ich fand mich damit ab, die zweitbesten Möglichkeiten anzusehen, die ich aufgelistet hatte. Schließlich fand ich etwas, das mir ganz passabel erschien. Ich war bereit, den Mietvertrag zu unterschreiben, beschloß aber, den ersten Makler noch einmal anzurufen, nur für den Fall, daß die Leute, die das Häuschen besichtigt hatten, sich anders entschieden hatten.

Sie waren nicht wieder aufgetaucht. Der Makler gab mir die Adresse, und nachdem ich mehrmals umgestiegen war, kam ich an dem Ort an, den ich vor meinem inneren Auge gesehen hatte. Ich wußte, daß dies mein Haus werden würde. Es waren Handwerker da. Ich klopfte und trat ein. Das Haus war »ich«. Ich rief den Makler an und sagte, ich würde einziehen. Dann rief ich eine Firma an, die Klaviere vermietete, und verabredete, daß am Tag meines Einzugs eins angeliefert werden würde.

Oliver war traurig darüber, daß ich das Hotel verließ, das meine Heimat gewesen war. Ich zog zwei Stunden weit fort, und wir fanden beide, daß das an sich nicht so weit sei. Unser »Tunnelritual« und die Zeit, die wir in Gesellschaft des anderen mit »einfach sein« verbracht hatten, würden wir beide vermissen.

Oliver wollte andere kennenlernen, die so waren wie er. Er wollte herausfinden, wo sie alle waren. Ohne ihnen bisher begegnet zu sein, betrachtete er sie schon als »seine Leute«.

Ich nahm Kontakt zu einer Mutter auf, die eine Organisation für leistungsfähige autistische Kinder leitete. Oliver und ich wollten sie kennenlernen. Wir standen vor dem Bahnhof und warteten nervös auf eine der Mütter, die uns abholen wollte.

Im ersten Haus lernten wir zwei Kinder kennen, die beide offensichtlich sehr intelligent und sprachgewandt waren. Sie schienen keine Abneigung gegen die Gesellschaft des anderen zu haben, schienen andere Menschen aber kaum wahrzunehmen. Im zweiten Haus begegneten wir einem wißbegierigen kleinen Jungen, der gut sprach, und einem älteren Mädchen namens Susan.

Susan war dreizehn und hatte erst vor einem Jahr herausgefunden, daß sie Autistin war. Auf die Bemerkung, daß sie autistisch sei, war sie gestoßen, als sie in den Briefen ihrer Mutter herumlas. »Was heißt ›autistisch‹?« hatte sie ihre Mutter gefragt. Ihre Mutter, die dachte, bei Autismus ginge es eher um Verhalten als um ein System, Dinge zu verstehen, hatte ihr erklärt, sie sei »nicht mehr autistisch«. Es blieb Susan überlassen, sich zu fragen, warum sie, obwohl sie fähig war, sich normal zu benehmen, das Gefühl hatte, nicht wie andere Menschen zu sein.

»Wie war ich denn, als ich autistisch war?« hatte Susan ihre Mutter gefragt. »Du hast in deiner eigenen Welt gelebt«, hatte diese gesagt. Susan war in die Schule gegangen und hatte einen Aufsatz mit dem Titel »Meine Welt« geschrieben. »Diese Dinge interessieren niemanden«, hatte die Lehrerin ihr gesagt, »am besten wirfst du das weg.« Die Botschaft, daß es eine Schande war, autistisch zu sein, war klar und deutlich.

Oliver und ich saßen im Gras. Susan kam zu uns. Oliver und ich pflückten Grashalme ab, warfen sie hoch, zerrupften Blätter, machten winzige Unkrautsträußchen und zerknickten Zweige und schichteten sie zu Stapeln auf. Susan beteiligte sich schweigend.

Susan wußte, daß ich ein Buch geschrieben hatte, aber weder sie noch ihre Mutter hatten es bisher gelesen. »Wovon handelt dein Buch?« fragte sie mich. »Es handelt von ›meiner Welt‹«, sagte ich. »Ich möchte dir von *meiner* Welt erzählen«, sagte sie. Ihre Mutter setzte sich, um zuzuhören.

»Meine Welt war schön«, sagte Susan. »Sie war voller Farben und Klänge. Es gab keine Menschen darin«, sagte sie nüchtern. »Eines Tages habe ich mich mit einem Mädchen angefreundet. So habe ich meine Welt verloren.«

Ich fragte sie, wie das passiert sei. »Mit fünf Jahren habe ich angefangen, mich dafür zu interessieren, wie meine Freundin Dinge tat, und ich habe meine Welt immer seltener besucht und sie verloren«, erklärte sie. Susan hatte eine sehr enge Beziehung zu ihrer Mutter. Aber Susan hatte sich diese Freundin *ausgesucht*. Sie hatte ihren Wunsch selbst entdeckt.

»Ich erinnere mich sehr gut an meine Welt«, sagte sie. »Ich habe versucht, sie mit anderen Kindern zu teilen, als ich älter wurde, aber sie haben das nicht verstanden. Sie dachten, ich wäre albern oder verrückt. Schließlich habe ich es aufgegeben und beschlossen, einfach wie alle anderen zu sein.«

Als Susan geendet hatte, erhob sie sich so sachlich, wie sie sich hingesetzt hatte, und brach ohne erkennbare Bewegung oder Reaktion zu einem Spaziergang auf. Ein Erfolg »der Welt« sagte ich mir.

Mit dreizehn war Susan wie eine Neunzigjährige, die auf das Leben zurückblickt, das sie früher einmal geführt hatte. Es war, als sei »ihre Welt« der einzige Ort der Zugehörigkeit gewesen, den sie jemals gekannt hatte, eine schöne Welt aus Farben und Klängen; eine Welt ohne Bedeutung oder Deutung. Eine Welt, in der man »einfach sein« kann. Sie hatte diese Welt hinter sich gelassen und sie überall außer in ihrem Gedächtnis ausgelöscht, um im Gegenzug als »normal« akzeptiert zu werden. Oliver und ich fühlten uns gesegnet, weil wir einander kannten, und weil wir trotz der Niederlagen unsere wahren Ichs nicht ganz aufgegeben hatten.

*I*ch besuchte einen weiteren Autisten. Malcolms Mutter holte mich vom Bahnhof ab. Sie war nervös, freute sich aber, daß ich sie und ihren Sohn kennenlernen wollte. Ich hatte mich gerade erst mit ihrem Haus vertraut gemacht, als Malcolm durch die Tür kam.

Erst als Malcolm schon auf die Zwanzig zuging, hatte seine Mutter endlich herausgefunden, warum er nicht »wie andere Kinder« gewesen und jetzt nicht »wie andere Erwachsene« war. Doch Malcolm war, ebenso wie Susan, nicht gesagt worden, daß er autistisch war. Seinen Eltern zufolge war er in den letzten beiden Jahren immer verstörter geworden.

Als ich Malcolm sah, fielen mir sofort seine Nachahmungen auf. Wie ich besaß er ein endloses Repertoire an Werbespots, die er in seine Sprache einflocht und als Methode benutzte, unterhaltsam zu sein und akzeptiert zu werden, so wie Carol es früher gemacht hatte. Ich sah bald, daß das, was Malcolm zu sein schien, größtenteils eine Fassade aus abgerufenen Reaktionen war: ständiges, fast manisches den Erwartungen Zuvorkommen, und der umfangreichste Speicher von kopierten Gesten, Akzenten, Gesichtern und Standardwitzen, den ich, außer bei mir selbst, je gesehen hatte.

Malcolm mochte mich von Anfang an. Er hatte keine Freunde. Niemand kam, um ihn zu besuchen. Niemand rief ihn an.

Wir saßen allein in einem Zimmer zusammen, und Malcolm ging ein Repertoire an Posen durch. »Warum benutzt du diese Haltungen?« fragte ich. »Weil es gut aussieht«, sagte Malcolm und nahm eine Reihe von Körperhaltungen ein, die überhaupt nichts mit dem zu tun zu haben schienen, was er gerade tat oder sagte. »Wo sind deine eigenen Haltungen?« fragte ich. »Das *sind* meine«, sagte er. Malcolm schien zu glauben, daß sie, weil er sie ausgesucht hatte, spontaner Ausdruck seiner selbst seien. »Wo hast du sie her?« fragte ich. »Manche aus dem Fernsehen«, antwortete er fröhlich, »warum, gefallen sie dir nicht?« »Sie sind nicht du«, sagte ich. »Und das hier?« fragte er und nahm wieder eine andere an, mit einer Art spöttisch aufgeworfenem, sinnlichem Schmollmund. »Igitt«, sagte ich, »das paßt nicht zu dir.« »Warum nicht?« wollte Malcolm wissen.

»Körperhaltungen sollen etwas ausdrücken«, sagte ich, »sie sollen mit dem übereinstimmen, was man sagt oder fühlt.« »Was drückt diese aus?« fragte Malcolm und zeigte ein weiteres willkürlich herausgegriffenes Stück aus seinem Repertoire. »Ich weiß nicht«, sagte ich, »ich kann Körperhaltungen nicht besonders gut deuten, ich weiß nur, daß andere Leute sie so benutzen, daß sie zu dem passen, was sie sagen oder fühlen, und daß man welche benutzen soll, die aus den eigenen Gefühlen kommen, und nicht einfach solche, die man kopiert hat.« »Niemand würde mich interessant finden, wenn ich meine eigenen benutzen würde«, sagte Malcolm. »Die hier sind interessanter.«

Malcolm besaß eine solche Kunstfertigkeit darin, seine Repertoires aufzubauen, daß seine Fähigkeit zu funktionieren, die anderen vom Ausmaß seiner Schwierigkeiten ablenkte. Daß er wahrscheinlich nur wenig von dem, was er tat, miterlebte oder daß seine wahren Gefühle unbestreitbar abwesend waren, verschwand im Schatten seiner manischen Fassaden. Malcolm schien das Leben zu spielen wie eine endlose Reihe von Schachzügen.

Malcolms Mutter, die mein Buch noch nicht gelesen hatte, nahm mich zur Seite.

»Glauben Sie, daß er vielleicht eine multiple Persönlichkeit entwickelt?« fragte sie. »Seine Störung ist in den letzten beiden Jahren sehr stark geworden.« »Nein, das glaube ich nicht«, sagte ich, »eine multiple Persönlichkeit ist etwas anderes.«

Malcolm und ich saßen allein zusammen im Wohnzimmer. Ich sprach mit ihm, und er antwortete mir in mehreren verschiedenen Akzenten. »Wo ist dein eigenes ›ja‹?« fragte ich. »Ja«, sagte Malcolm, indem er willkürlich einen Akzent annahm. »Das ist nicht deins«, sagte ich. »Und dieses?« fragte er und probierte ein anderes und dann noch weitere. Nach fünf Beispielen brach er die Vorstellung ab. »Okay«, sagte er, sich geschlagen gebend, »das hier ist es.« Seine eigene Stimme war so voller Spontaneität und Echtheit, daß es mich fast vom Sofa gehauen hätte. Sein wirkliches Ich und sein eigener, entspannter, zu ihm passender Tonfall standen in scharfem Kontrast zu den anderen, die er durchgegangen war, und das machte mir angst. Ich hatte nicht nur Angst vor seinen Fähigkeiten, vor seinen Begabungen und vor seiner Komplexität, sondern auch davor, welches Licht sie auf meine eigenen warfen und was sie darüber aussagten. Ich hatte Ehrfurcht vor der Kraft der Angst als motivierendem Faktor.

»Was glaubst du, wieviel deine Eltern von deinem wirklichen Ich sehen?« fragte ich ihn, »wieviel Prozent?« »Ungefähr fünfzehn Prozent«, antwortete er ernsthaft mit seiner eigenen Stimme, in seiner eigenen Körpersprache und seiner eigenen, dazu passenden Mimik. »Glaubst du, daß sie wissen, wer der echte Malcolm ist?« fragte ich ihn. »Hoffentlich nicht«, sagte Malcolm erschrocken, und sein Gesicht und sein Körper spiegelten seine Stimmung wieder. »Was glaubst du, wie sie sich dabei fühlen?« fragte ich. »Ziemlich schlecht, nehme ich an«, sagte Malcolm ohne sichtbares Mitgefühl oder schlechtes Gewissen – in ruhiger und gefaßter Haltung. Ich wußte, daß es ihm wahrscheinlich wie eine Frage des Überlebens erschien. Ich wußte auch, daß, ironischerweise, seine eigenen Selbstverleugnungsstrategien gänzlich außer Kontrolle gerieten und ihn ein Leben kosteten.

Ich machte einen Spaziergang im Garten. Ich kam zurück und reichte Malcolm ein Blütenblatt. Er schien für dessen Farbe und Zeichnung, Beschaffenheit und Geruch überhaupt keinen Sinn zu haben. Immer wieder gab ich ihm Kleinigkeiten. In vieler Hinsicht war er nicht so wie ich, auch wenn er feststellte, daß das, was jemand zu ihm sagte, seine Bedeutung verlor, und daß seine Sensibilität für Geräusche sich manchmal schmerzhaft steigerte. Er hatte außerdem Schwierigkeiten beim Lesen und Schreiben, die eher auf Legasthenie als auf Analphabetismus hindeuteten.

Die Begegnung mit Malcolm zeigte mir den Gegensatz zwischen dem, was ich früher als »meine Welt« bezeichnet hatte, und dem, was ich jetzt die Welt des »einfach sein« nannte. »Einfach sein« war ein Ort der Fülle und der Schönheit, an dem Sprache, anders als in »der Welt« üblich, nicht aus Wörtern bestehen mußte. »Meine Welt« außerhalb des »einfach sein« war ein Ort, an dem das einzige Glück im Nichtsein bestand und Überlebensstrategien solche Strategien waren, die die Sicherheit, die man im Nichtsein fand, aufrechterhielten.

Im System des »einfach sein« lag der Sinn von Beisammensein mit anderen darin, das Ichgefühl ohne Angst vor Kontrollverlust besser erleben zu können. Das System des »einfach sein« war eine

Methode, das Ich zu erfahren, für das man in »der Welt« normalerweise taub, blind und tot war. Malcolm hatte seine eigene Welt. Entweder hatte er die süchtig machende Schönheit und den Frieden des »einfach sein« nie so gekannt wie Susan, Oliver und ich, oder aber er hatte es schon vor so langer Zeit verloren, daß er sich nicht mehr daran erinnern konnte. An dessen Stelle schien sich die leere Welt des Heiligtums in dem Gefängnis zu befinden, das Autismus ist, und Malcolms Repertoire an eingeübten »die Welt«-Gesichtern. Die Welt der Gegenstände, der Natur, der Muster, Farben, Geräusche, Rhythmen und Konsistenzen schien für Malcolm so leblos zu sein wie die Menschen um ihn herum und seine eigenen leblosen Fassaden.

Ich brach auf. Ich sah Malcolm in die Augen und hob eine Hand. »Spiegelhände«, sagte ich zu ihm und legte seine Hand gegen meine. Ich fing seine Angst mit den Augen auf und gab nur Frieden zurück. Einen Augenblick lang war ein echter Malcolm da, ohne Angst. Ich nahm meine Hand fort. »Tschüs«, sagte ich. Malcolm verfiel wieder in Nachahmungen und verbalen Durchfall.

*I*ch richtete mich in dem Häuschen mit seinem Garten voller Unkraut und Betonbrocken ein. Ich hängte Vorhänge mit Blumenmuster auf und sammelte Unkraut und vertrocknete Blumen und hängte sie überall auf, so daß es drinnen mehr wie draußen war. Tagsüber spielte ich Klavier und komponierte, malte Bilder voller zarter Regenbogenhimmel und begann mit der Arbeit an meinem zweiten Buch.

Tag für Tag kamen Briefe aus verschiedenen Ländern. Es waren Briefe von Eltern, Verwandten, Brüdern, Schwestern, Fachleuten und »Leuten wie ich«.

Ich war zufrieden, daß ich soviel Zeit für mich selbst hatte und mir ganz selbst gehörte, ohne Figuren. Ich hüpfte ins Badezimmer. »Hallo«, sagte ich zu mir im Spiegel.

Manchmal verbrachte ich dort eine Weile im Gespräch. Manchmal verlor ich mich einfach tief in meinen Augen.

Ich bemalte einen Spiegel, der an der Wand im Wohnzimmer lehnte. Ich malte hohes Gras im Vordergrund und wilde, bunte Rosenranken um den Rand herum. Ich legte mich davor, so daß es aussah, als läge ich in der Spiegelwelt im hohen Gras. Das Sonnenlicht auf dem Bild spielte auf dem Gras und ließ es in allen Grün-, Gold- und Brauntönen glänzen.

Ich nahm mein Mittagessen mit ins Zimmer, um in der Gesellschaft von mir im Spiegel zu essen. Wir saßen beide zusammen im schönen, wilden, hohen, lebendigen Gras. Zusammen, von Rosen umgeben, waren da nur ich und ich im Spiegel. Es gab kein Zimmer. Keine Welt. Keine Einsamkeit. Andere Menschen waren jetzt nicht mehr so sehr Eindringlinge, weil ich soviel Zeit hatte, mit mir zusammen zu sein.

Ich beschloß, mir ein eigenes Klavier zu kaufen. Ich telefonierte und fuhr mit dem Zug hin, um mir eins anzusehen.

Der schmuddelige, vollgestopfte alte Laden lag versteckt und abseits von anderen Läden und stand voll mit gebrauchten Klavieren. Geruch von Holz, Lack und Staub lag in der Luft. Ein Blinder tastete sich mit einer Mischung aus sechstem Sinn und einem guten inneren Plan durch das Durcheinander.

Ich fand ein Klavier, das ich mir leisten konnte, und beschloß, es zu kaufen, merkte dann aber, daß ich kein Geld hatte. Ich würde zur Bank gehen müssen. Ich ging die Straße hinunter.

Musikgeschäfte hatten mich schon immer fasziniert. Als ich klein war, hatte es an unserer Straße einen Haushaltswarenladen und ein Musikgeschäft gegeben.

Im Haushaltswarenladen gab es klingelnde Schlüssel und wilde Türglocken, die ich zu einer Symphonie aus Bimmeln und Läuten anschlagen konnte. Da gab es *klack-klack-klack* glänzende Toilettensitze aus Plastik und *ping-ping-ping* Glas und Porzellanwasserhähne und Türgriffe. Da gab es glänzende, seidenglatte Badezimmerkacheln mit Mustern, die man nachzeichnen, und Emaillebadewannen, die man kategorisieren konnte. Da gab es Linoleumrollen. Ich stellte mich zwischen sie, wie eine von ihnen, ließ meine Hände über die glänzenden Oberflächen gleiten und ging völlig in ihrem Geruch auf.

Musikgeschäfte waren genauso. Da gab es Schlaginstrumente aus *ting-ting-ting* Metall. Da gab es hölzerne *klong-klong-klong* Teile zum Musikmachen, die mit leuchtender Emaillefarbe und mit Lack gestrichen waren, der unter den Zähnen spitterte. Da gab es Gitarren mit Mustern aus Perlmutt und falschem Schildpatt, in denen man visuell schwimmen konnte.

Auf meinem Weg zur Bank sah ich ein weiteres Musikgeschäft und ging hinein. Dieser Laden war relativ langweilig. Reihenweise waren hochmoderne elektrische Klaviere ausgestellt, damit hochmoderne, schicke Leute deren Technik untersuchen konnten. Es war einer dieser Läden, in die Möchtegern-Musiker hereinschneien, um pseudoprofessionelles Blabla von sich zu geben.

Ich wollte mir die Instrumente in diesem Laden ansehen, aber da gab es wenig zu entdecken. Wenn die Verkäufer mich ansprechen würden, wollte ich mich interessiert geben und fragen, was einer ihrer tollen Apparate einer Möchtegern-Liedermacherin und -Komponistin wie mir bringen könnte.

Ich sprach gerade mit einem imponierenden Herrn-Verkäufer-Typ, als eine stille, schlanke Gestalt anfing, sich in unserer Nähe herumzudrücken. Er hatte gehört, daß ich über das Liederschreiben sprach, und es stellte sich heraus, daß wir beide komponierten. Er wirkte völlig selbstbeherrscht, zum Teil gleichgültig, zum Teil ernsthaft, zum Teil bereit, wegzulaufen. Meistens reagierte er nur, und manchmal kamen plötzlich Ausbrüche von Spontaneität.

Ich erinnerte mich daran, wie ich damals ein Gleichsein zwischen mir und Bryn gespürt hatte. Ich erinnerte mich daran, wie ich mich so bloßgestellt gefühlt hatte, als ich dieses Gleichsein gespürt hatte, nachdem ich einen anderen wie Bryn getroffen hatte, den Waliser nämlich, den ich vor Jahren im Zug kennengelernt hatte. Der Waliser war erst der zweite Mensch, den ich kennengelernt hatte, der so war wie ich, und ich war erst etwa eine Viertelstunde mit ihm zusammengewesen, als ich bereits gewußt hatte, daß er wie ich war. Wir hatten das gleiche System verwendet. Und jetzt war an der Art dieses Mannes wieder etwas beunruhigend vertraut.

»Spielen Sie mir etwas von Ihrer Musik vor«, sagte ich. Das fiel ihm schwer. Ich widmete der Musik wenig direkte Aufmerksamkeit. Er wurde nervös, machte seine eigene Musik lächerlich, nahm die Kassette mitten in einem Song heraus und ging in den anderen Raum. Ich lächelte vor mich hin. Ich befand mich in der Gesellschaft eines vertrauten Menschen.

Er kam wieder heraus. Wir hatten hin und wieder gesprochen. Im Gegensatz zum Verhalten seines Kollegen war sein Verhalten mir gegenüber auffallend indirekt. Interessiert, aber distanziert und unpersönlich, obwohl er mich mit höflicher Freundlichkeit und nettem Lächeln geradezu überschüttete.

Anscheinend entwaffneten wir beide uns gegenseitig dadurch, daß wir im anderen das bloßstellende Spiegelbild unserer eigenen, abwehrenden Selbstkontrolle sahen. Wir überlegten, uns zum Schreiben zu treffen. Er hatte seinen Namen auf eine Visitenkarte geschrieben, die er auf dem Ladentisch liegenließ, weil ich sie mir nehmen sollte. Dann verließ er den Raum. Ich kam mir etwas voyeuristisch vor, weil ich eine Ahnung davon hatte, warum er wie ich war, und er wahrscheinlich nicht.

Als er den Raum wieder betrat, sprach ich ihn mit dem Namen an, den er auf die Visitenkarte geschrieben hatte. Ich war neugierig und wollte sehen, wie sehr Ian wie ich war.

Einen Augenblick lang schien Ian von seinem Namen getroffen zu sein wie von einer Ohrfeige. Dann fiel wieder eine lässige Fassade über sein Gesicht. Auch Ian war gut im »Verschwinden«.

Es war vier Wochen her, daß ich im Geschäft mit Ian gesprochen hatte. Ich hatte ihm gesagt, daß ich nicht würde anrufen können, und ihm meine Nummer gegeben. Schließlich hatte Ian angerufen.

»Kannst du Noten lesen?« fragte ich. »Nein«, antwortete er, »ich habe Probleme mit dem Lesen, mit jeder Art von Lesen.« Das erinnerte mich an etwas. Ich fragte mich, ob er Legastheniker sei. Ein großer Prozentsatz der Geschwister von Autisten waren Legastheniker. Vielleicht kam es daher, daß ich fand, er sei »wie ich«.

»Was ist mit deinem Lesen?« fragte ich. »Oh, lesen kann ich«, sagte er, »es endet bloß alles mit einem Durcheinander von Wörtern, und dann weiß ich nicht mehr, was ich gelesen habe.«

»Ist es beim Hören genauso?« fragte ich. »Ich bin irgendwie etwas taub«, sagte er. »Meinst du, daß du die Geräusche nicht richtig hören kannst?« fragte ich weiter. »Nein, die Geräusche kann ich hören«, sagte er, »ich verstehe einfach oft nicht, was andere zu mir sagen.« »Ich hoffe, du hast nichts dagegen, daß ich dich diese Dinge frage«, sagte ich. »Nein«, sagte er, »ich bin nur erschrocken, weil du anscheinend Sachen über mich weißt, die sonst niemand weiß.«

Ian hatte Angst, weil ich ihn offensichtlich verstand, war aber auch fasziniert davon. Wir beschlossen, uns am Bahnhof zu treffen.

Ian stand wartend vor dem Bahnhof, in einer Art aufgesetzter Erwartungshaltung. Wir wollten eine Burg in der Nähe besichtigen. Er schien neugierig auf diese seltsame Person zu sein, die er gerade erst kennengelernt hatte. Ich glaube, ich brach wohl alle Regeln.

Ians Version von Geselligkeit bestand darin, sich völlig darauf zu konzentrieren, die Erwartungen und Wünsche des anderen herauszubekommen und sie bedingungslos zu erfüllen. Er forschte nach meinen Erwartungen und Wünschen, nach einem Gesichtsausdruck, um etwas heraus- oder hineinzulesen, nach ein paar Stichwörtern, an die er sich halten konnte, aber da war nichts. Ian wußte nicht weiter, konnte keine Rolle finden, die meinen Erwartungen entsprach, weil ich keine hatte.

Ich stieg in sein Auto und betrachtete die Kreise auf der Sonnenblende, die Schlitze im Innendach und den glänzenden Lack. Ich legte mir innerlich einen Plan davon an. Ian stieg ein.

»Und was für Musik machst du?« griff Ian auf eine gut eingeübte Standardfrage unter Musikern zurück. »Oh Gott«, dachte ich. »Was meinst du damit?« fragte ich. »Ist egal«, sagte er, »ich wollte nur irgendwas sagen.«

Wir fuhren an einem China-Restanrant vorbei, und ich sah dort einen Kronleuchter und wurde ganz aufgeregt. Ian schien von meiner Reaktion berührt und irgendwie merkwürdig vertraut damit zu sein. Er lächelte vor sich hin und sah starr geradeaus.

Wir kamen an der Burg an. Ian war sehr gefaßt. In seiner Starrheit wirkte er irgendwie zwergenhaft und verletzlich im Schatten meiner eigenen Spontaneität. Ich lief vor, gefesselt von der Burg und immer noch sicher in seiner seltsam vertrauten

Gesellschaft. Es war, als würden noch so viele Rollen nichts ausmachen. Ich wußte, mit wem ich zusammen war. Ich konnte es spüren.

Ian sah mich seltsam an. Es war, als würde er auf Glas klopfen, als er mich in meiner privaten Welt beobachtete. Ich konnte spüren, wie die Atmosphäre intensiver wurde. Ich konnte sehen, daß er durch mich einen entfernten und begrabenen Teil von sich selbst besuchte.

»Sind wir uns schon einmal begegnet?« fragte er, und seine Augen starrten in meine, als stünde er einem Traum gegenüber. Sein Gesicht wirkte in seiner Ernsthaftigkeit fast wie gemeißelt. »Woher weißt du soviel über mich?« Er schien sich vor der Antwort fast zu fürchten.

»Schließ die Augen, kannst du mich sehen? Bin ich in deinem Kopf wirklich? Kannst du mich in deinem Herzen fühlen? Wagst du es, an Zeit jenseits von Gegenwart, Vergangenheit oder Zukunft zu glauben? Kann dein Verstand sich einen Ort vorstellen, an dem die Gedanken eines anderen dich erreichen können? Erinnerst du dich, daß ich dich dort gesehen habe? Denn als wir uns begegneten, sah ich, daß du hinter das ›Wann‹, hinter das ›Wo‹ schautest«, zitierte ich den Text eines Liedes, das ich geschrieben hatte.

Ian wirkte verblüfft und doch bewegt. Er sagte nichts. Er schien in sich zusammenzufallen. Ich setzte mich auf die Felsen. Ich begeisterte mich an den Blumen. Ich kletterte in die Burgruine hinauf und guckte nach unten durch die Gitterstäbe Ian zu.

Er hielt das Gesicht in den Wind. »Ich habe das Gefühl, zur falschen Zeit geboren zu sein«, sagte er laut zu sich selbst. »Wie kannst du so sein?« fragte er. »Ich gehöre mir selbst«, sagte ich sachlich. Er sah mich an. Von innen her verstand er die Worte, an die seine »die Welt«-Ohren noch nicht gewöhnt waren. »Ich liebe mich«, erklärte ich, »ich fühle mich mit mir wohl.« »Ich kann mich überhaupt nicht leiden«, sagt Ian und starrte geradeaus. »Ich bin überhaupt nicht glücklich mit meinem Leben.« »Du mußt dir selbst gehören«, sagte ich zu ihm.

»Ich weiß nicht, wer ich bin«, sagte Ian, »ich habe für jede Situation und jeden Menschen ein anderes Gesicht.«

Ich nannte diese Rollen »Figuren«, er nannte sie »Gesichter«. Er hatte eins für die Familie, eins für die Arbeit, eins für Freunde und eins, das ihn besonders traurig machte und verstörte — eins für Schlafzimmer-Vorstellungen. Er war eine programmierte »die Welt«-Erfolgsstory.

Wie ich früher, so bekam auch Ian große Angst, wenn jemand, der ihn als ein »Gesicht« kannte, in einem Zusammenhang erschien, in dem er normalerweise als ein anderes »Gesicht« agierte. Er verbrachte sein Leben nicht nur damit, allen Erwartungen anderer zuvorzukommen und sich täglich ihre Anerkennung zu erkaufen, sondern er konzentrierte sich auch ständig darauf, die einzelnen Bereiche scharf getrennt zu halten und nicht miteinander zu verbinden, eine Welt der Garantien, die seiner Kontrolle unterstand.

Viele Menschen setzen in einer bestimmten Situation ein bestimmtes Gesicht auf. Viele Menschen zeigen schwache Spuren einer ganz anderen Persönlichkeit. Der Unterschied für Ian, ebenso wie für mich mit meinen Figuren, bestand darin, daß unsere »Gesichter« zu absolut waren und totale Selbstverleugnung zur Folge hatte. Es war, als würde man in einen veränderten Bewußtseinszustand übergehen, als würde man Traum-Ichs leben. Wir waren die Schauspieler, die nicht von der Bühne abtreten konnten, weil wir nicht zugegeben hatten, daß wir sie überhaupt betreten hatten.

Unsere Wortwahl, die Körperhaltungen, Stimmlagen, Intonationen, Überzeugungen, Vorlieben, Abneigungen, Mimik und Interessen waren für jede Gestalt anders, eine Verschmelzung mit den Menschen, von denen sie gestohlen waren. Wir waren wie mehrere Geklonte in einem einzigen Körper.

Wenn andere drohten, ihn bloßzustellen, indem sie den Bereich eines Gesichtes mit dem eines anderen kollidieren ließen, gab Ian das, womit er gerade beschäftigt war, lieber auf, verleugnete es oder zog sich davon zurück, genau wie ich. Der Preis ist nie zu hoch, denn mit wieviel Selbstüberzeugung es auch vorgetäuscht wird, es gibt bei solchen Verlusten keinen persönlichen Preis zu zahlen, weil es kein Ich gibt, das etwas zu verlieren hätte.

Wir gingen und gingen. Ich betrachtete die wogenden, goldenen Hügel und die Heuballen. Ich hob einen Strohhalm auf und spaltete die Fasern, so daß ein Käfig daraus entstand. Ich drehte ihn vor meinen Augen und sah dann durch ihn hindurch Ian an. Es war ungefährlich, ihn anzusehen. Er war in einem Käfig. »Weißt du, was das ist?« fragte ich ihn. »Stroh«, sagte Ian. »Es ist ein Käfig«, sagte ich, wirbelte ihn vor meinen Augen herum und sah durch ihn hindurch Ian vor dem Hintergrund des blauen Himmels an. »Ich gucke dich durch die Gitterstäbe eines Käfigs an.«

Wir blieben stehen, weil eine Herde Kühe vorbeizog. Ich war bewegt von den Perspektiven, dem Gleichgewicht, der Symmetrie, der Farbe. Ich steckte sie alle in einen Bilderrahmen, den ich aus meinen Fingern machte. Ian konnte sehen, wie ich es tat. Seine Wahrnehmung schien zu erwachen, seine Starre war vorübergehend abgelegt. Ich lächelte innerlich.

Als wir durch das Tor die Weide verließen, stellte ich meinen Strohkäfig auf den Pfahl. Ich ließ ihn als ein Zeichen für »die Welt«-Leute zurück. Das sollte unser besonderer Platz sein. Ich erklärte, daß es ein Glück wäre, wenn im Lauf von zehn Jahren auch nur ein Mensch an diesem Strohkäfig vorübergehen und verstehen würde.

»Möchtest du mal eine Insel kennenlernen?« fragte Ian plötzlich auf dem Rückweg.

Wir fuhren um eine Kurve nach der anderen und hielten schließlich an einem Gasthaus. Ian und ich gingen hinein, um uns etwas zu trinken zu holen. Ich setzte mich an einen Tisch in der Nähe der Tür. Ich machte mir Sorgen, daß er sich in die Nähe der Leute setzen würde. Wenn ich mich auf den Klang ihrer Stimmen und ihr Blabla einlassen würde, könnte ich mich weder konzentrieren noch wohlfühlen. »Draußen?« fragte er. Ich war erleichtert. »Ja«, sagte ich. »Ich kann die hellen Lichter da drinnen nicht ertragen«, sagte er. »Es ist zu laut, und alle laufen herum.« Ich weiß, dachte ich.

Ich ging direkt zur grasbewachsenen Uferböschung. Ian, gefaßt, sah mich an, als wollte er sagen: »Soll ich das auch tun?« Oben auf der Böschung setzte ich mich auf die Ufermauer.

Ich war fast überzeugt, daß er so war wie ich, und freute mich an dem Geheimnis. Er sah mich an, bloßgestellt, entdeckt, fragend. Ich stellte ihm Fragen zu Sprache, Gesprächen, Schuljahren, Lernen, Kindheitsfreunden und wie er zu seiner Familie stand.

Seine Antworten bestätigten alles, was ich vermutet hatte. Er hatte Probleme damit, Gesichter, Emotionen, Verhalten und Körpersprache zu interpretieren und in gesprochenen und geschriebenen Worten durchgängig Bedeutung zu erkennen. Doch nachahmen, spiegeln und verschmelzen konnte er mit der Gewandtheit eines großen Illusionisten.

Er konnte sich selbst etwas beibringen, hatte aber große Probleme, wenn ihm etwas beigebracht wurde, war in bestimmten Dingen gut und in anderen sehr schlecht, hatte Schwierigkeiten, Freundschaften zu schließen, und war während seiner ganzen Schulzeit schikaniert worden, weil er anders war. Ich fragte ihn nach Hunger, Schmerzen, Müdigkeit und Kälte. All diese Empfindungen entgingen ihm entweder oder mußten ins Extrem getrieben werden, damit er sie wahrnahm. Die Botschaften seines Körpers waren sehr unzusammenhängend und schwach. Ich war begeistert.

»Und wie ist es, wenn du zur Toilette mußt?« fragte ich ihn schließlich. »Hältst du an, oder merkst du es nicht, bis du fast hinmachst, wo du gerade stehst?« fragte ich. »Steht mir das auf der Stirn geschrieben, oder was?« fragte Ian peinlich berührt, nicht wegen der Frage nach Toilettengewohnheiten, sondern weil ich Eigenheiten bloßlegte, die er für privat und irgendwie einzigartig hielt.

»Du bist wirklich ein fremdartiges Wesen«, verkündete ich kühn, überglücklich, daß ich einen Kameraden entdeckt hatte. Vergnügt sprang ich von der Mauer und ging an ihr entlang, dabei reckte ich plötzlich vor Freude und Unglauben die Arme in die Luft.

Ich ging zurück zu Ian, der immer noch ziemlich verwirrt auf der Mauer saß. Ich merkte nicht, daß er geglaubt hatte, er hätte sich alles verbaut und meine Bemerkungen in »die Welt«-Ausdrücken sollten bedeuten, daß ich ihn ablehnte. Er dachte, es wäre ihm, wieder einmal, nicht gelungen, die Botschaften richtig zu deuten, und er hätte etwas schrecklich und unverzeihlich falsch gemacht. Ich war so glücklich, mit ihm zusammen zu sein. Ich war so glücklich, daß er so war wie ich. Seine suchenden Augen klopften klirrend an meine unsichtbare Glasmauer. Ich klopfte auch, von meiner Seite her.

Ian holte sich noch etwas zu trinken. Helle Lichter von oben, Krach aus allen Richtungen und ein Raum voller Menschen, denen persönlicher Raum ziemlich egal zu sein schien; ich wollte nicht mit ihm hineingehen. Er kam wieder, und ich ging voran, hinunter auf die Steine auf der anderen Seite der Ufermauer.

Ich zeigte auf die Lichter und die Linien, zeichnete sie nach, meine Hände fuhren durch die Luft, durchschnitten Linien, meine Augen sagten viel mehr als meine Worte. Ian wies auf die gleiche Weise auf die Symmetrie der Dinge hin. Wir sprachen die gleiche Sprache.

Wir betrachteten beide das Glitzern auf dem Wasser, und meine Finger tanzten vor mir, als würde ich auf der Luft Klavier spielen. Ian sah mich kurz an und lächelte. Ich spürte den Wind und roch das Meer in der Luft. Ian war ein Kamerad, der nach langer, langer Reise nach Hause gekommen war. Ich sprach zu ihm in einer Sprache, die meine war, und die, das spürte ich, früher irgendwie auch seine gewesen war. Es war die Sprache des »einfach sein«.

Ich kletterte auf den schlüpfrigen Steinen zum Wasser hinunter. Ian legte besorgt eine Hand ans Kinn. Er schien Angst zu haben. »Was ist?« fragte ich. »Ich kann dir nicht helfen, wenn du hinfällst. Ich könnte deine Hand nicht anfassen«, sagte er. »Kommt das daher, daß ich Berührungen nicht ertragen kann?« fragte ich, »ist es meinetwegen oder deinetwegen?« »Es ist meinetwegen«, sagte er. Auch für ihn war Berührung schwierig. Ich hatte überhaupt nichts dagegen. Ich verstand es vollkommen. Ich wußte, es bedeutete, daß ich in seiner Gesellschaft sicherer sein konnte als mit jedem anderen.

Auf der Rückfahrt sprach Ian über Symmetrie und Lichtlinien. Er sprach darüber, wie er in die Spiegelung auf seiner Motorhaube sah und in eine anscheinend verdrehte Welt hineinfuhr. Es war Ians Version meiner Spiegelwelt, allerdings gab es in seiner Spiegelwelt, im Unterschied zu meiner, andere Menschen und ihre Dinge. Er sprach darüber, wie er sich vorstellte, daß überall symmetrische Linien reflektiert wurden und imaginäre, unpassierbare, unberührbare Grenzen in der Luft und auf der Straße bildeten. Er sprach darüber, wie er Autos fing, die in seine Grenzen hineinfuhren. Diese Grenzen zog er, indem er den Verkehr vor sich durch zwei oben auf dem Steuerrad aufgestellte Finger betrachtete. Er sprach über sein eigenes, besonderes Stück Himmel und wie er spürte, daß er in einer geraden Linie hinausflog, wenn sich die hohen Leitungen von Strommasten in perfekter Symmetrie nebeneinander vor ihm hinzogen.

Ian schien lebendig geworden zu sein, aber er wirkte auch etwas traurig. Vielleicht lag das daran, daß er nie jemanden gehabt hatte, mit dem er über solche Dinge hatte sprechen können. Vielleicht hatte er, weil er nie mit jemandem darüber hatte sprechen können, fast aufgegeben, sich abgewandt und sie verloren.

Wir fuhren zu meinem Häuschen zurück. Von dem Zeitpunkt an, als wir hineingingen, studierte Ian ununterbrochen den Raum, sah sich nicht nur an, was darin war, sondern nahm jeden Bogen und jeden Winkel auf. Manchmal machte er sich daran, hier und da Dinge zurechtzurücken, die nicht symmetrisch, gerade, ordentlich, kategorisiert und systematisch waren.

Ian saß auf einem meiner beiden Sessel, umarmte das Kissen und sah aus wie eine in die Enge getriebene Ratte – das Kissen eine Mauer zwischen ihm und mir.

Wir aßen Kokosnuß, und er spielte eine Kassette mit einem Lied, das er geschrieben hatte. Ich bat ihn, mir das Stück vorzuspielen, zu dem ich vielleicht einen Text machen sollte. »Ich will nicht«, sagte er, »ich schäme mich.« »Warum?« fragte ich. »Es ist alles kommerzieller Mist«, sagte er. Er hatte wohl etwas komponiert, von dem er dachte, daß andere Leute es für gute Musik hielten. Ich glaube, er muß gemerkt haben, daß ich eine üble Portion Realität abbekommen hatte und daß kommerzieller Mist mir kein bißchen imponiert hätte. Ich glaube, in meiner Gesellschaft wurde ihm plötzlich die Wirkung seiner eigenen Unaufrichtigkeit klar, und sie imponierte ihm auch nicht.

Ian schien immer verletzlicher zu werden, während er dort saß. Im Zusammensein mit mir begann ihm sein Vertrauen auf seine erlernte »die Welt«-Realität mehr und mehr als unwichtig, bedeutungslos und überflüssig zu erscheinen. Mein eigenes Verhalten hatte so gar nichts vom Aufführen von »die Welt«-Rollen und vom Erfüllen von »die Welt«-Erwartungen. Seine eigene

Verbundenheit damit löste sich allzu leicht auf. Vielleicht lag das daran, daß er diese Rollen und Erwartungen zwar gelernt, sich aber nie richtig damit identifiziert hatte.

Wir hatten uns wieder verabredet, und Ian kam mit einem Bild, das er gezeichnet hatte. Es war ein schwarzweißes Bild vom Inneren meines Häuschens, mit allen Einzelheiten, bis zur Anordnung der Gegenstände im Raum und den Fußleisten und Gardinenstangen. Schweigend reichte er es mir.

Es war spät, und meine Muskeln zuckten und machten mich verrückt. Ich war unruhig und wollte spazierengehen. Ich brauchte den Rhythmus des Gehens.

Wir fanden uns zwischen den Gerüsten eines Marktes wieder. Das nackte Gestänge der Reihen von Marktständen bildete Linien, Linien, Linien und noch mehr Linien. Ian beobachtete, irgendwie distanziert.

Er erzählte mir, daß er sein Zimmer mit roten Streifen bemalt hatte. Er hatte sich die symmetrischen Linien vorgestellt, die überall reflektiert wurden, und hatte sie über die Dekke, die Möbel und alles, was ihm in den Weg kam, gemalt.

Ich stand am Rand »meiner Welt«, distanziert und irgendwie »da drüben«. Er sah aus, als wollte er sie zu meinen Bedingungen mit mir teilen. Ich spürte, daß Ian leicht eine besondere Bedeutung für mich bekommen könnte, aber ich sagte mir, daß er ein »die Welt«-Mensch geworden war, selbst wenn er einmal wie ich gewesen war. »Er gehört zu ihnen«, sagte ich mir, »er kennt seine Sätze, Vorführungen und Rollen zu gut.« Das »einfach sein« mit ihm zu teilen, würde bedeuten, ihn zu vernichten, wenn ich nicht bei ihm war, um es mit ihm zu teilen. Ich fragte mich, ob ich überhaupt fähig war, jemanden ständig daran teilhaben zu lassen. Ich war mir nicht sicher.

»Ich fahre ins Ausland«, sagte ich. Ian schien zu versinken. »Ich komme wieder«, sagte ich. Er sah aus, als würde ich ihn im Stich lassen. Er sah mich an, wie Bryn mich angesehen hatte: als wäre der besondere Freund, auf den er immer gewartet hatte, nur gekommen, um einen symbolischen Auftritt zu geben und wieder zu verschwinden.

»Weißt du irgend etwas über Autismus?« fragte ich ihn auf dem Rückweg zum Häuschen. »Nein«, sagte Ian. »Hast du schon mal von Autisten gehört?« fragte ich. »Ja. Das sind Leute, die besondere Dinge tun können, oder?« fragte Ian. Ian hatte mein Buch nicht gelesen, und ich hatte ihm auch nicht gesagt, daß ich Autistin war. Ebenso hatte ich nicht erwähnt daß ich ihn für autistisch hielt, obwohl ich stark vermutete, daß er das wahrscheinlich gewesen war.

Manche Leute glauben, daß bestimmte Autisten aus dem Autismus herauswachsen können. Manche Leute glauben, daß manche Autisten geheilt werden können (und die, die keine »Heilung« am Horizont sehen, geben oft auf). Wenn »Heilungen« stattfinden, schließen manche Leute, daß die ursprüngliche Diagnose unrichtig gewesen sein müsse. Manche glauben, daß die einzigen »echten« Autisten die unheilbaren sind.

Ich glaube, daß es bei Autisten ein breites Spektrum an sozialen Fähigkeiten, Sprachfertigkeiten und sensorischen und perzeptorischen Defiziten oder Überempfindlichkeiten gibt. Ich glaube, daß manche Umfelder geschickt darin sind, Kanten abzuschleifen oder Roboter zu produzieren. Ich glaube, daß es sogar gelegentlich »Erfolgs«-Geschichten von Autisten gibt, die schließlich nicht mehr autistisch erscheinen.

Ich glaube nicht, daß man Autisten beibringen kann, alles zu erleben, was sie darstellen können. Ich glaube nicht, daß man sie dazu bringen kann, emotional etwas für ihre Rollen, »Gesichter«, Darstellungen und ihr Repertoire zu empfinden, so als wären diese Teile echten Selbstausdrucks. Es andersherum zu versuchen, bedeutet, die Gefühle zu analysieren, die jemand während einer Handlung gehabt haben *könnte*. Man kommt vielleicht zu einer Vorstellung von einem Gefühl, aber das macht noch kein eigenes Gefühl daraus, und eine Vorstellung ist nie ein Gefühl, sondern nur eine Erinnerung oder ein gespeichertes, geistiges Stück Repertoire daraus, wie man auftritt. Manche Dinge kann man einfach nicht rückwärts tun.

Menschen können kopierte Darstellungen von Emotionen wie Dateien in einem Computer geistig abspeichern, sie abrufen und sie ausagieren. Das heißt aber nicht, daß die Darstellung mit einem echten Gefühl verbunden sein muß, oder daß für die dargestellte Emotion ein Verständnis besteht, das über die reine Technik des Wie und möglicherweise Wann der Nachahmung hinausgeht.

Ich glaube aber, daß das System autistisch bleibt, wie erfolgreich man auch darin sein mag, die verschiedenen Ausdrucksformen zu verzerren, die herausgequetscht werden können, wenn man rückwärts arbeitet. Jeder Prozeß echteren Wachstums braucht Zeit, und niemand kündigt langsame Wunder groß an.

Ian und ich gingen und gingen, bis ich die Straße überquerte, um durch einen Lattenzaun zu gucken. Dahinter war ein Weizenfeld. Der Himmel war blauviolett, und der Weizen bildete eine Landschaft aus Linien. Ich wollte hineingehen. Es sah wie ein Gemälde aus. Ich rief Ian herüber, damit er es sich ansah, und fand den Weg hinein. Ich legte mich in das Weizenfeld (das hatte ich immer schon tun wollen), sah zu den Sternen im Nachthimmel hinauf und dachte an Vincent van Gogh.

Ian legte sich auch in den Weizen. Wir sprachen über »Büschel« und »Schweber« (tote Zellen im Auge, die manchmal auf der Oberfläche der Augen zu sehen sind), »Sterne« und »Punkte« (geladene Energieteilchen, die die Luft füllen und die die meisten Menschen als unwichtige Hintergrundinformation ausblenden oder nicht sehen können, weil ihre Sehfähigkeit dazu nicht ausreicht).

Ian aß ein paar Weizenkörner. Ich schloß mich ihm schweigend an. »So sieht eine tiefe Freundschaft aus«, sagte ich zu mir.

Unterwegs beschlossen Ian und ich plötzlich, ans Meer zu fahren. Die Straßen wanden sich in einer endlosen visuellen Symphonie von Kurven und Linien.

Wir fanden uns auf einer Brücke über einem Flüßchen wieder. »Ich wünsche mir eine Insel, auf die ich fliehen kann«, sagte Ian. »Ich auch«, sagte ich. Ich ging ans Wasser hinunter.

Ich rutschte aus und schlug mit der Hand hart auf einen Stein auf. Ian fühlte sich, wie ich mich so oft gefühlt hatte, während er da stand und nicht fähig war, mir physisch zu helfen. Es machte mir nichts aus. Ich verstand. Es ging mir gut. Ich hätte das Getue sowieso nicht ertragen können.

Der Himmel und die Wolken schlugen uns beide in Bann. »Das ist wie das Meer da oben«, sagte ich. Ian wollte mitten auf der Straße gehen und ärgerte sich über die Autos, die ihn davon abhielten. Wir gingen auf beiden Seiten der Brücke. Wir waren lebende Symmetrie. Ich kannte ihn sehr, sehr gut, ohne Worte, ohne Geschichte.

Wir kamen an ein Ferienlager. Zufällig war es das gleiche, in dem Ian als Kind gewesen war. Die Gerüche und die Vertrautheit ließen ihn lebendig werden. Er sah aus, als wäre er hundert Jahre lang umhergeirrt. Wir gingen über einen Deich zum Meer hinunter. Er sah mich an, als wäre ich ihm so vertraut.

Ich glaube, er war traurig über alles, was er verloren und versäumt hatte. Zuerst hatte er sich wohl gefragt, ob ich Hilfe brauchte, vielleicht, um besser in »der Welt« sein zu können. Aber jetzt schien sein sanftes Lächeln mir zu sagen, daß ihm klar wurde, daß er nicht dazu da war, mir zu helfen, und daß meine Realität ausgefüllt war, abgesehen davon, daß niemand wie ich selbst da war, um daran teilzuhaben. Er schien stärker als jemals zuvor nach »meiner Welt« zu greifen. »Manchmal habe ich das Gefühl, daß es außer mir keinen wirklichen Menschen in der Welt gibt«, hatte Ian gesagt, »manchmal erscheinst du mir als der einzige andere wirkliche Mensch außer mir.«

Für Ian waren meine unsichtbaren Mauern nicht undurchdringlich. Um sie zu durchbrechen, brauchte er nur meine Sprache ganz und gar als seine eigene zu sprechen. Ich lehrte ihn das nicht. Er entdeckte diese Sprache wieder. Ich hätte ihn davon abhalten können. Das versuchte ich nicht, obwohl ich wußte, daß es das Ende meiner Fähigkeit bedeuten würde, in mich selbst hinein zu verschwinden, unerreichbar, weil niemand außer mir die Schlüssel hatte.

Während wir am Meer standen, sah ich Ian so, wie er sich selbst einst verlassen hatte. Wir waren beide Kinder in Körpern, die zufällig gewachsen waren. Ian wollte sich mitteilen. Ich war in »meiner Welt«, und das schien gegen das Gesetz zu sein. Was wir allerdings hatten, war »einfach sein«. Wir fühlten und rochen und sahen und hörten und waren das Meer, der Sand, der Wind und die Muscheln unter unseren Füßen. Wir waren das hohe Gras, die blauen Klunker (Quallen), die flüchtig wie Zauberlichter im Wasser auftauchten. Wir waren mit unseren eigenen Ichs anwesend und trotzdem in Gesellschaft, zusammen. Dieses Mal war »zusammen« kein unanständiges Wort, und »wir« hieß nicht »du plus mein Körper, minus ich«.

Ich glaube, es war das erste Mal, daß ich sah, daß Ian sich im »einfach sein« so völlig zu Hause fühlte. Er überließ sich diesem Zustand und schien zu seinen eigenen Anfängen zurückgekehrt zu sein.

*I*an fing an, sich selbst und sein Leben in Besitz zu nehmen. Er begann, herauszufinden, was seine eigenen Wünsche waren, und hatte einen ungefähren Begriff von seiner eigenen Persönlichkeit.

Ich freute mich für ihn und war trotzdem sehr viel bei meinem eigenen Ich. Ich freute mich, daß wir das Erlebnis teilen konnten, in Gesellschaft des anderen bei unseren eigenen Ichs zu sein, statt beieinander zu sein und das Gespür für uns selbst zu verlieren. Ich war froh, daß ich am »einfach sein« festgehalten hatte, auch wenn niemand es verstanden hatte (und obwohl ich mich manchmal weiterhin tiefer in »meine Welt« zurückzog). Mich mit Ian zu treffen, gab dem Konzept einen Sinn, Vertrauen in den Tunnel zu haben, der vom Großen Schwarzen Nichts verschlungen wurde. Ich war aus dem Tunnel heraus, und in der Gesellschaft des anderen waren wir sicher, wurden akzeptiert und hatten das Gefühl, dazuzugehören.

Es war Abend, und Ian und ich hatten zusammen ein Feuer gemacht und saßen draußen im Hof davor. Das Feuer war eine Stadt aus roten Lichtern.

Ich fühlte mich in Gesellschaft wohl und wunderte mich über die Erfahrung, war unruhig, weil sie so neu war, und verwirrt darüber, wie wenig sie mit der Angespanntheit zu tun hatte, die ich als eine der Figuren immer erlebt hatte. Ian war wie mein bester Freund und Bruder.

Wir sprachen über Sexualität und deren Fehlen. »Das Schlimmste ist das Gefühl, daß einem alle diese Gefühle fehlen, die man eigentlich haben sollte, und daß man so tun muß, als hätte man sie«, sagte Ian. Ich erzählte Ian von meiner eigenen Asexualität. Ich sprach mit ihm darüber, wie ich, da physische Anziehung und Sexualität nicht vorhanden gewesen waren, gelernt hatte, sie vorzutäuschen und vorzuspielen, und wie ich, auch wenn ich kein zusammenhängendes inneres Körpergefühl besaß, gelernt hatte, trotzdem zu funktionieren. Wir sprachen beide darüber, wie es sich anfühlte. Wir waren zwei Kameraden, die ein Jahrzehnt der Selbstvergewaltigung besprachen, zwei Prostituierte, die sich übers Geschäft unterhielten.

Wir sprachen beide darüber, wie wir dahingekommen waren, die »die Welt«-Ansicht zu akzeptieren, daß es äußerst anormal sei, keine sexuellen Empfindungen zu haben, und wir sprachen darüber, wie uns beigebracht worden war, Sexualität zu spielen, und daß das nur eine Erweiterung dessen gewesen war, daß man uns beigebracht hatte, soziale Fähigkeiten zu spielen.

»Ich dachte, mit mir würde etwas nicht stimmen«, sagte Ian. »Ich dachte, ich wäre vielleicht schwul. Ich dachte, ich wäre frigide. Selbst als ich so tun konnte, als ob, war da kein Verlangen. Da war keine Anziehung.«

»Asexualität hat nichts mit Frigidität oder Enthaltsamkeit oder Schwulsein zu tun«, sagte ich. »Ich habe einfach kein Interesse daran. Ich versage mir nichts. Ich glaube, es ist normaler, sich das Fehlen von Gefühlen und Interesse einzugestehen, als so zu tun, als ob man sie hätte.« Ian sah traurig aus. »Was ist?« fragte ich. »Ich denke daran, was alles anders gewesen wäre, wenn ich das früher verstanden hätte«, sagte er. »Über solche Sachen spricht niemand«, sagte ich. »Die Leute wissen etwas über Homosexualität oder Angst vor Sexualität oder freiwillige sexuelle Enthaltsamkeit, aber sie können sich nicht vorstellen, daß gar keine Sexualität da ist. Sie können sich das jedenfalls nicht als Normalzustand vorstellen, und niemand spricht darüber, weil das Nichtvorhandensein bedeuten muß, daß da etwas sogar noch anormaler ist.« »Ich frage mich, wie viele andere Menschen da draußen sind, die das nicht wissen«, sagte Ian.

Es schien verrückt zu sein, daß die Leute annahmen, daß man, bloß weil man einen Erwachsenenkörper hatte, in seiner geistigen, emotionalen, sozialen oder sexuellen Entwicklung notwendigerweise auch auf dieser Stufe stand. Man weiß etwas über geistiges Zurückgebliebensein oder emotionale Unreife, aber es gibt keinen Begriff für einen andauernden Zustand sozialer Unreife und für die unentwickelte oder unterentwickelte Sexualität, die oft damit einhergeht. Was ein Erwachsener empfindet, wenn er so tut, als vollziehe er Geschlechtsverkehr, ohne daß er ein entwickeltes Gefühl für Sexualität hat, ist das gleiche, was ein Kind fühlt. Er oder sie fühlt sich belästigt, mißbraucht und ist verwirrt.

Ian und ich sprachen über die Statussymbole der sogenannten Normalität: So zu tun, als sei man genauso wie alle anderen. Wir sprachen auch über die allgegenwärtige Angst, daß sie herausfinden würden, daß man es nicht war.

Ich wußte nicht, warum ich kein Gefühl für Sexualität hatte. Mißhandlungen, sexueller Mißbrauch oder mein Autismus konnten der Grund dafür sein. Wahrscheinlich spielte alles das eine Rolle. Die Ursachen waren nicht wichtig. Es ging darum, welche Möglichkeiten in der Gesellschaft für den befriedigenden Ausdruck von Intimität mit anderen Menschen übrigblieben. Es gab so wenige, die so waren, und sogar noch weniger, die das zugeben konnten.

Ian und ich erlebten beide Sinnlichkeit, doch es war Sexualität, die immer für das Endresultat von Nähe gehalten wurde. Diejenigen, die es nicht so sahen, waren letztendlich zu oft Weltrettern und ihren Laß-mich-dir-das-beibringen-Programmen ausgeliefert. Ian und ich hatten beide unsere Portion davon abbekommen. Aus lauter schlechtem Gewissen, daß wir trotz ihrer größten Anstrengungen, es uns beizubringen, nicht »erwachsen« werden konnten, hatten wir beide das gleiche getan — das »Problem« geleugnet, gelächelt und die Vorführungen immer ausgefeilter gestaltet.

»Kennst du andere, die so sind?« fragte ich Ian. Ich erzählte ihm von zwei anderen Autisten, von denen ich wußte. »Da ist einer, der mir von seinen ›Schlafzimmerakademie-Auszeichnungen‹ schreibt«, sagte ich, »und ein anderer, der darüber gelacht hat, daß er außerhalb seines Körpers war und beobachtet hat, wie er so getan hat, als ob. Er hielt das für so normal, daß ihm nie auch nur ein Gedanke an die große Angst gekommen ist, die er gehabt haben muß, als man ihn dazu gebracht hat, sich so sehr abzuschneiden. Er kennt nichts anderes.«

Die Leben dieser Leute waren von der alltäglichen Lüge erfüllt, daß diese Art der passiven Selbstvergewaltigung als Ausdruck von »Liebe« bezeichnet wurde, und daß der Akt selbst ein Beweis dafür sein sollte, daß man etwas wert war. Sie lebten mit der Tatsache, daß es keine Alternativen zu geben schien, oder daß zumindest niemand davon sprach.

Ich fragte mich, ob es besser für Ian wäre, wenn er nichts davon wüßte. Vielleicht würde er nichts anderes kennenlernen. Vielleicht würde ihm die Struktur gefallen, seine Rolle und sein Spiel in einer »die Welt«-Beziehung zu kennen. »Ich kann meine Erfahrungen nicht leugnen«, sagte er. »Ich kann nicht leugnen, wie ich mich innerlich dabei fühle, daß ich Angst habe, sie könnten herausfinden, daß ich mich schäme, weil ich nicht ›normal‹ bin«. Er sah mich hilflos an und fragte dann: »Aber was gibt es für Alternativen?« »Du könntest eine platonische Beziehung zu einem Menschen haben, der dir mehr bedeutet als ein Freund«, sagte ich.

Darin lag absolut keine Andeutung, daß ich dieser Mensch sein könnte. Intimität hatte in meinem Leben keinen Platz. Sie hatte in »meiner Welt« keinen Platz gehabt, wo Nähe zu Menschen und Berührung gegen das Gesetz gewesen waren. In »der Welt«, wo sie von zu vielen widerlichen Echos ihrer grenzenlosen Verzerrungen verfolgt wurde, hatte sie für mich keinen Reiz.

Ich dachte an die Möglichkeit, daß Ian einen »die Welt«-Menschen finden würde, der ihn als ihn selbst verstehen würde, jemanden, der eine platonische, asexuelle Beziehung gerne akzeptieren würde. Ich wußte, wie er sich fühlen würde, wenn er sein Leben lang nur von außen verstanden werden würde, für immer fremdartig, der einzige Albatros weit und breit.

An der Straße gab es Kiesgruben, und die Strecke war kurvenreich. Ian freute sich, daß er in der Welt, mit deren Wiederentdeckung er gerade begonnen hatte, »einfach sein« konnte. Ich versuchte zu klären, wie ich die Gesetze »meiner Welt« brechen und die Möglichkeit in Erwägung ziehen könnte, mit jemandem eine intime und asexuelle Beziehung in einer »einfach sein«-Weise zu beginnen.

Wir hielten an und setzten uns in die Sonne. Ian untersuchte den Begriff Beziehung. Er würde zuerst eine Beziehung zu sich selbst finden müssen, dachte ich. Wenn er das nicht tat, war er unfähig zur Selbstliebe, und erst recht unfähig, aus freien Stükken, und weil er es wünschte, mit jemandem zusammen zu sein und nicht einfach aus Unsicherheit. »Wenn du die Wahl hättest, allein zu sein, und deiner eigenen Realität entsprechend zu leben, oder mit jemand anderem zusammen dagegen zu leben, wofür wurdest du dich dann entscheiden?« fragte ich. »Ich würde mich für das Alleinbleiben entscheiden«, antwortete er. Das war alles, was ich wissen mußte.

Wir gingen spazieren. Ich hielt ihm Bilder von seiner möglichen Zukunft vor Augen. Ich sah ihn als Marionette in den Händen eines Menschen, der seinen Figuren schöntun würde, und er selbst würde alle Erwartungen mit einem mechanischen, gut eingeübten Lächeln erfüllen: Alles Welt, kein Ich — alles Ich, keine Welt. Ian wußte das seit zehn Jahren und hatte die abgeschliffenen Kanten, um das zu beweisen. Daß ich ihn für unfähig erklärte, seine eigene Realität durchzusetzen, hatte ihm sichtlich einen Stich versetzt. »Wo bleibt Ian?« fragte er mit Tränen in den Augen. Er hatte also doch ein Ich, für das er sich einsetzte.

Wir gingen im Weizenfeld spazieren. In der Hitze und dem Sonnenschein konnte ich seine Anspannung wie meine eigene fühlen, aber ich konnte ihn nicht erreichen, solange er nicht lernte, sich selbst zu erreichen und für sich selbst zu kämpfen.

Sonst würde ich nur eine Schale erreichen, eine schauspielernde Fassade, die zwanghaft *meinen* Wünschen zuvorzukommen suchte.

Ian nahm einen Halbedelstein mit Vögeln darauf und ging zur Verkäuferin. »Was machst du da?« fragte ich. »Ich kaufe ihn«, sagte Ian. »Für wen?« fragte ich. »Für dich«, sagte er. Ich wollte ihn nicht. »Steine sind eher zum Entdecken als zum Besitzen da«, sagte ich (obwohl ich ein paar hatte). Geschenke, die von jemandem kommen, der kein Ich hat, haben nichts von dem Menschen, der sie schenkt. Da war zuviel »Ich will *dir* gefallen« in der Luft. Da war zuviel »Laß mich vor mir selbst fliehen, indem ich mich völlig auf dich konzentriere«. In dieser Atmosphäre konnte ich nichts annehmen. »Leg ihn zurück«, sagte ich, »ich will ihn nicht.« Ich fühlte mich schlecht, war mir aber sicher, wie ich mich fühlte und warum.

*W*ir beschlossen, einen Ausflug zu machen. Ian kam, um mich abzuholen. Auf gepackten Taschen sitzend hatte er mich am Abend vorher angerufen, um mir zu sagen, daß unsere geplante Tagestour bis zu vier Tagen dauern könnte, wenn ich wolle, weil er sich freigenommen hatte. Wir würden vier Tage zusammen wegfahren.

Wir hatten beide Angst vor dem Übernachtungsproblem, sagten aber nichts. Schließlicn wurden Betten erwähnt, und wir waren beide höchst erleichtert, als wir hörten, daß wir gleichermaßen entschieden auf Einzelbetten bestanden.

Ich war nervös. Was war, wenn er sich wie jeder andere Typ verhalten würde? Was war, wenn er mir auf den Leib rücken würde? Eins war sicher, es würden keine Figuren mitspielen, um mir leugnen zu helfen, daß ich wieder einmal zum Opfer gemacht worden war. Ich würde sofort den nächsten Zug nach Hause nehmen, egal wo, egal wie spät.

Wir fuhren in den Abend hinein. Das Grün und Gold der Felder huschte vorbei, der Sonnenuntergang spielte bunte visuelle Symphonien vor den Autofenstern, und die Sonne verkroch sich langsam hinter den Bergen. Die Symmetrie der Stromleitungen über uns schaffte einen visuellen Rhythmus. Wir fuhren und »waren einfach«.

Es wurde spät, und wir fuhren vor einem Travelodge vor, serienmäßig und aus Plastik. Mir ging es wirklich schlecht. Ich machte mir solche Gedanken darüber, daß wir im gleichen Zimmer übernachten würden. Aber ich wollte es auch. Früher oder später wollte ich wissen, ob ich mit Ian zusammen sicher war. Ich wollte wissen, ob er wirklich so war wie ich.

Im Eingang zum Travelodge standen zwei Leute und küßten sich ab. Mir drehte sich der Magen um. Schlechtes Omen, dachte ich, voller Echos. Ich sah Ian an. Er schien genauso nervös zu sein, und von Echos verfolgt zu werden wie ich. Er ist ein Kamerad und ein Gleicher, dachte ich. Ich werde es überleben.

Das Travelodge war voll. Hurra! dachte ich.

Wir fuhren weiter, bis wir zu einem Hotel kamen. Die hohen, schattigen Bäume, die Kieseinfahrt, ein riesiges altes Gebäude und ein Schild über der Tür sagten mir, daß dies der richtige Ort war.

Ich ging voraus. Laternen, Brücken, ein Bach und bunte Blumen. Ich war begeistert. Samt, Holz, geschnitzte Möbel und der Geruch von Alter und Gemütlichkeit nahmen mich gefangen.

Wir gingen die hölzerne Wendeltreppe hinauf, immer in die Runde, und sahen dabei zu der gläsernen Kuppel über uns auf. Wir betraten das Zimmer und besetzten jeder ein Bett. Wir hatten beide Angst vor dem Einschlafen. Wir zogen uns beide im Bad an und aus.

Ich stand früh auf und ging in den frostigen Morgen hinaus. Es war seltsam, sich hinauszuschleichen – ohne das Gefühl, daß ich vor Sex davonlief –, während ein Mann in meinem Zimmer schlief. Es war seltsam, draußen in der Kälte zu sein, ohne das Gefühl, daß ich bloß die nächste Schlafzimmervorstellung abwartete. Es war seltsam, eine gute Erinnerung an eine Übernachtung mit jemandem in einem Hotel zu haben, die nicht dadurch vergiftet war, daß das Hotelzimmer sich für ihn auf Kosten meiner Seele bezahlt gemacht hatte.

Das war so fremd. Es war traurig, daß es so war. Ich pflückte ein paar lila Blumen, die mir aufgefallen waren. Vor der Farbe Lila hatte ich mich immer gefürchtet. Ich nahm sie mit zurück ins Zimmer, um sie Ian zu zeigen.

Wir fuhren den ganzen Tag und kamen in der Nähe der walisisch-englischen Grenze an. Wir waren unterwegs zu einem Herrenhaus, in dem Ian, mit seinem »Familiengesicht«, mit seinem Vater gewohnt hatte. Ian wirkte weit fort, seine Augen starrten ins Nirgendwo, als wäre er in Trance gefallen.

Wir hielten an einem See. »Was fühlst du?« fragte ich. »Nichts«, sagte Ian, »ich fühle überhaupt nichts. Es fühlt sich merkwürdig an, aber vertraut. Sehe ich aus wie sonst?« »Nein«, sagte ich. »Ich fühle mich, als wenn ich gestorben wäre«, sagte er.

Plötzlich hatte Ian keine Gefühle mehr, um die er sich hätte sorgen müssen. Er hätte sich davor gefürchtet, so zu sein, aber er besaß nicht einmal mehr die Fähigkeit, sich zu fürchten. Er befand sich in einem Zustand völliger emotionaler Abschaltung. Er war dabei, die Leere des Großen Schwarzen Nichts zu betreten, und ich konnte oder wollte nichts tun, um ihm zu helfen. Er mußte selbst um sein Ich kämpfen.

Normalerweise war das der Zustand, der bei mir zu einem

Zusammenbruch und zu den Figuren führte. Ian hockte am Ufer des Sees, unfähig, herauszubekommen, was er wozu auch immer dachte oder fühlte. »Ich fühle nichts, ich denke nichts«, sagte er hilflos. Er brauchte etwas oder jemanden, auf das oder den er reagieren konnte, als Anlaß, um in eins seiner »Gesichter« zu verfallen. Bei mir gab es keine Erwartungen zu erfüllen. Ich hatte einfach keine Wünsche, die mit ihm zu tun hatten. Es gab nichts, was so gut zu erkennen gewesen wäre, daß er darauf hätte reagieren können. Ich gab ihm keins der Zeichen, die seine erlernten Verhaltensweisen auslösten. Ian saß da, gefangen in einem Schwebezustand, und ich war vorsichtig.

Ich hob einen Stein auf und zeichnete einen Kreis um ihn herum. Du bist unter Glas, sagte ich mir schweigend. Du bist in der Leere des Großen Schwarzen Nichts. Es ist eine Dunkelheit, die du nicht sehen kannst, eine Stille, die du nicht hören kannst. Es ist eine Kälte, die du nicht fühlen kannst und ein Totsein, um das du nicht trauern kannst, dachte ich für mich.

Ich nahm eine Handvoll Steine. »Die hier sind Licht«, sagte ich laut und warf sie einen nach dem anderen in seinen abgegrenzten Kreis hinein. »Du bist im Dunkeln«, sagte ich, »du brauchst soviel Licht, wie du nur kriegen kannst.« Ian konnte nicht einmal lächeln. Es war kein Lächeln von ihm zu bekommen. Es gab keine Gefühle anzuzapfen. Es gab fast kein Ich, von dem sie hätten kommen können. Das einzige, was an dem Ian-Raum festhielt, in dem er gewesen war, war das Fehlen jeglicher Fassade, die seinen Platz hätte einnehmen können. Ian war dabei zu gewinnen. Obwohl er tot war, hielt er noch an dem Raum fest, in den sein Ich gehörte.

Wie ein Automat fuhr Ian zu dem Herrenhaus, in dem wir übernachten wollten. Er wirkte merkwürdig. Seine Stimme und Körperhaltung und sein Gesichtsausdruck begannen, sich alle fünf Minuten zu verändern. Er war wie ein Fernsehgerät mit kaputtem Programmwähler. Ich hatte das Gefühl, mich in der

Gesellschaft einer Reihe von Fremden zu befinden, und selbst das war beängstigend vertraut.

Auf der Straße zu dem Herrenhaus kam ein Mann auf uns zu. Ian hielt den Wagen an und Wörter wurden gesprochen. Es war die Stimme eines Fremden, die ich von Ian kommen hörte. Seine Haltung und sein Gesichtsausdruck waren fremd. Ich hatte Andeutungen dieser Verwandlungen gesehen, aber ich hatte nie gesehen, daß Ian tatsächlich zu einem seiner »Gesichter« wurde. Der Mann ging fort.

Wir kamen am Herrenhaus an. Ich fühlte mich ängstlich und allein. Ian veränderte sich von Minute zu Minute. Wer immer er auch in diesem Moment gerade war, schlug vor, etwas essen zu gehen. Ich ging mit und sprach sehr wenig.

Das Essen wurde von einer exakten, ziemlich professionellen Version Ians bestellt, und wir setzten uns. Dieses »Gesicht« war in der Defensive, aber es war eine »Defensive«, die selbst Ian weder zugeben noch kontrollieren konnte. Es war, als würde ich mich selbst beobachten, wenn meine eigene Version der »Defensive« bedeutete, in Carol oder Willie zu verfallen.

Im Grunde hatte Ian keine »Defensive.« Die Figuren waren seine Verteidigung, so wie sie meine gewesen waren. Da er sich nicht selbst behaupten konnte, griffen sie einfach ein und übernahmen die Leitung, wenn die Dinge zuviel wurden.

Mit ihren verschiedenen Ansichten widersprachen seine »Gesichter« sich allerdings in der Unterhaltung, sie schienen das jedoch nicht zu bemerken. Ich hatte Angst. Ich wußte, daß Carol und Willie die Reviere des anderen, seine Interessen, Überzeugungen und »Freunde« zerstört, verneint und verworfen hatten, aber hatten sie das wirklich im Verlauf nur einer Stunde getan?

Als wäre jeder Moment vom nächsten losgelöst, in der Zeit erstarrt, erkannte Ian die Widersprüche in den Wechseln vom einen zum anderen nicht. Ich war nicht einmal richtig mit ihm zusammen. Sein Kampf mit sich selbst fand nur vor einem physischen Gebilde statt, von dem ein Teil seines Gehirns wußte, daß es zu dem Wort »Donna« gehörte. Er kannte mich jetzt nur als Rolle.

Es gab noch einen Grund, warum ich nicht bei Ian war. Ich hatte Angst. Ich hatte Angst davor, wie seine Auflösung meine eigene widerspiegelte. Ich hatte Angst davor, sie endlich so deutlich von außen zu sehen. Ich konnte endlich sehen, warum meine plötzlichen Wechsel, Veränderungen und Widersprüche anderen manchmal Angst eingejagt hatten. Ich hatte Angst, weil ich nicht nur mit einem Fremden zusammen saß, sondern mit einer ganzen Reihe, und jeder von ihnen nahm mich auf andere Weise psychisch und emotional in die Mangel, so wie Ian es nicht getan hätte.

Ich suchte in Ians Gestalt nach dem leisesten Hinweis auf den Menschen, der dort vergraben war. Es gab keinen. Eine lächelnde Figur strahlte mich an, plötzlich voller Selbstgefälligkeit. »Ian spürt nichts!« zwitscherte die Figur vergnügt. Mir wurde eiskalt. Es war, als wäre ich in einen Horrorfilm hineingeraten; Ian war wie eine Bauchrednerpuppe, die von einem Phantom-Puppenspieler gelenkt wurde. Sie nahm ein anderes »Gesicht« an, ernst und streng, das gleiche, welches das Essen bestellt hatte. Der Tonfall wechselte zum Sozialarbeiter-Stil. Ich fühlte mich unerträglich herablassend behandelt.

Ian konnte mich nicht »sehen«. Ich war nur eine Gestalt, die vor ihm saß und ihm entfernt bekannt vorkam, ohne daß er wußte, warum. Ich war so anonym wie eine Zuschauerin, vor der seine Figuren spielten.

Dann kam ein neuer Wechsel, eine Vorstellung, die tiefsinnig, emotional und fürsorglich war. Ich sprang fast von meinem Stuhl auf, bei dieser abrupten Veränderung. Die Worte entschuldigend. Die Augen forschten tief in meinen, während er über den Tisch griff wie ein Priester, der die Angehörigen eines Verstorbenen tröstet. Man konnte sich schon die Geigenklänge vorstellen, während er sich in eine sanfte Enttäuschungsszene stürzte. Ian konnte mich nicht sehen. Er schlief. Mir blieb nichts anderes übrig, als die Widersprüche aufzuzeigen und abzuwarten.

Ich fragte das »Gesicht« vor mir, wie er etwas sagen konnte, wenn er vor fünf Minuten etwas gesagt hatte, das dem widersprach. Die Figuren wechselten schneller, und jede sprudelte einen anderen Standpunkt heraus oder wechselte das Thema. Entschuldigungen sprudelten hervor, Leugnungen sprudelten hervor, der Krieg der psychologischen Distanzierung lief auf vollen Touren. Die Bemerkungen schmerzten, aber ich machte weiter. Ich verliere dich nicht an den gleichen Krieg, den ich gerade hinter mir habe, dachte ich. Du bist irgendwo da drin.

Dann kam Ian zurück und brach keuchend und tränenüberstromt auf dem Tisch zusammen. Er war erschöpft und desorientiert. Er wußte nicht richtig, wo er war, was geschehen war, was er gesagt hatte, wie er es anfangen sollte, hier herauszukommen, ja nicht einmal, wie man sprach. Ich hatte das an mir selbst erlebt. Ich griff ein.

Ich bezahlte schnell. Ich nahm Ians Sachen vom Tisch und stopfte sie in seine Taschen. Er hatte Angst. Ich ermutigte ihn, aufzustehen. »Komm, laß uns hier rausgehen«, sagte ich. Ian brachte kein Wort heraus. Wir gingen in der Dunkelheit eine lange, steinige Landstraße entlang. Die Hecken umgaben uns unter einem tiefen, violetten Himmel, während wir im dunstigen Regen nirgendwohin gingen. Ian weinte unkontrollierbar. Plötzlich blieb er stehen und kauerte sich mitten auf die Straße, die langen Arme um die Knie geschlungen. »Es tut weh«, sagte er, »es tut so weh.« — »Das sind Gefühle«, sagte ich, und nach einer Pause: »Sie können dich nicht verletzen.« »Ich würde alles tun, um das hier loszuwerden«, sagte Ian. Er zitterte heftig und unkontrollierbar, das Bild eines Junkies im Entzug. »Möchtest du dich wieder tot fühlen, wie vorhin?« fragte ich. »Nein!« sagte Ian und weinte wieder unkontrollierbar. »Es tut weh, ein Ich zu haben«, sagte ich. Ich streckte die Hand aus und schaukelte ihn sanft, während er dort hockte, ein zusammengekauerter Riese mitten auf der Straße.

Ian stand auf und ging weiter. »Ich bin so froh, daß du hier bist«, sagte er. »Ich bin so froh, daß du wieder da bist«, antwortete ich. »Ich wünschte, ich könnte dich umarmen«, sagte Ian in ersticktem Flüsterton vor sich hin. Ich war nicht sicher, ob ich richtig gehört hatte. »Was hast du gesagt?« fragte ich. »Ich wünschte, ich könnte dich umarmen«, wiederholte Ian leise vor sich hin, die Augen starr geradeaus gerichtet. »Ich würde das gern tun«, sagte ich. Wir stellten uns sacht voreinander, die Gesichter voneinander abgewandt auf der Schulter des anderen ruhend. Unsere Arme hielten die Unterarme des anderen leicht an den Ärmeln fest, während wir zusammen weinten, froh, »einfach zu sein«.

Wir gingen zum Auto zurück. Ich kümmerte mich um Ian, indem ich Dinge bezeichnete, die er kannte, und ihm so half, sich wieder zu orientieren, so wie ich gelernt hatte, es für mich selbst zu tun, wenn ich aus einem derartigen Schlafzustand erwachte.

Wir holten uns Hüte aus dem Auto und gingen in den dunstigen Regen hinein. Da war ein Platz aus weißem Kies, der im Regen und im Licht einer hohen, alten Laterne funkelte und glitzerte. Ich mußte ihn hören. Ich mußte meine Schritte hören. Im Licht sah der Dunst aus wie die Sterne um mich herum, als ich klein war. Es war zauberhaft. Ian und ich gingen hinein und standen unter dem Licht, zwischen Regenbogen und Sternen, umschlossen und sicher.

Wir kamen in einer Stadt voller heller, bunter Lichter an. Ich fühlte mich als Teil der Regenbogen, die auf einer glänzenden, schwarzen, schimmernden Oberfläche tanzten. Ich verlor mich darin, Teil heller, roter, verschnörkelter Muster zu werden. Ich

»verschwand« in ein verlockendes blaues Quadrat hoch über uns hinein, hinter schwarzen, spiralenförmigen Mustern, die sich immer weiterdrehten.

Meine Sinne schalteten auf höchste Alarmstufe. Ich war in Bedeutungsblindheit hineingestürzt, und meine visuelle Übersensibilität war absolut himmelhoch, ohne jede Deutung, aber ich war von der Schönheit so hypnotisiert gewesen, daß ich nicht gespürt hatte, wie es angefangen hatte.

Ian hatte Angst um mich, obwohl Angst kein Begriff mehr für mich war. Ich spiegelte seinen Gesichtsausdruck. Er schien mir sinnlos und bedeutete nichts.

Ich war wie ein Mensch im Drogenrausch, betrachtete dieses unverständliche Paradies um mich herum, eilte von einem Himmel zum nächsten. Ich sah Ian an. Er war eine Gestalt ohne Bedeutung, aber doch noch vertraut.

Ich bekam Angst. Ich versuchte, die Dinge um mich herum zu bezeichnen. Ich konnte es nicht. Die Formen und Muster und Farben konnten nicht gedeutet werden. Ich bekam noch mehr Angst. Würde dieser Mensch neben mir verstehen? War ich sicher? Sollte ich weglaufen? Gedanken trieben vorüber, und ich konnte nichts damit anfangen.

Dunkelheit. Ich bog in eine lange Strecke Dunkelheit ein, fort von den Farben. Ich war zu hoch geflogen. Jede Höhe hatte die vorhergehende übertroffen, bis ich beinahe geflogen war.

Ich schlug auf die harte Fläche unter meiner Hand. *Platsch*, sagte die Fläche. »Ziegelsteine«, gab ich zurück. Ich schlug auf eine andere Fläche und befahl meinem Verstand, die Deutung wiederzuholen. *Wumm*, sagte die Fläche. »Holz«, gab ich zurück. »Ja, Holz«, sagte Ian. »Steine«, sagte ich, indem ich auf *klack-klack* Pflastersteinen herumstampfte. »Eine kleine Straße«, sagte ich, sah mich um und bekam endlich ein Bild davon, wo ich war. »Alles in Ordnung?« fragte Ian. »Ja«, sagte ich, »Haare.« »Ians Haare«, sagte Ian und hielt sie hoch. Ich roch sein Haar. »Ians Haare«, sagte ich lächelnd. Sie waren so vertraut.

Wir gingen zurück. Das blaue Quadrat hoch oben hinter dem schwarzen Muster war ein Zimmer mit blauem Neonlicht, das hinter einem filigranen, viktorianischen Balkongitter lag. Die roten, verschnörkelten Linien waren eine rote Leuchtreklame in einem Schaufenster. Der überwältigend schöne Regenbogen, der auf der glänzenden Schwärze schimmerte, war die Spiegelung der Lichter der Stadt im Wasser eines Flusses, an dem wir vorbeigekommen waren. Es war mir so peinlich. »Ich akzeptiere dich, wie du bist«, sagte Ian, »ich suche mir nicht einfach nur die besten Stückchen heraus.«

Es war spät. Wir hatten den Tag damit verbracht, auf Berge zu klettern, uns an den winzigen Details und explosiven Farben von Blumen, Gras, Steinen und Himmel zu begeistern, und die perzeptorischen Veränderungen zu erforschen, die durch eine ständige Verschiebung von Hintergrund und Vordergrund entstehen. Zum Übernachten fuhren wir in ein Hotel. Es gab Kronleuchter und den Geruch und das Gefühl von Holz. Schnickschnack aus Messing schimmerte, und einfach überall hingen Spiegel.

Wir betraten das Zimmer. Ich war so aufgeregt – ein eigener Kronleuchter über meinem Bett. Ich sprang aufs Bett, drehte den Kronleuchter, fuhr mit den Fingern über die Kristalle, so daß sie klackerten, und verlor mich in den Farben. Ich war im Himmel.

Ich rannte ins Badezimmer. Ich war hingerissen. Da, von Wand zu Wand, hingen Spiegel jeder Art. Ich kam mir vor wie im Paradies. Ich würde niemanden brauchen. Ich fühlte mich wohl mit »mir im Spiegel«, wo ich auch hinsah. Ich sah Ian an, überzeugt, daß er sich für mich freuen würde, weil ich so glücklich war und mich so wohl fühlte. Auf seinem Gesicht lag ein besorgter Ausdruck.

»Ich schlafe hier drinnen!« verkündete ich, während ich von

einem Spiegel zum nächsten schwirrte. »Donna, das ist nur eine Spiegelung«, sagte Ian, während ich ihn aus den Augen verlor, zusammen mit allem anderen, was »wichtig« war.

Ian war auf der anderen Seite meiner gläsernen Mauer. Ich strahlte über das ganze Gesicht und nahm ihn gar nicht wahr, als ich mich vor die »ich, in den Spiegeln« auf allen Seiten setzte. Ian betrat den Raum wie ein Eindringling. Ich wollte nicht, daß er mich mit »mir« sah. Er hatte keinen Platz hier drin. Ich wandte mich ab.

Ian kam und setzte sich neben mich. Ich drehte mich zum Spiegel und spielte Spiegelhände mit meiner Kameradin im Spiegel. »Es ist eine Spiegelung«, sagte Ian. »Ich weiß«, sagte ich und wehrte sein Eindringen bissig achselzuckend ab. »Du bist da nicht drin«, sagte er.

Er machte mir angst. Ich sah ihn wütend an. »Doch«, fuhr ich ihn an. »Guck mal, du bist auch da drin«, sagte ich in der Hoffnung, er würde es in seiner ganzen Schönheit sehen und sich davon ebenso süchtig machen und fesseln lassen, wie ich. »Ich bin nicht im Spiegel«, sagte Ian und sah besorgt aus, »ich bin hier. Ich bin wirklich. Das ist nicht wirklich. Ein Spiegelbild kann man nicht anfassen.«

»Doch, kann man wohl«, sagte ich heftig, während Angst in meiner Stimme aufstieg. »Guck mal«, sagte ich und legte meine Hände auf die von »mir im Spiegel«. »Hier«, sagte Ian, »das ist wirklich«, und er streckte mir seine Hände wie Spiegelhände entgegen, um zu zeigen, daß wir in der »wirklichen Welt« waren.

Ich nahm meine Hände langsam vom Spiegel fort, sah von »mir im Spiegel« zu »ihm im Spiegel« zu meinen Händen auf seiner Seite, zu seinen Händen auf dieser Seite. Ich streckte die Hände aus und spielte Spiegelhände mit Ian, in der »wirklichen Welt«, meine Hände sanft gegen seine gelegt. Ian weinte.

»Sie guckt zu«, sagte ich. »Ich kann das nicht ertragen. Sie guckt zu.« »Sie kann nicht zugucken«, sagte Ian. »Da ist keine Sie. Es ist nur ein Bild. Sie ist nicht echt. Sie ist ein Trick. Sie wird durch Licht verursacht, das von dir auf das Glas fällt und von der Silberschicht hinten auf dem Glas wieder in deine Augen reflektiert wird, so daß du ein Bild siehst.« »Aber ich kann sie spüren«, sagte ich. »Nein«, sagte Ian, »du spürst Glas, und weiter nichts.«

»Was ist Spiegelung?« fragte Ian, um zu überprüfen, ob ich ihn verstanden hatte. »Licht und Glas und Silber hinten auf dem Glas, und das ergibt ein Bild in meinen Augen«, sagte ich, es durcheinanderwerfend. Er wiederholte es einfach, Schritt für Schritt, eine Lektion zum Auswendiglernen. Aber das theoretische Wissen veränderte nicht unbedingt die subjektive Erfahrung. Ich wiederholte, was er gesagt hatte, und bemühte mich, es mit der emotionalen und visuellen Erfahrung der Berührung mit dem anderen Ich im Spiegel zu vereinbaren.

Wut überkam mich. Ich war wütend, weil die Spiegelwelt meine letzte Fluchtburg war. Sie war meine beruhigende Versicherung, daß ich Beziehungen zu Menschen herstellen konnte, weil sie, wie bei den Figuren, immer Dritte bleiben würden. Undurchdringlichkeit ist die absolute Sicherheit.

Ich war wütend auf den Spiegel. »Eine Scheiß-Glasscheibe mit Silber hinten drauf«, sagte ich und wollte dagegenschlagen und ihn anspucken. Eine so zerbrechliche Sicherheit zersprang genauso leicht wie der Spiegel selbst. Meine stabilen Stahlwände wurden so zerbrechlich und spröde wie Glas. »Ich möchte hier raus«, sagte ich, während das Gefühl, in der Falle zu sein, mich zu würgen begann, und der Verstopfter-Ausguß-Effekt sich bemerkbar machte, zusammen mit den Echos der Jahre und Jahre, die ich in einer Dämmerzone zugebracht hatte.

Ian und ich gingen in ein anderes Zimmer. Ich kämpfte innerlich. »Ich möchte etwas tun«, sagte Ian. Eilig ging er ins Bad und verhängte einige Spiegel.

Wir sprachen über meine Spiegelbild-Obsession. Ich sprach darüber, wie ich alle Intimität, die ich brauchte, bekommen hatte, indem ich mich im Blick meines eigenen Spiegelbildes verloren hatte. Ich sprach darüber, wie ich zusammen mit meinem Spiegelbild aß, so daß im Vergleich dazu das Essen mit jemand anderem unangenehm oder zumindest nur die zweitbeste Lösung war.

Ich sprach darüber, daß ich Gesellschaft weder brauchte noch wollte, weil ich das Gefühl hatte, daß ich meinen Teil an Gesellschaft dadurch bekam, daß ich tagsüber mit meinem Spiegelbild zusammen war. Mir wurde klar, daß der Spiegel zwar zu Anfang eine ausgezeichnete Strategie gewesen war, um die Verschlossenheit zu durchbrechen, um zu lernen, wie man mit anderen zusammen war, um gegen die Isolation anzukämpfen, um Sprache aufzubauen, und ein Bewußtsein für den Körper zu bekommen, daß ich aber nach seiner Sicherheit süchtig geworden war. Ich hatte es zu weit getrieben. Ich würde andauernde Nähe, Berührung, inneres Körpergewahrsein und wirkliches Mich-Mitteilen erst lernen, wenn ich die Sucht aufgab. Den größten Teil der Nacht saß ich wach und rang mit mir.

Wir fuhren weiter nach Wales und kamen spät abends in einer kleinen Stadt an. Beim Aufwachen begrüßten uns Meeresrauschen und der Anblick einer langen, hölzernen Brücke, die sich im Grau verlor. Ian und ich gingen über die Brücke, gefangen von den Gerüchen und Klängen und Farben und Konsistenzen. Wir beobachteten, wie der treibende Sand auf uns zujagte. Wir hörten das Heulen des Windes in den Ohren. Eine Möwe schwebte über uns. »Guuuck«, kreischte sie. Ian und ich lächelten uns an. »Sie zeigt uns, wie leicht Fliegen ist«, sagte ich.

Wir gingen an den Strand hinunter – *knirsch-knirsch* unsere Füße auf Muschelschalen. Die blaugrünen Meereswellen rollten rhythmisch herein und hinaus. »Wie könnte ich so sein wie du?« fragte Ian laut, mehr an den Wind als an mich gewandt. Ich antwortete nicht. »Also, ich bin autistisch«, verkündete er sich selbst laut. Ich sagte nichts.

Wir waren auf dem Heimweg. Ian machte sich Sorgen, daß er sich wieder in Figuren aufspalten könnte. Ich hatte Angst vor den Spiegeln bei mir zu Hause.

Ich beschloß, alle meine Spiegel zu überstreichen. Auf den, vor dem ich immer gesessen und gegessen hatte, malte ich eine Landschaft. Den anderen umging ich, und wenn ich merkte, daß ich hineinstarrte und mich darin verlor, sagte ich mir auf, was Ian mir erklärt hatte. »Es ist eine Spiegelung. Sie wird durch Licht verursacht, das von dir auf das Glas fällt und von der Silberschicht hinten auf dem Glas wieder in deine Augen reflektiert wird, so daß du ein Bild siehst.«

Es war schwer, logisch zu bleiben, wenn die eigene Wahrnehmung einem sagte, daß dort im Spiegel eine andere, sich bewegende Version von einem selbst war. Aber trotz der Illusion begann das Aufsagen der Logik zu wirken, und wenn auch nur, weil es mich in meinem Vorsatz bestärkte, die emotionale Sucht zu beenden. Das Aufsagen brach immer den Zwang. Nähe, Bewußtheit und Ich: Das waren die Waffen gegen die Sucht nach der Spiegelwelt, denn in der Spiegelwelt gab es keines davon.

Ich saß in einem Wohnzimmer und unterhielt mich mit einem Pianisten. Ein Film nach *Ich könnte verschwinden, wenn du mich berührst* war im Gespräch, und das Buch enthielt Gedichte und Texte von Liedern, die ich geschrieben hatte. Wir hatten uns bei ihm zu Hause getroffen, um an Musik zu arbeiten, die ich komponiert hatte und die im Film verwendet werden konnte. Der Pianist war von früher Kindheit an blind und hatte jetzt Glasaugen. Ich sprach mit ihm über Bedeutungsblindheit. Ich erzählte ihm, daß ich Gegenstände ohne Bedeutung sah. Er erzählte mir von der Tiefe der Bedeutung, wenn man nicht sah. Ich sprach mit ihm darüber, daß ich nicht immer wußte, wo mein Körper sich im Raum befand, wenn ich es nicht überprüfte, indem ich mein Spiegelbild suchte, mich beklopfte oder die Reaktionen von anderen beobachtete. Seine Erfahrungen waren genau entgegengesetzt. Da er nicht sehen konnte, waren sein äußeres Körpergefühl und das Gefühl für das Ich im Raum nicht einfach, aber sein inneres Körpergefühl war etwas Beständiges, dessen er sich sehr sicher war.

Ich sprach davon, daß ich meinen eigenen Worten gegenüber taub war, daß ich meine Stimme im Echo am Ende jedes Worts hörte, das meinen Mund verließ, und daß meinem Verstand dabei oft nicht klar war, daß ich etwas Vernünftiges sagte. Ich sprach davon, wie gern ich Glöckchen trug, weil ich dann immer hören konnte, wo ich war. Ich sprach davon, daß ich mit dem Menschen, mit dem ich zusammen war, verschmolz. Ich sprach davon, wie lange ich gebraucht hatte, um ein Bewußtsein von meinem eigenen Ich, meiner Identität und meiner Persönlichkeit zu entwickeln, weil die Verwandlung in andere einerseits meine Methode war, sie zu erleben, und andererseits das Verschwinden meiner eigentlichen Persönlichkeit bedeutete.

Ich erzählte ihm von den Verwandlungen in mich und andere, die mir das Gefühl gaben, kaum mehr als ein Paar körperlose Augen und Ohren zu sein. Ich begann, eine Art inneres Körpergefühl zu verstehen, das andauert, wenn funktionales Sehen, Hören und Berühren nicht mehr existieren.

Man kann ein ganzes Leben durch das definieren, was man tut. Man kann ein ganzes Leben auch durch eine Reihe von Dingen definieren, die man anstößt oder die einem zustoßen. Ich definiere ein Leben durch meine innere Erfahrung der Dinge, die ich anstoße oder die mir zustoßen. Mein Verständnis für direktes, Kontext gebundenes, in Gesellschaft anderer stattfindendes, inneres Erleben des ganzen Lebens würde wahrscheinlich immer vorübergehend sein, aber meine Emotionen und meine Gedanken und die Verbindungen zwischen den beiden würden einen durchgehenden Faden bilden, der alles zusammenhielt. Meine Begabungen und die Kenntnisse, die ich angehäuft hatte, würden in einer Leere von ständig schwankender innerer Bedeutungsstille und innerer Bedeutungsdunkelheit immer mein Spielzeug sein. Meine Fähigkeiten und mein Wissen würden die Brücken sein, über die ich Verbindungen schaffen könnte und die mir helfen würden, trotz einer versteckten Behinderung ein erfülltes Leben zu leben.

Daß ich ein äußeres Körpergefühl hatte, erlebte ich, indem ich sah und hörte, wo mein Körper sich befand. Mein inneres Körpergefühl war, wie alles andere, meistens mono.

Wenn ich mein Bein berührte, spürte ich das entweder an meiner Hand oder an meinem Bein, aber nicht an beiden gleichzeitig. Ich nahm den ganzen Körper in Stücken wahr. Ich war ein Arm oder ein Bein oder eine Nase. Manchmal war ein Teil sehr deutlich da, doch der Teil, mit dem er verbunden war, fühlte sich so hölzern an wie ein Tischbein und genauso leblos. Der einzige Unterschied bestand in Konsistenz und Temperatur.

Das war einer der Hauptgründe, weswegen ich mich nicht

zum Vergnügen berührte und wenig Interesse daran hatte, unerwartet, leidenschaftlich oder ganz berührt zu werden. Mir lag einfach nichts daran. Es führte nur dazu, daß ich immer wieder mit meiner eigenen Leblosigkeit und dem bruchstückhaften physischen Ich konfrontiert wurde und mit dem beschämenden Gefühl der Unzulänglichkeit, das damit einhergeht.

Ich hatte an der Funktion von Berührung gearbeitet, bis ich sie als Funktion und als Thema akzeptieren konnte. Übrig blieben die Erfahrung von Berührung und das »Verlangen« danach.

Ich hatte daran gearbeitet, die Hypersensibilität meiner Hände, des Rückens und des Nackens abzubauen (mit vorübergehendem Erfolg, denn während der Totalabschaltung waren sie alle tot, auch wenn sie während der Überlastung irritierend empfindsam sein konnten). Ich arbeitete daran, innere Sensibilität in meinen Beinen und Armen und in Gesicht und Rumpf, zu denen ich oft keine Verbindung spürte, zu erlangen. Ich bürstete meinen Körper ab, trotz Tränen, trotz Leblosigkeit und trotz der traurigen Erkenntnis, daß er zu mir gehörte, auch wenn ich das Gefühl hatte, daß er das nicht tat.

Langsam war ich soweit gekommen, daß ich Temperatur besser spüren konnte, als früher. Ich zog jetzt manchmal die Hand unter heißem Wasser zurück, und ich hatte eine stechende Empfindung, die man »sich verbrennen« nannte, wenn ich kochendes Wasser auf mir verschüttete. Ich konnte es ertragen, mich zu umarmen, und hatte angefangen, den ersten Schritt zu einfachen Berührungen mit bestimmten besonderen Menschen zu machen. Ich bekam ein besseres Gespür dafür, wann ich zur Toilette mußte, und konnte jetzt gehen, wenn es dringend war, nicht erst, wenn ich platzte.

Mit Ian erreichten meine Emotionen fünf auf einer Skala von eins bis fünf. Wir hatten beide Angst, wußten aber auch beide, daß wir miteinander sicher waren, trotz der inneren Kämpfe und Zwänge, wegzulaufen, die aus der Furcht entstanden, angesichts großer Emotionen die Selbstbeherrschung zu verlieren.

»Etwas ganz Schlimmes passiert gerade«, sagte ich zu Ian, »ich habe ein Gefühl, das ich nicht verstehe. Ich möchte spazierengehen.« Ian ging und holte seinen Mantel. »Hast du was Falsches gegessen? Bist du aufgeregt? Mußt du etwas essen?« fragte er. »Ich weiß nicht, was es ist. Ich hab dieses Gefühl noch nie gehabt. Es macht mir angst«, antwortete ich.

Es war überwältigend. Mein Gehörsinn wurde sehr sensibel. Meine Hand wurde irgendwo auf mein Bein gelegt. Plötzlich spürte ich inneres Gefühl in meiner Hand und in meinem Bein gleichzeitig. »Ich kann mein Bein fühlen!« rief ich voller Angst. »Ich kann meine Hand *und* mein Bein fühlen!« Ich hatte Angst und zitterte. Ian lächelte. Seine Augen füllten sich mit Tränen. Er war »glücklich-traurig«.

Ich legte meine Hand auf meinen Arm und flüsterte angstvoll: »Ich habe einen Arm.« Ich spürte ihn nicht von außen an meiner Hand, wie sonst, sondern von innen. Mein Arm hatte es von innen gespürt. »Arm« war mehr als eine Konsistenz; es war eine innere Empfindung.

Es war fremd, und die Fremdheit machte angst. Ich fühlte mich wie ein fremdartiges Wesen, das plötzlich zum Menschen wird. Ich war eine Fremde in dem Vehikel, das mich immer befördert hatte, das mir aber erst jetzt sagte, daß es hier war, daß es wirklich war, daß es mir gehörte, und daß es Teil von mir war.

Ich befühlte meine Hand, dann meinen Unterarm, dann meinen Oberarm. »Macht das angst?« fragte ich Ian. »Nein, das macht keine angst«, versicherte er mir sanft. Meine Hand bewegte sich zu meinem Körper und zog eine Linie zu meinem

Bein hinunter und an dem Bein entlang zum Fuß. Ich weinte hemmungslos. Ich hatte mich noch nie so vollständig lebendig gefühlt. Widerwille und Wut traten mir jetzt als Angst gegenüber, und Angst stand Rücken an Rücken mit Freude, die feiern wollte.

Meine Hände hoben sich zu meinem Gesicht. Mein Gesicht war da, von innen her. Mein Körper war mehr als nur eine Reihe von Konsistenzen, die meine Hände kannten, ein Bild, das meine Augen kannten, eine Reihe von Geräuschen, die meine Ohren kannten und ein Muster von Bewegungen. Ich schrie in verzweifeltem Flüstern: »O Gott, ich habe einen Körper.«

Ian umarmte sich selbst, er lächelte durch seine stillen Tränen am anderen Ende des Zimmers. »Bin ich sicher?« fragte ich. »Ja, du bist sicher«, sagte Ian. »Ich habe Angst zu gehen«, sagte ich zu ihm. »Ich möchte mich nicht bewegen, weil sich alles ändern könnte.« Ich hörte innerlich das Echo von Olivers Worten: »Ich habe heute meine Beine verloren.« Ich bekam meine gerade zurück. Ich bewegte ein Bein und spürte sein Gewicht. Ich stellte mich darauf. Mein Gleichgewicht war schwankend. Ich war vollkommen überwältigt.

Ich ging über den Fußboden wie jemand, der neue Beine ausprobiert. Ich spürte die Entfernung zwischen meinen Schultern und meinen Füßen. Ich wußte, wie groß ich war, umfaßt vom Raum meines eigenen, ganzen Körpers.

»Mein Gott, ich bin so klein!« quietschte ich in überraschtem Flüstern. »Ich bin überhaupt nicht groß!« Ich hatte immer den Eindruck gehabt, ich wäre so groß wie wer immer auch gerade mit mir zusammen war, und da ich ein Meter fünfundfünfzig bin, waren die meisten in Wirklichkeit größer als ich. Wenn ich mit kleinen Menschen zusammen war, nahm ich an, daß ich klein sein müsse. Wenn ich mit großen Menschen zusammen war, nahm ich an, daß ich groß sein müsse. Da ich kein inneres Körpergefühl gehabt hatte, waren sie meine Spiegel gewesen, meine äußeren »Landkarten«.

Es war eine Sache, theoretisch eine Vorstellung von der eigenen Körpergröße zu haben, doch etwas anderes war es, sie als subjektive Erfahrung zu spüren. Ich hatte meine Größe und meine Maße immer gewußt, und theoretisch hatte ich auch gewußt, daß man das üblicherweise als klein und mager definierte, aber ich hatte nur den visuellen Vergleich gehabt, um das zu überprüfen. Magersüchtige fühlen sich oft dick. Sie haben ein gestörtes Körpergefühl. Über das hinausgehend, was ich mit den Augen und in meinem Spiegelbild sah, hatte ich überhaupt kein Körpergefühl. Bis jetzt hatten andere Menschen mir das verschafft, wenn kein Spiegel in der Nähe war.

Ich war so glücklich. »Du weißt gar nicht, was das für ein schönes Gefühl ist«, sagte ich zu Ian. Es war die größte greifbare Sicherheit, daß ich mir selbst gehörte, die ich je gekannt hatte. »Ist es das, was andere Leute spüren?« fragte ich. Ian hatte, wie Oliver, manchmal seine Beine »verloren« und hatte Schwierigkeiten mit dem Verhältnis von Ich und anderen, aber im ganzen war sein inneres Körpergefühl viel intakter als meins. »Ja«, sagte Ian, »das ist es, was andere Menschen spüren.« »Es ist so schön«, sagte ich.

Ich hatte mich gefragt, wozu ich einen Körper brauchte. Jetzt wußte ich es. Es gab kein schöneres Gefühl als die Geborgenheit in sich selbst. Das war die erste Geborgenheit, die ein Baby kennenlernte, lange bevor es seine Mutter kennenlernte. Das war die erste Geborgenheit im Leben, die mir gefehlt hatte. Die Verbindung mit meinem Körper war die fehlende Brücke über die unpassierbare Schlucht, die zwischen mir und meinem Kontakt zu Gefühlen gelegen hatte.

»Geht es wieder weg?« fragte ich Ian. »Und wenn«, sagte Ian, »dann kommt es wieder, wie alles andere.«

Wie lange kennen wir uns jetzt?« fragte ich. »Fünf Monate«, sagte Ian, der mir gegenüber auf dem Fußboden saß und chinesisches Essen aß. »Hast du meine Bekanntschaft schon satt?« fragte ich zwischen zwei Mundvoll Nudeln. »Nein«, antwortete Ian, »bin ich schon langweilig?« »Nein«, antwortete ich.

In fünf Monaten hatten unsere Faxgeräte sich gut kennengelernt, und wir hatten uns besser kennengelernt.

Es war drei Jahre her, daß ich *Ich könnte verschwinden, wenn du mich berührst* geschrieben hatte, und Ian hatte das Gefühl, er hätte sechshundert Jahre gelebt, seit er mich kennengelernt und sich ausgegraben hatte. Er und ich waren jetzt fähig, in der Gesellschaft des anderen wir selbst zu sein, in einer fortwährenden »Besonderung«, einem Ort der Zugehörigkeit.

Ian,

Hi. Ich war so froh, daß Du angerufen hast, um einfach nur Hi zu sagen. Aber ich konnte es nicht richtig zeigen. Es war ein Kampf, es zu zeigen. Manchmal wünsche ich, Du könntest hier sein oder ich dort, so daß wir uns helfen könnten, uns gegenseitig von dem inneren Monster fernzuhalten, das uns zu dem macht, was wir nicht sind.

Ich bin Dir nah. Ich fühle mich bei Dir sicher. Du bist der Mensch, bei dem ich eine »Zugehörigkeit« spüre. Du bist der Mensch, mit dem ich eine »Besonderung« habe.

Je sicherer und glücklicher ich mich fühle, desto mehr werde ich weglaufen und fliehen wollen. Ist Dir das klar? Bedeute ich Dir soviel, hast Du soviel Geduld und soviel Verständnis, um meinen Kampf gegen diesen dummen Zwang zu unterstützen? Wenn nicht, ist das okay. Aber es wäre einfach zu schlimm, wenn Du es nicht verstehen würdest.

Heute bin ich weggelaufen. Ich wollte nur die Hand ausstrecken. Könntest du mich fragen: »Was möchte Donna?« Dann könnte ich frei sein. Ich könnte Dir sagen, was ich möchte, selbst wenn meine Handlungen das Gegenteil täten. Ich könnte Dir sagen, daß ich die Hand ausstrecken wollte, aber daß meine Handlungen mich nicht ließen ... daß mein Gehirn nicht zuließ, daß ich meine Handlungen beherrschte.

Wenn der Autismus auf diese Weise gewinnt (oder wenn Du die Reaktion des Autismus fälschlicherweise für eine meiner eigenen, echten hältst), fühle ich mich so in mir gefangen, daß ich es mit der ganzen Welt aufgeben möchte. Ich habe Angst, daß Du mich nicht getrennt von meinem Autismus sehen könntest. Das würde bedeuten, daß ich allein wäre ... Du hättest mich verlassen und diesem inneren Monster preisgegeben.

Es ist schwer für Dich ... manchmal raubt das Monster Dir Deine Freundin. Manchmal versteckt es Deine Freundin vor Dir. Manchmal hänge ich an einer Felswand und Du hältst meine Hand, und das Monster macht es Dir zu schwer, mich festzuhalten. Ich weiß nicht, ob du die Kraft hast, mir kämpfen zu helfen, solange ich kämpfen muß. Ich glaube wohl, weil Du, wenn du um mich kämpfst, auch das Monster in Dir bekämpfst und ihm die gleichen Dinge beweist. Du würdest auch Verständnis brauchen. Das hast Du. Dessen bin ich sicher. Aber dieses Monster rennt manchmal schneller als wir. Es ist manchmal größer als wir. Deswegen überredet es mich manchmal, daß ich lieber aufgeben sollte und daß mir niemand helfen kann.

Wenn ich dazu getrieben werde, es mit Menschen aufzugeben, ist das nicht das, was ich will. Ich wäre damit nicht glücklich. Ich würde bloß nicht mehr so hart kämpfen müssen. Aber es ist den Kampf wert. Ich habe so großes Glück mit Dir erlebt, daß ich weiß, daß es ihn wert ist ... aber die Müdigkeit ... manchmal erschöpft es mich .... .

es ist manchmal so schwer, mit einem riesigen, überwältigenden, unsichtbaren Monster zu kämpfen, ihm wegzulaufen und es zu überlisten.

Ich bereue es nicht. Ich konnte nichts dafür, wie es gelaufen ist. Du bereust es nicht. Du konntest auch nichts dafür. Es wird vielleicht immer schwer für uns sein, aber nie mehr auf die gleiche Art, wie es das mit anderen Menschen war. Ich werde nicht vor Dir weglaufen, Dich nicht verlassen und nicht austauschen, weil ich um mich kämpfe. Dies Leben gehört nicht dem Autismus, es gehört mir. Der Autismus steht genausowenig auf der Seite von »einfach sein« wie »die Welt«, aber ich stehe auf der Seite von »einfach sein«, und Du auch, und um dieses Recht werde ich kämpfen oder bei dem Versuch sterben.

Immer Deine Freundin ...

Donna

Der Autismus ist etwas, das ich nicht sehen kann. Er hält mich davon ab, meine eigenen Wörter zu finden und zu benutzen, wenn ich es möchte. Oder er läßt mich all die Wörter benutzen und die albernen Dinge sagen, die ich nicht sagen will.

Der Autismus läßt mich alles gleichzeitig fühlen, ohne daß ich weiß, was ich fühle. Oder er schneidet mich davon ab, überhaupt etwas zu fühlen.

Der Autismus läßt mich die Wörter anderer Menschen hören, macht mich aber unfähig, zu wissen, was die Wörter bedeuten. Oder er läßt mich meine eigenen Wörter sprechen, ohne daß ich weiß, was ich sage oder auch nur denke.

Der Autismus schneidet mich von meinen Gedanken und meiner Neugier ab, und daher glaube ich, daß ich nichts denke oder mich für nichts interessiere. Oder er läßt meinen Verstand fast explodieren vor lauter Bedürfnis, aus mir herauszugehen und zu sagen, was ich denke oder zu zeigen, wofür ich mich interessiere ... aber nichts kommt heraus ... nicht einmal auf meinem Gesicht, in meinen Augen, oder aus meinen Worten.

Der Autismus schneidet mich von meinem Körper ab, und daher spüre ich nichts. Autismus kann mich auch so empfindsam machen für das, was ich spüre, daß es schmerzt.

Der Autismus gibt mir manchmal das Gefühl, daß ich überhaupt kein Ich habe, und ich bin dann so überwältigt von der Gegenwart anderer Menschen, daß ich mich selbst nicht finden kann. Der Autismus kann mir auch ein so totales Bewußtsein vom mir selbst geben, daß es ist, als würde die ganze Welt um mich herum belanglos werden und verschwinden.

Der Autismus ist wie eine Wippe. Wenn ich oben oder unten bin, kann ich kein ganzes Leben sehen. Wenn ich beim Wippen durch die Mitte komme, bekomme ich einen flüchtigen Eindruck von dem Leben, das ich führen würde, wenn ich nicht autistisch wäre.

Das Wichtigste, was ich gelernt habe, ist:
DER AUTISMUS IST NICHT ICH.

Der Autismus ist nur ein Informationsverarbeitungsproblem, das bestimmt, wer ich zu sein scheine. Der Autismus versucht, mich davon abzuhalten, frei zu sein, um ich selbst zu sein. Der Autismus versucht, mir das Leben, Freundschaft, Zuwendung, Austausch, das Zeigen von Interesse, den Gebrauch meiner Intelligenz, mein Betroffensein zu rauben ... er versucht, mich lebendig zu begraben.

Das Zweitwichtigste, was ich gelernt habe, ist:
ICH KANN DEN AUTISMUS BEKÄMPFEN ...
ICH WERDE IHN BEHERRSCHEN ...
ER WIRD NICHT MICH BEHERRSCHEN.

Kontaktadresse für weitere Informationen über sensorisch-perzeptorische Probleme:

Ann Wright
Irlen Centre for Perceptual and Learning Development
4 Park Farm Business Centre
Fornham St Genevieve
Bury St Edmunds
Suffolk IP28 5TS
ENGLAND

Anne Wilson Schaef

MEIN WEG ZUR HEILUNG

Ganzheitliche Lebenshilfe in der Praxis

418 Seiten, gebunden

Anne Wilson Schaef, durch erfolgreiche Bücher, vielbesuchte Workshops und Trainingskurse auch in Deutschland bekannte Therapeutin, hat mit *Mein Weg zur Heilung* ein sehr persönliches und zugleich radikales Buch geschrieben.

Sie erzählt zum ersten Mal ausführlich von ihrem persönlichen Weg zur Heilung: ihren Erfahrungen in der Ausbildung und Berufspraxis, ihrer Kritik an der herkömmlichen Psychotherapie und ihrer ganz eigenen Form der therapeutischen (Zusammen-)Arbeit in Gruppen. Sie setzt den alten Formen der Psychotherapie ihren neuen ganzheitlichen, teilnehmenden, offenen Ansatz entgegen, in welchem sie eine dem Wesen des Menschen entsprechende Form der Genesung sieht.

Peter Schellenbaum

AGGRESSION ZWISCHEN LIEBENDEN

Ergriffenheit und Abwehr in der erotischen Erfahrung

272 Seiten, gebunden

Mit diesem Buch schließt der bekannte Psychotherapeut Peter Schellenbaum an seinen bisher erfolgreichsten Titel »Das Nein in der Liebe« an. Er führt mit diesem Buch seine Leserinnen und Leser auf die erotische Spur der Lebensenergie: Hier kommt Aggression nicht nur wie üblich in ihrer destruktiven Form zum Ausdruck, sondern auch als positive Kraft: als Lust am Zupacken, Sehnsucht nach Gefühl, Drängen in die Berührung.

Dieses Buch motiviert auf ebenso einfühlsame wie herausfordernde Weise dazu, das Spürbewußtsein für die »aggressiven Kräfte«, für die Quelle leidenschaftlicher Lebendigkeit zu entdecken.

Hoffmann und Campe